新工科

21世纪高职高专规划教材

汽车系列

U0795171

二手车鉴定与评估

第二版

主编◎明光星 杨洪庆

中国人民大学出版社

·北京·

前 言

PREFACE

随着二手车市场的不断发展，二手车鉴定评估行业的必要性和重要性愈加凸显。由于二手车的性价比高于新车，因此越来越多的人喜欢购买二手车，如何挑选和评估二手车便成了热门话题。

目前，二手车市场正从原始的集贸式交易方式，向多元化、多层次的贸易体系发展。各大汽车生产厂家、汽车经销商、4S店、拍卖公司等机构，都在通过各种方式进行二手车交易。我国的二手车交易市场非常活跃，且车源丰富，可以预见，我国二手车鉴定、评估和交易业务有广阔的发展前景。

二手车鉴定、评估及交易工作涉及的知识面广，要求从业人员既要了解汽车的构造和原理，又要掌握各种二手车的技术鉴定方法，还要具备一定的市场经济学知识。

本书第一版出版后深受职业院校及社会培训机构的欢迎，多次重印。由于本书第一版编写于《二手车鉴定与评估技术规范》（GB/T 30323－2013）颁布之前，时至今日，书中所涉及的鉴定思路和要求等方面会有些欠缺和不足，且部分案例车型已显陈旧。因此，作者精心组织各方面素材，使第二版无论是在编写思路方面还是内容表现方面都有了质的飞跃。此次修订，不但完善了第一版的二手车评估准备、二手车静态与动态检查、二手车价值评估、二手车评估报告撰写、二手车交易流程等基础鉴定评估内容，还增加了事故车价值贬损鉴定及司法鉴定报告的编制方法等内容，列举了大量司法鉴定案例；同时，介绍了国家现行的二手车管理法规和标准，以及二手车交易市场的运行规律和运作方式，着重根据新的二手车鉴定评估技术规范对部分评估方法进行了相应调整。本书既有一定的理论深度，又有很强的实践性，是适合各类职业院校目前教学模式的优质教材，也是适合从事二手车交易的工作人员及鉴定评估人员学习和参考的实用教程和资料。

本书由辽宁省交通高等专科学校明光星、杨洪庆任主编，由沈阳职业技术学院汽车分院孙宝明、辽宁省交通高等专科学校耿炎任副主编，参编人员有汪涛、李晗、张凤云、耿炎、常丽、刘映凯、倪旭宏、尚丽、明阳、王钰菡等。

本书在编写过程中，参考了有关文献资料，谨向这些作者表示诚挚的谢意。

由于水平所限，书中不当之处在所难免，恳请读者批评指正。

编者

目 录

CONTENTS

项目四

评估方案及评估报告

项目五

交易流程及收售价确定

项目六

事故车鉴定评估

项目一

概　述

教学目标

通过本项目的学习，了解二手车市场发展情况，了解有关二手车鉴定评估的标准及法律法规，掌握二手车鉴定评估流程及常用术语等。

能力要求

1. 能够准确解释二手车业务相关术语。
2. 能够明确二手车鉴定评估目的和任务。
3. 能够熟练应用二手车评估标准及法律法规。

项目导图

本项目设置两个学习任务，各个任务内容及相关知识学习导图如下：

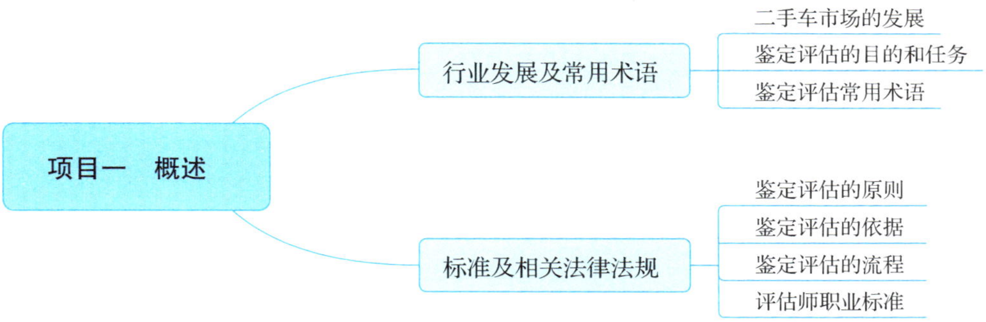

任务一 行业发展及常用术语

任务导入

汽车行业的快速发展带动二手车市场的发展，随之产生了很多与车辆鉴定评估相关的业务。对于同一辆车，出于不同的评估目的，评估结果会有所不同。在洽谈车辆评估委托业务时，明确车辆评估的目的十分重要。从事二手车鉴定评估的工作人员，不但要了解国内外二手车市场的发展，还要掌握二手车鉴定评估的目的和原则等。

问题：二手车鉴定评估工作相关术语有哪些？

相关知识

一、二手车市场的发展

1. 国外二手车市场概况

在汽车工业发达的国家，二手车市场已经是一个十分成熟的市场，二手车交易量在汽车总交易量中占有相当大的比重。例如，美国的二手车交易量基本是新车交易量的2～3倍。

（1）日本的二手车评估体系。日本在1966年成立了财团法人日本评估协会，它对规范二手车的评估行为起到了重要作用。根据日本评估协会的规定，要想获得二手车的评估资格，必须是二手车的销售店，销售店要向评估协会申请实施评估业务，评估协会对其审查合格后，发给《评估业务确认书》，并在店内挂上“评估业务实施店”的标牌。销售店要有通过评估协会组织的技能考试的专业评估师，评估师分为大型评估师和小型评估师。评估师的资格有效期为3年，通过进修可以晋升。

（2）美国的二手车评估体系。在美国，二手车与新车具有同样的质保项目，包括合格的质量要求、严格的检测标准、质量改进保证、过户保证以及比照新车销售推出的送货方案等。甚至一些大型汽车公司开展的认证还会为二手车提供与新车一样利率的购车贷款。

在美国，二手车定价一般依据品牌车《价值总目录》。《价值总目录》包括汽车出厂的年份、品牌、型号、行驶里程等。销售店的工作人员只需翻查《价值总目录》就可大致给出比较合理的价位。当二手车出现过事故、有维修和车体划痕记录等，车价会参照这些因素浮动。为了避免二手车市场信息不准确，购买二手车有一定的试用期限，且所有销售店出售的二手车都必须持有政府颁发的技术合格证书才能上路行驶。这些也是美国二手车市场兴旺发展的重要原因。

（3）瑞士的二手车评估体系。瑞士的二手车评估系统由二手车协会制定，任何二手车的估价都由这一套科学的评估系统来确定。二手车的价值首先经过技术检测部门进行测定，列出测试清单，然后进行估价。销售商根据二手车的估价和原销售价格，最终确定二手车的实际销价。二手车车主可以得到一张保修单，享受 2 年的保修。如果 2 年内车主转卖，保修期还可以转移给下一个车主。这样就解决了车主购买二手车的后顾之忧，同时也促进了二手车市场的发展。

2. 我国二手车市场概况

随着我国汽车产业的发展，二手车市场已经成为汽车市场重要的组成部分。近年来，我国二手车交易量以每年 20%～30%的速度递增。特别是局部市场，二手车交易甚至出现了“井喷”的态势，如北京、广东、上海、浙江等省市二手车交易量增长甚至超过了新车，而且品牌二手车业务取得重要进展。根据商务部对 255 家重点二手车市场的统计显示，从 2001 年至 2018 年，中国二手车交易量已经连续 18 年保持持续增长，全国交易量从 37 万辆增长至 1 382 万辆，增长了 37 倍。2015 年中国二手车电商交易总额达到 592 亿元人民币，同比增长 74%，主要原因是更多的二手车电商企业迅速发展，交易量大幅上升。如图 1－1 所示为近年全国二手车交易量及同比增长率分析图。

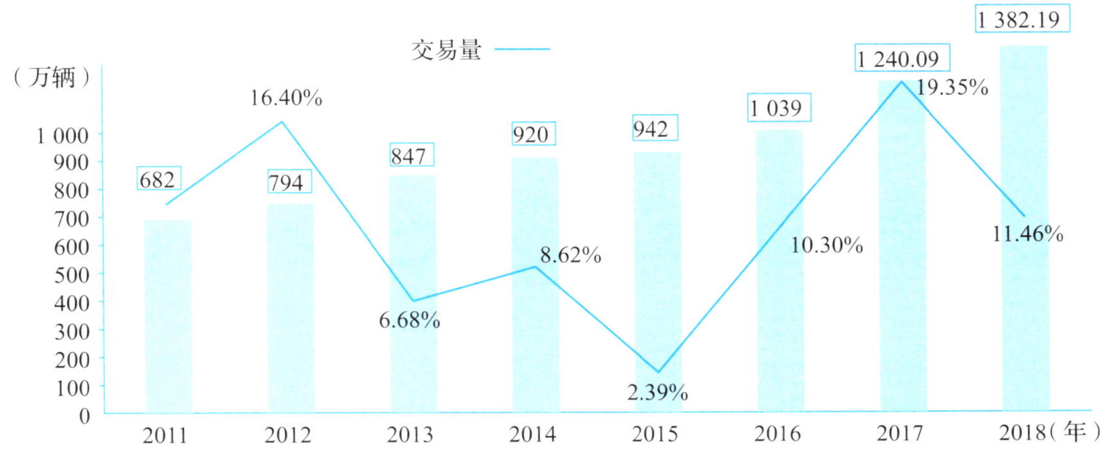

图 1－1　近年全国二手车交易辆及同比增长率分析图

2006 年我国二手车交易量仅为 196.59 万辆，到 2016 年突破 1 000 万辆，2017 年、2018 年交易量又连续超过上一年度。二手车市场的快速增长表明我国二手车消费开始进入新的阶段，即由单一的集贸式交易市场向品牌专卖、拍卖、经纪公司等多种经营模式共存的格局转变。

（1）二手车市场主要特点。

1）二手车市场的诞生丰富了二手车交易模式，买卖二手车不再是只能通过二手车交易市场一个渠道来完成。

2）4S 店依靠品牌的优势和强大的售后服务能力，能够提供与新车一样的质量保证，打消消费者的疑虑，让消费者买得放心、用着舒心。

3）4S 店通过执行生产企业严格的认证标准，明示车辆质量信息，明码标价，改变市场信息不透明的问题。

4）通过新旧置换，为二手车市场提供了丰富的经营资源，为二手车市场快速发展增添强劲动力。

面对新的市场环境，国内二手车经销商要想在激烈的市场竞争中站稳脚跟，就必须借鉴国外企业的成功经验，创新管理模式，充分利用二手车市场拥有的庞大经营渠道和信息资源，建立自己规范的业务流程和先进的网络管理系统，以合理的收购价格、售后服务保障、服务商的可靠信誉、便捷的交易手续，引导消费者正确认识品牌二手车，促进品牌二手车市场的繁荣。

（2）二手车交易渠道。

早期，二手车交易只是借助综合市场进行，并逐渐发展成独立的二手车市场。由于用户对车辆残值和二手车交易行情缺少了解，且缺乏规范、有公信力的专业技术评估人员和机构，其发展一直不温不火。

目前，全国各地均出现了独立的且具备一定规模的二手车交易市场，同时，汽车制造厂或汽车经销商也在当地二手车交易市场组建了自己的品牌二手车平台。品牌二手车于 2004 年的兴起，成为二手车市场的一个亮点，品牌二手车具有原厂质量保证的二手车认证并提供置换服务，为消费者提供了车辆更新和购置的新选择。继上海通用汽车率先进入该领域后，上海大众、一汽大众等厂家也纷纷进军二手车市场。

近年来，由于互联网的飞速发展，各种手机端二手车 App 兴起，使二手车买卖不再需要走线下烦琐的流程，可通过手机 App 平台快捷完成。目前，二手车电商平台有瓜子二手车、优信二手车、人人车、二手车之家、好车无忧、车易拍等。

（3）二手车市场存在的问题。

由于二手车市场在我国发展速度过快，各地二手车业务的管理滞后，在二手车市场繁荣发展的背后，也出现了一些不良现象。比如将车辆里程表数值调低；经保险公司或权威鉴定机构确定为全损的车又流回市场；车辆的真实技术状况未经科学鉴定；二手车售后服务不完善；套牌车频繁出现；等等。因此，不论是二手车行业的从业人员，还是二手车买卖个体，都要有防范意识。

二、二手车鉴定评估的目的和任务

1. 二手车鉴定评估的目的

二手车鉴定评估是以技术鉴定为基础的，以准确地确定二手车现时价值，并以此作为买卖双方成交的参考底价。即为了正确反映二手车的价值量及其变动，为将要发生的经济行为提供公平的价值尺度。

2. 二手车鉴定评估的任务

对于同一辆车，因不同的鉴定评估目的，鉴定评估出来的结果会有所不同。所以对于客户提出的不同的委托目的，需要采用不同的评估方法。鉴定评估中的重要任务是鉴别车辆是否是走私车、盗抢车、非法改装拼装车、报废车、手续不全的车等。鉴定评估任务主要包括以下几点：

（1）确定二手车交易价值。由于二手车在交易时，买卖双方对交易价值的期望是不同的。所以，需要鉴定评估人员站在公正、独立的立场，选择适宜的评估方法，对预交易车辆进行鉴定评估，评估价值作为买卖双方成交的参考底价。

（2）法律诉讼咨询服务。当事人遇到机动车辆诉讼时，可以委托鉴定评估师对车辆进行评估，有助于把握事实真相。同时，鉴定评估师的结论可为法院司法裁定提供现时价值依据。

（3）车辆的转籍、过户。二手车辆的转籍、过户会因为交易行为或者其他经济行为而发生。例如，某单位或个人用机动车辆来偿还其债务，且债权债务双方对车辆的价值出现异议时，需要委托二手车鉴定评估机构对车辆的价值进行评定估算，否则，车辆无法转籍和过户。

（4）车辆保险。在对车辆进行投保时，所缴纳的保费高低直接与车辆本身的价值大小有关。同样，当保险车辆发生保险事故时，保险公司需要对事故车辆进行理赔。为了保障保险双方的利益，需要对核保理赔的车辆进行公平合理的鉴定评估。

（5）车辆置换。车辆置换是指以旧车换新车或者以旧车换旧车的业务。车辆的置换业务直接关系到置换双方的利益，所以，需要鉴定评估师对预置换的车辆进行公平合理的鉴定评估，为置换双方提供现时价值依据。

（6）抵押贷款。贷款人以机动车辆作为贷款抵押物，向银行进行贷款时，银行为了确保放贷安全，需要二手车鉴定评估机构对车辆进行准确的鉴定评估，以作为放贷的依据。

（7）车辆担保。车辆担保是指车辆产权人用其拥有的机动车辆为他人或单位的经济行为进行担保，需要二手车鉴定评估师对担保车辆的价值进行公平评估，为担保人提供价值依据。

（8）车辆拍卖。对于符合拍卖条件的车辆，如公务车辆、执法机关罚没车辆、抵押车辆、企业清算车辆、海关获得的抵税和放弃车辆等，拍卖之前应进行鉴定评估，为车辆拍卖提供拍卖底价。

（9）车辆典当。当车辆产权人典当车辆时，若典当双方对典当车辆的价值出现异议，可以委托二手车鉴定评估师对典当车辆的价值进行评估，典当行以此作为放款的依据。对于典当车辆进行处理时，也需要二手车鉴定评估师进行鉴定评估。

三、二手车鉴定评估常用术语

1. 二手车

二手车的英文为 Second Hand Vehicle，在中国也称为“旧机动车”。目前，二手车指“用过的汽车”，即不单指第一次转让的车辆，也有可能是被多次转让的车辆。根据《二手车流通管理办法》的规定，二手车是指从办理完注册登记手续到达到国家强制报废标准之前进行交易并转移所有权的汽车、挂车和摩托车。

2. 二手车鉴定评估

二手车鉴定评估实质是由鉴定和评估两个过程组成的。

（1）二手车鉴定是指有鉴定评估资格的人员，按照特定的目的，遵循法定或公允的标准程序，运用科学的手段和方法，对二手车进行手续查验，对车辆的技术状况进行检测的过程。

（2）二手车评估是指有鉴定评估资格的人员，经过对二手车鉴定之后，对二手车现时价值进行预测的过程。

3. 二手车鉴定评估的主体

二手车鉴定评估的主体是指二手车鉴定评估业务的承担者，即从事二手车鉴定评估的机构及专业鉴定评估人员。

4. 二手车鉴定评估的客体

二手车鉴定评估的客体是指待评估的车辆，是鉴定评估的具体对象。

5. 汽车使用寿命

汽车使用寿命是指从汽车开始使用到不能使用的整个时期，可以用累计使用年数或累计行驶里程数表示，通常包括物理寿命、技术使用寿命、经济使用寿命。

（1）汽车物理寿命，又称为自然寿命，是指汽车以全新状态投入使用开始，直到在技术上不能按原有用途继续使用为止的时间。它与汽车制造质量、运行材料品质、使用条件、驾驶操作技术及维修质量等因素有关。有时可通过恢复性修理延长车辆物理寿命。

（2）汽车技术使用寿命是指汽车以全新状态投入使用后，由于新技术的出现，使原有汽车丧失其使用价值所经历的时间。车辆不能通过修理的方法恢复其主要使用性能的使用期限。汽车技术进步越快，技术寿命也越短。

（3）汽车经济使用寿命是指汽车从全新状态投入使用开始，到年平均总费用支出最低的使用年限。超过这个年限，虽然在技术上仍可继续使用，但年平均总费用支出上升，在经济上不宜继续使用。

6. 汽车更新周期

汽车更新必须讲究经济效益，通过经济分析和比较，对汽车的物理寿命和经济使用寿命进行分析计算，以确定汽车的最佳更新周期。通常，运输企业是按经济使用寿命更新车辆。

7. 汽车折旧

汽车折旧一般介于技术使用寿命或经济使用寿命与物理寿命之间，由国家或企业所采取的技术政策和方针而定。进行汽车折旧计算分析时可以按折旧率，也可以按折旧额。折旧率是指车辆使用的时间或里程占车辆规定允许使用的时间或里程的比率；折旧额是指汽车总值扣除现值后的余额。

8. 成新率

成新率是对二手车新旧程度的衡量指标，是指二手车的功能或使用价值占全新机动车的功能或使用价值的比率，也可理解为二手车的现实状况与机动车全新状况的比率。成新率与折旧率的关系：成新率＝1－折旧率。

9. 折现率

折现率是指将未来有限期预期收益折算成现值的比率。

10. 贬值

车辆贬值可以理解为车辆的现行价值低于原车价值，根据性质不同分为：功能性贬值、经济性贬值、有形损耗贬值。

（1）功能性贬值是指技术进步引起的二手车功能相对落后而导致的贬值。这是一种无形损耗。功能性贬值可分为一次性功能贬值和营运性功能贬值。

（2）经济性贬值是指由于外部经济环境变化所造成的车辆贬值。它也是一种无形损耗。经济性贬值是由外部环境而不是车辆本身或内部因素所引起的，导致车辆达不到原有设计的获利能力而造成的贬值。

（3）有形损耗贬值也称实体性贬值，是指二手车在存放和使用过程中，由于物理和化学原因（如机件磨损、锈蚀和老化等）而导致的车辆实体发生的价值损耗，即由于自然力的作用而发生的损耗。

11. 车辆价值

车辆价值是凝结在车辆商品中的无差别的人类劳动力的总合，是由生产车辆商品的社会必要劳动时间决定的。在使用过程中，车辆价值主要通过价格来体现。根据性质可分为原值、净值、残值。

（1）原值是指车主在购置以及通过其他方式取得某类全新机动车时所发生的全部货币支出，包括买价、运杂费、车辆购置附加费、消费税、新车登记注册等所发生的费用。

（2）净值是指企业提取的机械折旧额后的剩余额，即原值减掉折旧额。它在一定程度上反映了车辆现有价值。

（3）残值是指二手车报废清理时可回收的那些材料、废料的价值。它体现二手车丧失生产能力以后的残体价值。

12. 评估值

二手车评估值是遵循一定的计价标准和评估方法，重新确定的二手车现值。

13. 报废汽车

报废汽车（包括摩托车、农用运输车）是指达到国家报废标准，或者虽未达到国家报废标准，但发动机或者底盘严重损坏，经检验不符合国家机动车运行安全技术条件或者国家机动车污染物排放标准的机动车。

14. 拼装车

拼装车是指使用报废汽车发动机、转向机、变速器、前后桥、车架（统称“五大总成”）以及其他零配件组装的机动车。

15. 改装汽车

改装汽车有两种情况：一是厂家改装，是对原车重新设计、改装，使用的零件是经过国家鉴定合格的，属于合法改装；二是消费者委托改装，一般是指改变车身颜色、更换发动机、更换车身或者车架，改装的内容应符合道路安全法的规定，而且机动车所有人应向登记地车辆管理所申请变更登记。

16. 进口车辆

进口车是指海外车厂生产，并引入中国市场销售的车辆。有原厂授权引进的进口车，即按中国法规标准生产的车称为中规车。未经品牌厂商授权，贸易商从海外市场引进的进口车称为平行进口车。平行进口车根据进口地不同，分为美规车、欧规车、加规车、墨规车、中东规等。

进口车通过海关时，附属很多手续，根据进口车手续不同分为大贸车和小贸车。

大贸车是指通过正规海关进口的车辆，而且经过正规经销商销售出去并缴纳购置税，上牌后可以随时更名过户的车。大贸车主要在官方指定的3S店或者4S店销售。其特点是必须用进口许可证报关（三资企业有进口许可证），有海关货物进口证明书和进口港的商检证。目前，进口车从入关到销售给个人之前，需要交关税、增值税、消费税等。

国家为鼓励投资，对外商、海外留学生、华侨或投资额达一定数量的三资企业，有一定的享受关税打折的国外车入境配额，这样的车业内称为“小贸车”。小贸车在到达监管期之后才可以正常更名过户。

17. 汽车质量参数

（1）整车装备质量又称为整车整备质量，是指汽车全装备好时的质量，包括燃油（燃油箱至少要加注至制造厂家设计容量的 90%）、润滑剂、冷却液（如果需要时）、清洗液、备胎、灭火器、标准备件、标准工具箱和三角垫木等。

（2）最大装载质量又称为满载质量，是指汽车在硬质良好路面上行驶时的额定装载质量。

（3）最大总质量是指汽车满载时的总质量，等于整车装备质量与最大装载质量之和。

（4）最大轴荷质量是指汽车满载时各车轴所承受的最大垂直载荷质量。汽车轴荷分配不当，会导致各轴车轮轮胎磨损不均匀，对汽车的操纵稳定性产生不利影响。

18. 汽车尺寸参数

汽车主要尺寸参数包括车长、车宽、车高、轮距、轴距、前悬、后悬、接近角、离去角等。以轿车为例，汽车的主要尺寸参数如图 1－2 所示。

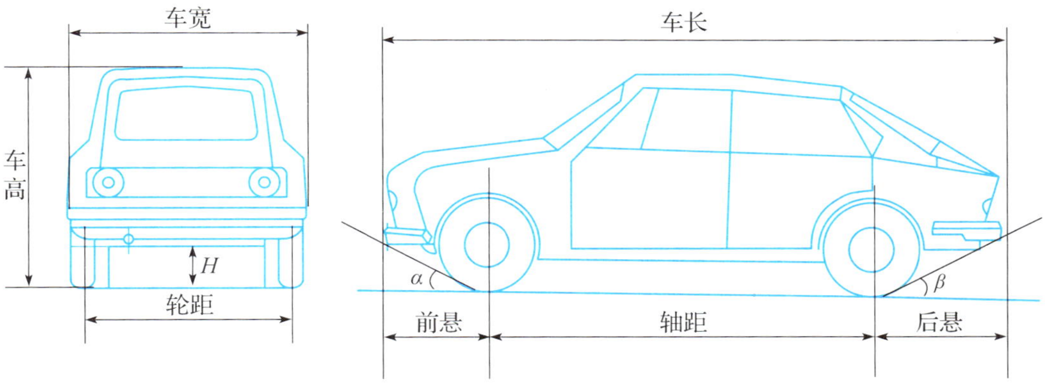

图 1－2　汽车的主要尺寸参数

（1）车长。车长是指垂直于车辆纵向对称平面，并分别抵靠在汽车前、后最外端突出部位的两垂面之间的距离。

（2）车宽。车宽是指平行于车辆纵向对称平面，并分别抵靠在车辆两侧固定突出部位（除后视镜、侧面标志灯、转向指示灯、挠性挡泥板、折叠式踏板、防滑链及轮胎与地面接触部分的变形外）的两平面之间的距离。

（3）车高。车高是指车辆没有装载且处于可运行状态时，车辆支撑平面与车辆最高突出部位相抵靠的水平面之间的距离。

（4）轴距。轴距是指通过车辆同一侧相邻两车轮的中点，并垂直于车辆纵向对称平面的二垂线之间的距离。对于三轴以上的车辆，其轴距由从最前面至最后面的相邻两车轮之间的轴距分别表示。总轴距则为各轴距之和。

（5）轮距。汽车车轴的两端为单车轮时，轮距为车轮在车辆支撑平面上留下的轨迹中心线之间的距离。汽车车轴的两端为双车轮时，轮距为车轮中心平面（双轮车车轮中心平面为外车轮轮辋内缘和内车轮轮辋外缘等距的平面）之间的距离。

（6）前悬。前悬是指通过两前轮中心的垂面与抵靠在车辆最前端（包括前拖钩、车牌及任何固定在车辆前部的刚性件），并且垂直于车辆纵向对称平面的垂面之间的距离。

（7）后悬。后悬是指通过车辆最后车轮轴线的垂面与抵靠在车辆最后端（包括牵引装置、车牌及固定在车辆后部的任何刚性部件），并且垂直于车辆纵向对称平面的垂面之间的距离。

（8）最小离地间隙。最小离地间隙（图 1－2 中 H）是指车辆支撑平面与车辆上的中间区域内最低点之间的距离。中间区域为平行于车辆纵向对称平面且与其等距离的两平面之间所包含的部分，两平面之间的距离为同一轴上两端车轮内缘最小距离的 80%。

（9）接近角。接近角（图 1－2 中 α）是指车辆静载时，水平面与相切于前轮轮胎外缘的平面之间的最大夹角。前轴前面任何固定在车辆上的刚性部件不得在此平面的下方。

（10）离去角。离去角（图 1－2 中 β）是指车辆静载时，水平面与相切于车辆最后车轮轮胎外缘的平面之间的最大夹角。位于最后车轴后面的任何固定在车辆上的零部件不得在此平面的下方。

（11）转弯直径。转弯直径是指当转向盘转到极限位置时，内、外转向轮的中心平面在车辆支撑平面上的轨迹圆直径。由于转向轮的左右极限转角一般不相等，故有左转弯直径与右转弯直径的区别。

（12）车轮数和驱动轮数。车轮数和驱动轮数反映汽车的牵引或越野能力。一般来说，车轮总数越多，驱动轮越多，汽车的牵引或越野能力就越高。

任务二 标准及相关法律法规

任务导入

二手车鉴定评估广泛应用于二手车交易、机动车辆法律诉讼、车辆投保、车辆置换、机动车抵押贷款、车辆担保、车辆拍卖、车辆典当等领域。对于走私车、盗抢车、非法改装拼装车、报废车、手续不全的车辆，严禁在二手车交易市场上交易，承接其评估也是违法的。

为加强二手车流通市场管理，明确二手车交易市场、二手车经营主体的设立条件和程序，规范二手车交易市场经营者和二手车经营主体的经营、服务行为，打击拼装、走私、盗抢、报废等车辆的非法交易，防止国家税收和国有资产流失，维护交易双方合法权益，促进二手车流通行业良性发展，必须依据行业标准及相应法律法规。

问题：二手车鉴定评估工作相关法律法规有哪些？

相关知识

一、二手车鉴定评估原则

为了保证二手车鉴定评估结果的真实、准确，并做到公平合理，被社会承认，就必须遵循一定的原则。二手车鉴定评估应遵循的原则有公平性原则、独立性原则、客观性原则、科学性原则、专业性原则、可行性原则等。

1. 公平性原则

公平性原则是二手车鉴定评估工作人员应遵守的最基本的道德规范。鉴定评估人员的思想作风、工作态度应当公正无私。评估结果应该是公正、合理的，而绝对不能偏向任何一方。

2. 独立性原则

独立性原则是要求二手车鉴定评估工作人员应该依据国家的有关法规和规章制度及可靠的资料数据，对被评估的二手车价值做出合理评定。不应受外界干扰和委托者意图的影响，从而使评估公正客观地进行。

3. 客观性原则

客观性原则是指评估结果应以充分的事实为依据。它要求对二手车评估所依据的数据资料必须真实，对技术状况的鉴定分析应该是真实客观的。为此，应加大仪器检查项目，使检测结果更加科学。

4. 科学性原则

科学性原则是指在二手车评估过程中，必须根据评估的特定目的，选择适用的评估标准和方法，使评估结果准确合理。

5. 专业性原则

专业性原则要求鉴定评估人员接受国家专门的职业培训，经职业技能鉴定合格后由国家统一颁发执业证书，持证上岗。

6. 可行性原则

可行性原则亦称有效性原则。要想使鉴定评估的结果真实可靠，就要求鉴定评估人员是合格的，具有较高的素质；评估中利用的资料数据是真实可靠的；鉴定评估的程序与方法是合法的、科学的。

二、二手车鉴定评估依据

1. 政策法规依据

与二手车鉴定评估工作相关的主要政策法规有：《国有资产评估管理办法施行细则》《二手车流通管理办法》《二手车交易规范》《机动车强制报废标准规定》《二手车鉴定评估技术规范》《机动车运行安全技术条件》《机动车登记规定》等，以及其他方面的政策法规。

（1）有关《国有资产评估管理办法施行细则》的说明。

企事业单位产权的车辆需要转让或拍卖时，应参照《国有资产评估管理办法施行细则》中的要求进行。《国有资产评估管理办法》中所说的国有资产占有单位包括国家机关、军队、社会团体及其他占有国有资产的社会组织；国营企业、事业单位；各种形式的国内联营和股份经营单位；中外合资、合作经营企业；占有国有资产的集体所有制单位；其他占有国有资产的单位。

（2）有关《二手车流通管理办法》的说明。

《二手车流通管理办法》由商务部、公安部、国家工商行政管理总局、国家税务总局发布，2005 年 10 月 1 日起实施，共五章三十七条，其中第二十九条规定二手车鉴定评估机构和人员可以按国家有关规定从事涉案、事故车辆鉴定等评估业务；第二十八条规定二手车鉴定评估机构应当遵循客观、真实、公正和公开原则，依据国家法律法规开展二手车鉴定评估业务，出具车辆鉴定评估报告，并对鉴定评估报告中车辆技术状况，包括是否属事故车辆等评估内容负法律责任。

《二手车流通管理办法》第二十三条规定了禁止经销、买卖、拍卖和经纪的车辆：

1）已报废或者达到国家强制报废标准的车辆。

2）在抵押期间或者未经海关批准交易的海关监管车辆。

3）在人民法院、人民检察院、行政执法部门依法查封、扣押期间的车辆。

4）通过盗窃、抢劫、诈骗等违法犯罪手段获得的车辆。

5）发动机号码、车辆识别代号或者车架号码与登记号码不相符，或者有凿改迹象的车辆。

6）走私、非法拼（组）装的车辆。

7）不具有第二十二条所列证明、凭证的车辆。

8）在本行政辖区以外的公安机关交通管理部门注册登记的车辆。

9）国家法律、行政法规禁止经营的车辆。

2017 年 9 月 14 日中华人民共和国商务部发布文号〔商务部令 2017 年第 3 号〕，删去《二手车流通管理办法（2005）》的第九条、第十条、第十一条。

（3）有关《机动车强制报废标准规定》的说明。

《机动车强制报废标准规定》是根据《中华人民共和国道路交通安全法》《中华人民共和国大气污染防治法》《中华人民共和国环境噪声污染防治法》制定的标准，共十一条。2019 年又增加了补充条件，对车辆报废增加了一条处罚项，即如果车辆达到报废要求，但没有及时登记注销的，车管所会将其车牌号、行驶证作废。

（4）有关《二手车鉴定评估技术规范》的说明。

《二手车鉴定评估技术规范》规定了二手车鉴定评估的术语和定义、二手车鉴定评估机构条件和要求、二手车鉴定评估程序等。本标准适用于二手车（小、微型客车和大型轿车）鉴定评估活动。从事其他二手车鉴定评估，以及其他涉及汽车鉴定评估活动可参照执行。

（5）有关《机动车运行安全技术条件》的说明。

《机动车运行安全技术条件》是由中华人民共和国公安部制定，适用于我国道路上行驶的所有机动车。本标准历次版本为 GB 7258－1987、GB 7258－1997、GB 7258－2004、GB 7258－2012、GB 7258－2017。本标准是我国机动车国家安全技术标准的重要组成部分，是进行注册登记检验和在用机动车检验、机动车查验、机动车运行管理、事故车检验等应遵循的基本的技术标准。本标准规定了机动车的整车及主要总成、安全防范装置等有关运行安全的基本技术要求，以及消防车、救护车、工程救险车、警车及残疾人专用汽车的附加要求。

2. 价值依据

价值依据有两个方面，即历史依据和现实依据。历史依据主要是二手车辆的账面原值、净值等资料，它具有一定的客观性，但不能作为评估的直接依据；现实依据是以基准日这一时间点的现时条件为准，是指该车辆的现时价值、车辆的现时功能状态等。在评估过程中，也经常参照新款车的价格及企业维修价格标准等。

三、二手车鉴定评估流程

二手车鉴定评估机构开展二手车鉴定评估经营活动按相关流程作业，并填写《二手车鉴定评估作业表》。二手车经销、拍卖、经纪等企业开展业务涉及二手车鉴定评估活动的，查验可交易车辆登记基本信息判别事故车鉴定技术状况，并填写《二手车技术状况表》。二手车鉴定评估流程如图 1－3 所示。

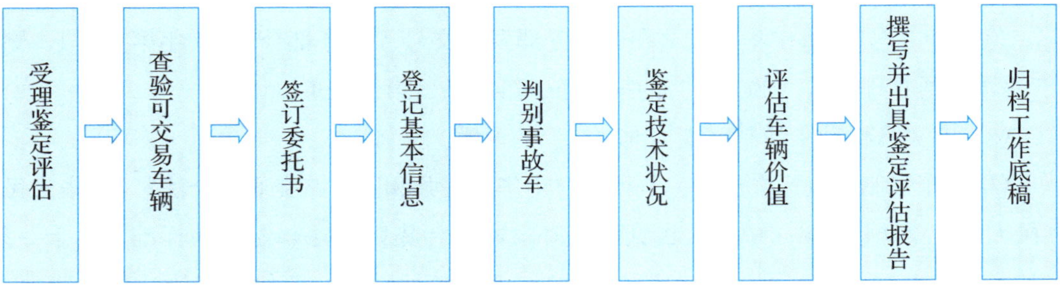

图 1－3　二手车鉴定评估流程

1. 受理鉴定评估

了解委托方及其车辆的基本情况，明确委托方要求，主要包括委托方要求的评估目的、评估基准日、期望完成评估的时间等。

2. 查验可交易车辆

查验机动车登记证书、行驶证、有效机动车安全技术检验合格标志、车辆购置税完税证明、车船使用税缴付凭证、车辆保险单等法定证明和凭证是否齐全，在《二手车鉴定评估技术规范》中有详细检查项目。

3. 签订委托书

二手车鉴定评估委托书必须符合国家法律、法规和资产评估行业的管理规定。国有资产车辆要求进行鉴定评估时，申请人应提供国有资产管理部门批复的相关文件，鉴定评估人员需核实后，才能签署委托书。

二手车鉴定评估委托书是受托方与委托方之间经济合同性质的契约，是对各自权利责任和义务的协定。一旦双方签署合同成立，委托书具有法律效应。

4. 登记基本信息

登记车辆使用性质信息，明确营运与非营运车辆。登记车辆基本情况信息，包括车辆类别、名称、型号、生产厂家、初次登记日期、表征行驶里程等。如果表征行驶里程与实际车况明显不符，应在《二手车鉴定评估报告》或《二手车技术状况表》有关技术缺陷描述时予以注明。

5. 判别事故车

通过目测及专业检测工具对车辆进行检测，依照标准判别车辆是否发生过碰撞、火烧，确定车体结构是完好无损还是有事故痕迹。配合使用漆面厚度检测设备对车体结构部件进行检测；使用车辆结构尺寸检测工具或设备检测车体左右对称性；等等。检测并判别事故车时，应重点检查的车体部位及车辆外观，在《二手车鉴定评估技术规范》中有详细检查项目。

6. 鉴定技术状况

按照车身、发动机舱、驾驶舱、启动、路试、底盘等项目顺序检查车辆技术状况。根据检查结果确定车辆技术状况的分值。根据鉴定分值，确定车辆对应的技术等级。

7. 评估车辆价值

根据车辆有关情况，确立估值方法，并对车辆价值进行估算。估值方法选用原则：一般情况下，推荐选用现行市价法；在无参照物、无法使用现行市价法的情况下，选用重置成本法。

现行市价法的运用方法：评估价值为相同车型、配置和相同技术状况鉴定检测分值的车辆近期的交易价值；如无参照，可从本区域本月内的交易记录中调取相同车型、相近分值，或从相邻区域的成交记录中调取相同车型、相近分值的成交价值，并结合车辆技术状况鉴定分值加以修正。

8. 撰写并出具鉴定评估报告

根据车辆技术状况鉴定等级和价值评估结果等情况，按附录二要求撰写《二手车鉴定评估报告》，做到内容完整、客观、准确，书写工整。

按委托书要求及时向客户出具《二手车鉴定评估报告》，并由鉴定评估人与复核人签章、鉴定评估机构加盖公章。

9. 归档工作底稿

将《二手车鉴定评估报告》及其附件与工作底稿独立汇编成册，存档备查。档案保存一般不低于 5 年；鉴定评估目的涉及财产纠纷的，其档案至少应当保存 10 年；法律法规另有规定的，从其规定。

四、鉴定评估师职业标准

在国家职业标准中，对二手车鉴定评估师和高级二手车鉴定评估师的工作内容及技能要求做出了详细规定。

1. 二手车鉴定评估师的职业素质

二手车鉴定评估师对汽车的定价直接涉及当事人双方的权益，是一项政策性和专业性都非常强的工作。汽车鉴定评估人员的素质对评估结果的质量起着至关重要的影响。二手车鉴定评估师不但要能准确鉴定评估二手车的技术状况，还应掌握国家基本政策理论，应具有较高的业务素质和良好的思想品德。

（1）掌握国家基本政策理论。二手车鉴定评估师要有一定的资产评估业务理论，熟悉资产评估基本原理和基本方法，熟知国家有关二手车交易的政策法规和国家在各个时期的方针和政策。

（2）具有较高的业务素质。

1）二手车鉴定评估师要具有宽广的知识面。不仅要具备财会、经济管理、市场、金融、物价等经济学方面的知识，同时还应具有汽车维修技术、微机操作方面的知识。

2）二手车鉴定评估师要具有准确的判断、鉴定和估算能力。

3）二手车鉴定评估师要具有较高的收集、分析和运用信息资料的能力。

（3）要具有良好的思想品德。二手车鉴定评估师应热爱本职工作，遵守职业道德；应具有较高的政治素质和法制观念，从事业务要保证公正、公平、公开。二手车鉴定评估师只有具备较高的思想品德素质，才能在评估工作中自觉履行自己的职责和义务，才能全心全意为客户服务。

2. 二手车鉴定评估师的职业标准

根据2007年国家职业标准中的规定，对二手车鉴定评估师和高级二手车鉴定评估师的能力要求是不同的，二手车鉴定评估师职业标准见表1-1，高级二手车鉴定评估师职业标准见表1-2。

表1-1　二手车鉴定评估师职业标准

职业功能	工作内容	技能要求	相关知识
一、评估准备	（一）接受委托	1. 能介绍二手车鉴定评估程序 2. 能介绍二手车鉴定评估方法 3. 能签订二手车鉴定评估委托合同	1. 社交礼仪 2. 二手车鉴定评估委托合同使用方法
	（二）核查证件、税费	1. 能确认被评估车辆及评估委托人的机动车来历凭证、机动车登记证书等是否合法有效 2. 能核实被评估车辆税费缴纳情况 3. 能按要求对被评估车辆进行拍照	1. 机动车证件类型 2. 机动车证件识别方法 3. 车辆税费种类 4. 车辆税费凭证识别方法 5. 拍照技巧
二、技术状况鉴定	（一）静态检查	1. 能根据资料核对车辆基本情况 2. 能检查发动机技术状况 3. 能检查底盘技术状况 4. 能检查车身技术状况 5. 能检查电器电子装置技术状况 6. 能识别事故车辆	1. 机动车识伪检查方法 2. 发动机静态检查方法 3. 底盘静态检查方法 4. 车身静态检查方法 5. 电器电子装置静态检查方法 6. 事故车静态检查方法
	（二）动态路试检查	1. 能进行路试前的准备工作 2. 能动态检查机动车性能 3. 能进行路试后的检查工作	1. 机动车制动性能检查方法 2. 机动车动力性能检查方法 3. 机动车操纵性能检查方法 4. 机动车滑行性能检查方法 5. 机动车噪声和废气检查方法

续表

职业功能	工作内容	技能要求	相关知识
二、技术状况鉴定	（三）技术状况综合评定	1. 能分析二手车的技术状况 2. 能提出机动车检测建议 3. 能识读机动车综合性能检测报告	1. 机动车技术等级标准 2. 机动车技术状况分析方法 3. 机动车技术状况检测项目和内容
三、价值评估	（一）选择评估方法	1. 能区分评估类型 2. 能根据评估目的选定评估方法	1. 评估类型分类 2. 评估方法分类
	（二）评估计算	1. 能用重置成本法评估二手车价值 2. 能用现行市价法评估二手车价值 3. 能用收益现值法评估二手车价值 4. 能用清算价值法评估二手车价值	1. 重置成本法的计算模型和估算方法 2. 二手车贬值及其估算 3. 成新率确定方法 4. 现行市价法的评估流程和计算方法 5. 收益现值法的评估流程和计算方法 6. 清算价值法的基本方法
	（三）撰写二手车鉴定评估报告	1. 能与委托方交流，确认鉴定评估结论 2. 能编写二手车鉴定评估报告 3. 能归档二手车鉴定评估报告	1. 撰写二手车鉴定评估报告的要求 2. 二手车鉴定评估报告的要素 3. 二手车鉴定评估报告的内容

表 1-2 高级二手车鉴定评估师职业标准

职业功能	工作内容	技能要求	相关知识
一、故障判断	（一）判断发动机常见故障	能判断发动机启动困难、怠速不良、动力不足、排烟异常、机油消耗异常、异响等故障原因	1. 发动机故障表现形式 2. 发动机故障诊断方法 3. 发动机传感器、执行器、电子控制器（ECU）的检测方法
	（二）判断底盘常见故障	能判断传动系、转向系、行驶系、制动系等故障原因	1. 传动系、转向系、行驶系、制动系等故障表现形式 2. 传动系、转向系、行驶系、制动系等故障诊断方法
	（三）判断电器电子装置常见故障	1. 能判断蓄电池、发电机、启动机、空调、电子元件等故障原因 2. 能判断汽车起火自燃的原因	1. 汽车电路常见故障 2. 汽车常见电器电子元件 3. 汽车电器电子装置故障诊断程序 4. 汽车电器电子装置检修常用仪表

续表

职业功能	工作内容	技能要求	相关知识
一、故障判断	（四）判断对车价影响较大的故障	1. 能分析汽车故障与车价的关系 2. 能判断对车价影响较大的故障	1. 汽车维修配件价格相关标准 2. 汽车修理成本核算方法
二、高配置装置识别与技术状况鉴定	（一）发动机技术状况鉴定	1. 能识别和鉴定涡轮增压发动机 2. 能识别和鉴定多气门发动机	1. 电控燃油喷射结构原理 2. 涡轮增压装置结构原理 3. 多气门发动机结构原理
	（二）底盘高配置装置识别与技术状况鉴定	1. 能识别和鉴定动力转向装置 2. 能识别和鉴定防抱死制动系统（ABS） 3. 能识别和鉴定巡航控制装置	1. 自动变速器（AT）、无级变速器（CVT）的结构原理 2. 动力转向装置的结构原理 3. 防抱死制动系统（ABS）的结构原理 4. 巡航控制装置的结构原理
	（三）车身高配置装置识别与技术状况鉴定	1. 能识别和鉴定倒车雷达装置 2. 能识别和鉴定防盗装置 3. 能识别和鉴定汽车音响	1. 安全气囊的结构原理 2. 倒车雷达装置的结构原理 3. 防盗装置的结构原理 4. 汽车音响的结构原理 5. 电动天窗的结构原理
三、专项作业车和大型客车鉴定评估	（一）专项作业车鉴定评估	1. 能判别专项作业车技术状况好坏 2. 能静、动态检查专项作业车 3. 能评估专项作业车价值	1. 专项作业车的分类、型号和技术指标 2. 专项作业车的基本结构和技术参数
	（二）大型客车鉴定评估	1. 能判别大型客车技术状况好坏 2. 能静、动态检查大型客车 3. 能评估大型客车价值	1. 大型客车的分类、型号和技术指标 2. 大型客车的基本结构和技术参数
四、二手车营销	（一）二手车收购、销售、置换	1. 能确定二手车收购价格 2. 能确定二手车销售定价方法 3. 能制定二手车销售定价目标 4. 能确定二手车销售最终价值 5. 能制定二手车置换流程	1. 二手车收购估价方法 2. 二手车收购估价与鉴定估价的区别 3. 二手车销售定价应考虑的因素 4. 二手车营销实务 5. 二手车置换方式
	（二）二手车质量认证	能制定二手车质量认证流程	二手车质量认证的内容

续表

职业功能	工作内容	技能要求	相关知识
四、二手车营销	（三）二手车拍卖	能确定二手车拍卖底价	1. 二手车拍卖方式 2. 拍卖相关法规 3. 二手车拍卖的运作过程
五、事故车辆鉴定评估	（一）事故车辆的鉴定	1. 能检查事故车辆的技术状况 2. 能鉴定事故车辆的损伤程度	车辆损伤类型
	（二）事故车辆的评估	1. 能对碰撞车辆进行评估 2. 能对泡水车辆进行评估 3. 能对火烧车辆进行评估	1. 损失项目的确定 2. 损失费用的确定
六、培训指导	（一）指导操作	能指导二手车鉴定评估师及鉴定评估从业人员进行实际操作	二手车鉴定评估实际操作流程
	（二）理论培训	能指导二手车鉴定评估师及鉴定评估从业人员进行理论培训	二手车鉴定评估师培训讲义编写方法

项目总结

1. 二手车鉴定评估实质是由鉴定和评估两个过程组成。二手车鉴定是指由具有鉴定评估资格的人员，按照特定的目的，遵循法定或公允的标准程序，运用科学的手段和方法，对二手车进行手续查验，对车辆的技术状况进行检测的过程；二手车评估是指由具有鉴定评估资格的人员，经过对二手车鉴定之后，对二手车现时价值进行预测的过程。

2. 二手车鉴定评估是以技术鉴定为基础的，以准确地确定二手车市场现时价值，并以此作为买卖双方成交的参考低价为目的。即为了正确反映二手车的价值量及其变动，为将要发生的经济行为提供公平的价值尺度。

3. 二手车鉴定评估应遵循的原则有公平性原则、独立性原则、客观性原则、科学性原则、专业性原则、可行性原则等。

4. 二手车鉴定评估师必须依照国家职业标准从事二手车鉴定评估工作，应具备鉴定评估二手车的技术状况和掌握国家基本政策理论的能力，应具有较高的业务素质和良好的思想品德。

5. 二手车鉴定评估的依据分为政策法律法规依据和价值依据。

思考与练习

一、选择题

（1）汽车使用寿命是指从汽车开始使用到不能使用的整个时期，通常包括（　　）。

A. 物理寿命、化学寿命、经济使用寿命

B. 物理寿命、自然寿命、经济使用寿命

C. 物理寿命、技术使用寿命、化学寿命

D. 物理寿命、技术使用寿命、经济使用寿命

（2）汽车经济使用寿命的主要指标有（　　）。

A. 规定使用年限、行驶里程、使用年限、使用强度

B. 行驶里程、使用年限、大修次数、使用强度

C. 使用年限、行驶里程、运行时间，大修次数

D. 规定使用年限、行驶里程、使用年限、大修次数

（3）一般说来，下列（　　）使用性质的车，使用强度较大。

A. 单位员工班车　B. 私人生活用车　C. 公务用车　D. 专业货运车辆

（4）根据我国汽车大修的规定，客车大修的送修标准（　　），结合发动机达到大修条件的，就可送大修。

A. 以车架为主　B. 以车厢为主

C. 以电气设备为主　D. 以底盘为主

（5）车使用性质不同，同年限的汽车累计行驶里程相差会很大。一般说来，同年限的汽车中，专业运输车辆行驶的里程数（　　）。

A. 较小　B. 与其他车辆相等

C. 与其他车辆相近　D. 较大

（6）二手车鉴定评估的主体是指二手车鉴定评估业务的承担者，以下选项中（　　）除外。

A. 二手车鉴定评估的机构　B. 二手车评估师

C. 二手车会计师　D. 高级二手车评估师

（7）以下选项中，（　　）是二手车鉴定评估的客体。

A. 被评估的车辆　B. 参考车辆　C. 新款车辆　D. 评估师

（8）车辆使用的时间或里程占车辆规定允许使用的时间或里程的比率，称为（　　）。

A. 成新率　B. 折旧率　C. 贬值　D. 更新周期

（9）二手车的功能或使用价值占全新机动车的功能或使用价值的比率，称为（　　）。

A. 成新率　B. 折旧率　C. 贬值　D. 更新周期

（10）根据性质不同，车辆贬值分为（　　）。

A. 无形贬值、经济性贬值、有形贬值

B. 功能性贬值、经济性贬值、技术性贬值

C. 功能性贬值、经济性贬值、有形贬值

D. 技术性贬值、经济性贬值、有形损耗贬值

二、判断题

(1) 汽车的经济使用寿命是指汽车从投入使用，到因维持继续使用的投入过高而不经济，而退出使用所经历的时间。(　　)

(2) 二手车上路行驶的手续是指：机动车上路行驶，按照国家有关法规必须办理的相关证件和必须缴纳的税、费。机动车凭这些有效证件及所缴纳税、费的凭证上路行驶。(　　)

(3) 二手车的价值包括车辆实体本身的有形价值及各项手续构成的无形价值。(　　)

(4) 人民法院出具的发生法律效力的判决书、裁定书、调解书可以作为二手车来历凭证。(　　)

(5) 机动车行驶证是由公安车辆管理机关依法对机动车辆注册登记核发的证件，是机动车取得合法行驶资格的法定证件。(　　)

(6) 折旧率是指二手车的功能或使用价值占全新机动车的功能或使用价值的比率。(　　)

(7) 成新率是指车辆使用的时间或里程占车辆规定允许使用的时间或里程的比率。(　　)

(8) 二手车鉴定评估的主体是待评估的车辆，是鉴定评估的具体对象。(　　)

(9) 二手车鉴定评估师应遵循法定或公允的标准程序，对车辆的技术状况给出检测结果。(　　)

(10) 在二手车鉴定评估过程中，实时价值是唯一的依据。(　　)

三、简答题

(1) 什么是二手车?

(2) 目前二手车的经营主体包括哪几个部分?

(3)《二手车流通管理办法》中规定哪些车辆禁止交易?

(4) 评估机构应具备的条件有哪些?

(5) 可交易车辆查验内容包括哪些?

(6) 简述对二手车鉴定与评估人员的要求。

(7) 什么是经济性贬值? 举例说明。

(8) 什么是汽车使用寿命? 评价指标有哪些?

(9) 简述二手车鉴定评估的依据。

(10) 简述二手车鉴定评估的流程。

项目二

二手车鉴定方法

教学目标

通过本项目的学习，掌握二手车手续检查方法及车辆现时技术状况鉴定的内容、方法，能够对二手车现时技术状况做出准确评估。

能力要求

1. 会检查并核对二手车法定证件和各种税费单据。
2. 会进行二手车现时技术状况的静、动态检查。
3. 会进行二手车现时技术状况的电器检查。

项目导图

本项目设置 4 个学习任务，各个任务内容及相关知识学习导图如下：

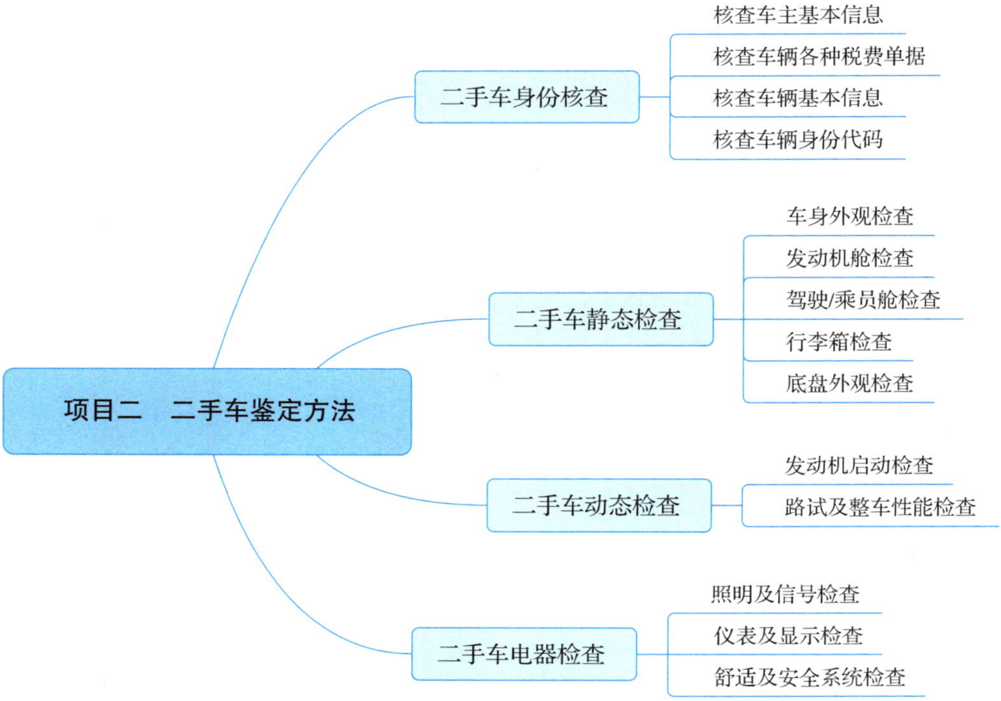

任务一　二手车身份核查

任务导入

根据《二手车流通管理办法》的规定，二手车不论是鉴定评估还是交易，必须提供机动车来历凭证、机动车行驶证、机动车登记证书、机动车号牌、车辆保险单、机动车安全技术检验合格标志等。检查并核对车辆手续是非常重要的程序，它能有效预防非法车辆的评估和交易，防止交易纠纷，减少经营风险。

问题：如何识别车辆手续的真伪？

相关知识

一、核查车主基本信息

根据机动车行驶证登记信息及委托人的身份证，核查车主基本信息是二手车鉴定或交易的首要工作，只有在车主身份真实有效的前提下，后续的鉴定评估工作才能合法有效地进行。

1. 私有车辆的车主或委托人

经办人为车主本人，应核对车主身份证；经办人不是车主，需核对车主的委托书及经办人身份证，因为只有原车主才有车辆处置权。

2. 对于单位车辆的经办人

核对车辆所属单位名称及隶属关系或组织机构代码证；核查经办人身份证复印件（必须在有效期内）。

二、核查车辆各种税费单据

1. 查验机动车来历凭证

机动车来历凭证通常是指全国统一的机动车销售发票，或者二手车销售发票，如图 2－1 所示。此外，法院调解书、裁定书、判决书、公证书、权益转让证明书、没收走私汽车证明书、协助执行通知书、调拨证明等也是机动车来历凭证。当经办人无法提供上述凭证时，则可判断为非法机动车。

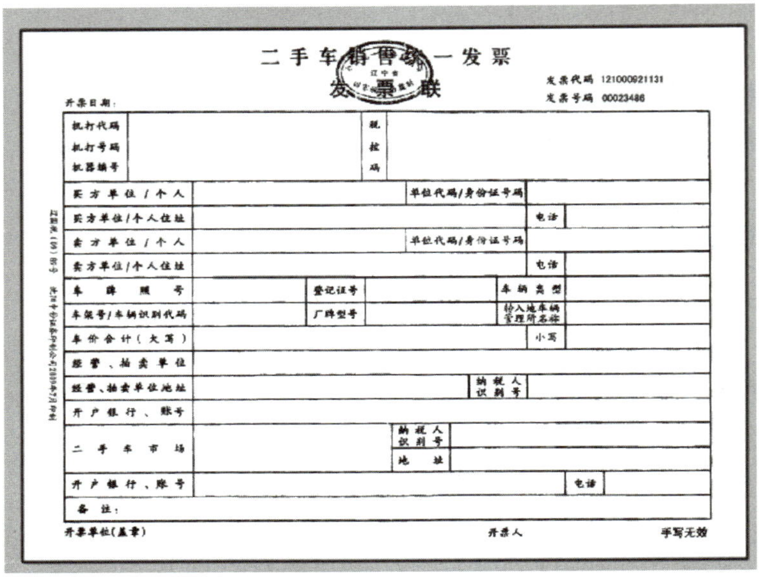
二手车销售统一发票
发票联
发票代码 121000921131
发票号码 00023486
开票日期：

机打代码 机打号码 机器编号		税控码			
买方单位/个人		单位代码/身份证号码			
买方单位/个人住址				电话	
卖方单位/个人		单位代码/身份证号码			
卖方单位/个人住址				电话	
车牌照号		登记证号		车辆类型	
车架号/车辆识别代码		厂牌型号		转入地车辆管理所名称	
车价合计（大写）				小写	
经营、拍卖单位					
经营、拍卖单位地址			纳税人识别号		
开户银行、账号					
二手车市场		纳税人识别号			
		地址			
开户银行、账号				电话	
备注：					

开票单位（盖章）　　开票人　　手写无效

图 2-1　全国统一的二手车销售发票

2. 车辆购置税完税凭证

缴税范围包含购买、进口、自产、受赠、获奖或者其他方式取得并自用的应税车辆，在购买二手车的时候一定要注意，这些形式下获得的车辆都应该具有完税凭证。但下列车辆的车辆购置税享受减免：

（1）外国驻华使馆、领事馆和国际组织驻华机构及其外交人员自用的车辆，免税。

（2）中国人民解放军和中国人民武装警察部队列入军队武器装备订货计划的车辆，免税。

（3）设有固定装置的非运输车辆，免税。

（4）有国务院规定予以免税或者减税的其他情形的，按照规定免税或者减税。

3. 车船使用税凭证

车船使用税是指国家对行驶于我国境内公共道路的车辆和航行于境内河流、湖泊或者领海的船舶，依法征收的一种税。依法缴纳车船使用税后会获得车船使用税凭证。

4. 车辆的保险凭证

机动车保险分为交强险和商业险。交强险是我国首个由国家法律规定强制实行的保险制度，保费是实行全国统一收费标准的，由国家统一规定的，不同的汽车型号的交强险价格也不同。根据《机动车交通事故责任强制保险条例》的规定，在中华人民共和国境内道路上行驶的机动车的所有人或者管理人都应当投保交强险，机动车所有人、管理人未按照规定投保交强险的，公安机关交通管理部门有权扣留机动车。

商业险有第三者责任险、车辆损失险及附加险。保险凭证是由保险公司为该车提供的，鉴定评估时不要求必须提供，但车主若不能提供保险凭证，车辆可能会存在问题。

5. 查验机动车检验合格标志

机动车检验合格标志底纹颜色为绿色、黄色、蓝色三种，如图 2－2 所示。机动车检验合格标志应贴在机动车前风窗右上角，检查时应注意该合格标志的有效时间。

图 2－2　机动车检验合格标志

三、核查车辆基本信息

重点检查的证件，一是车辆登记机关即车管所核发的允许车辆上路行驶的《中华人民共和国机动车行驶证》；二是由车管所核发的车辆权属的《中华人民共和国机动车登记证书》；三是“机动车来历凭证”，主要指全国统一的机动车销售发票或二手车交易发票。核查时要做到证件与车辆相符。核查车辆基本信息工作包括：

1. 查验机动车号牌

机动车号牌实行准产管理制度，凡生产号牌的企业，必须申请号牌准产证，经省级公安交通主管部门综合评审，对符合条件的企业发给《机动车号牌准产证》，其号牌质量必须达到《中华人民共和国机动车号牌标准（GA36—2014）》，同时号牌上加有防伪合格标记。机动车号牌如图 2－3 所示。

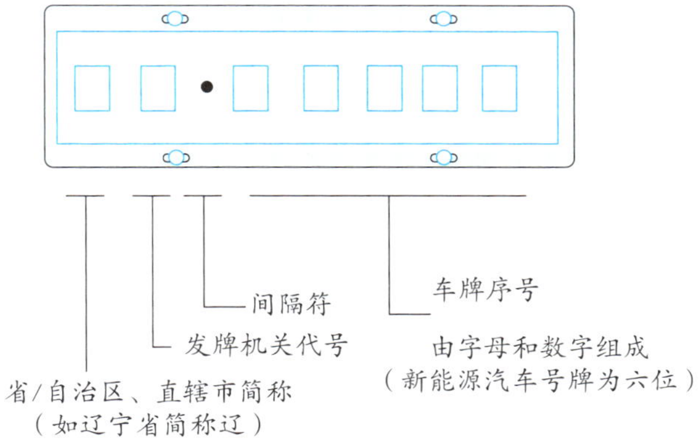

图 2－3　机动车号牌

（1）查看号牌材料、号牌形状及边框尺寸；号牌应无凹凸、不平或折痕情况。

（2）查看号牌颜色，重点查看底漆及防伪颜色。

（3）查看号牌字体及字体颜色；号牌文字应清楚，有立体质感，无补洞等，号牌文字应清洁、平整、光滑；号牌文字大小一致、间隙匀称。

（4）牌号的固封应完好。安装好的号牌设有固封装置，该装置由发牌机关统一负责装、换，任何单位和个人都无权拆卸。

2. 查验机动车行驶证

根据《机动车登记规定》的规定，机动车行驶证采用一车一证，行驶证的式样由公安部制定。该证是二手车过户、转籍必不可少的证件，应认真查验其登记内容与车辆是否相符、检查其证件的真伪。机动车行驶证纸芯设计防伪。

（1）查验机动车行驶证登记内容与车辆是否相符，重点检查 VIN 码、发动机号、车牌号、车辆类型、品牌型号是否与车辆相符。检查 VIN 码、发动机号、车牌号是否有涂改痕迹。检查车辆年检标识是否齐全有效。

（2）检查机动车行驶证纸芯。

机动车行驶证纸芯防伪如图 2－4 所示。

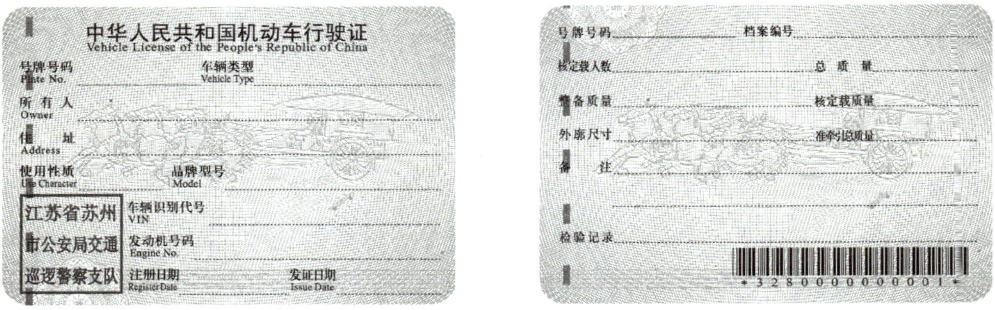

图 2－4 机动车行驶证纸芯防伪技术

3. 查验道路运输证及营运证

道路运输证和道路运输经营许可证是营运车辆必须依法申领的证件。道路运输证（图 2－5）由交通运输部制，分正本和副本；道路运输经营许可证（图 2－6）简称营运证，分为客车营运证和货车营运证，客车营运证由客运管理处监督管理，货车营运证由交通运输管理部门监督管理。

图 2－5 道路运输证

图 2－6 道路运输经营许可证

检查道路运输证正、副本上信息是否符合要求，正本上有道路运输证号、业户名称、地址、行驶证号、经营许可证号、车辆类型、吨（座）、经营范围、经济类型、企业经营资质等级、核发机关日期、审验有效期等。副本作为查扣及代理记载依据之用，与道路运输证同时生效的还有公路运输管理费缴讫证。

检查营运证是否是一车一证。

4. 查验机动车登记证书

根据《机动车登记规定》的规定，机动车登记证书由公安部统一印制。它是二手车过户、转籍必不可少的证件。机动车登记证书不但记载机动车的详细信息及机动车所有人信息，还记载着机动车原始信息及变更信息，所以，一些评估参数必须从机动车登记证书获取才是最准确的，同时为了保护机动车登记证书的唯一性，在证书中设置了防伪技术。我国公共安全行业标准《中华人民共和国机动车登记证书》（GA369－2005）规定了机动车登记证书封面式样和内页格式，内页第一页为注册登记摘要信息栏和转移登记摘要信息栏，内页第二页为注册登记机动车信息栏，如图 2－7 所示，核查时须仔细查看每项信息。

注册登记摘要信息栏

Ⅰ	1. 机动车所有人/身份证明名称/号码					
	2. 登 记 机 关		3. 登记日期		4. 机动车登记编号	

转移登记摘要信息栏

Ⅱ	机动车所有人/身份证明名称/号码					
	登 记 机 关		登记日期		机动车登记编号	
Ⅲ	机动车所有人/身份证明名称/号码					
	登 记 机 关		登记日期		机动车登记编号	
Ⅳ	机动车所有人/身份证明名称/号码					
	登 记 机 关		登记日期		机动车登记编号	
Ⅴ	机动车所有人/身份证明名称/号码					
	登 记 机 关		登记日期		机动车登记编号	
Ⅵ	机动车所有人/身份证明名称/号码					
	登 记 机 关		登记日期		机动车登记编号	
Ⅶ	机动车所有人/身份证明名称/号码					
	登 记 机 关		登记日期		机动车登记编号	

第1页

注册登记机动车信息栏

5. 车辆类型		6. 车辆品牌		
7. 车辆型号		8. 车身颜色		
9. 车辆识别代号/车架号		10. 国产/进口		
11. 发动机号		12. 发动机型号		
13. 燃料种类		14. 排量/功率	mL/　kW	
15. 制造厂名称		16. 转向形式		
17. 轮距	前　后　mm	18. 轮胎数		
19. 轮胎规格		20. 钢板弹簧片数	后轴　片	
21. 轴距	mm	22. 轴数		
23. 外廓尺寸	长　宽　高　mm			33. 发证机关章
24. 货厢内部尺寸	长　宽　高　mm			
25. 总质量	kg	26. 核定载质量	kg	
27. 核定载客	人	28. 准牵引总质量	kg	
29. 驾驶室载客	人	30. 使用性质		
31. 车辆获得方式		32. 车辆出厂日期		34. 发证日期

第2页

图 2－7　机动车登记证书内页格式

（1）检查机动车登记证书上所有项目内容。

1）核对机动车所有人是否曾为出租公司或租赁公司。

2）核对登记日期和出厂日期是否时间跨度很大。

3）核对进口车是否为海关进口或海关罚没。

4）核对使用性质是非营运、营运、租赁或营转非。机动车使用性质主要有公路客运、公交客运、出租客运、旅游客运、租赁、货运、非营运、警用、消防、救护、工程抢险、营转非、出租营转非等多种。因不同用途车辆，规定的报废年限不同。

5）核对登记栏内是否注明该车已经作抵押。

6）对于货运车辆核对长、宽、高、轮距、轴距、轮胎的规格是否一致。

7）核对钢板弹簧片数是否一致或有加厚的现象。

8）核对现机动车登记证书持有人与受委托人是否一致。

（2）确认机动车登记证书真假。

根据《中华人民共和国机动车登记证书》（GA369—2005）的规定，证书均设计防伪。通过检查证书中的防伪标记，可确认证书的真伪，包括字体防伪、荧光防伪、水印防伪、印章防伪、图案防伪、纸板材料防伪等，当查出任何一种防伪技术不存在，都说明证书有问题。

四、核查车辆身份代码

1. VIN 解读

车辆识别代号（Vehicle Identification Number，VIN），是指车辆生产企业为车辆指定的一组 17 位字码，由 WMI、VDS、VIS 三部分组成，如图 2－8 所示。这个代号是由制造厂按照一定的规则而定的。车辆识别代号中含有车辆的制造厂家、年款、车型、车身型式、发动机以及其他装备的信息。车辆识别代号经过排列组合，使车型生产在 30 年之内不会发生重号现象，具有对车辆的唯一识别性，因此又有人将其称为“汽车身份证”。相关管理部门利用这个特性，将其应用在各个方面的统计和计算机检索中，对车辆进行科学的管理。

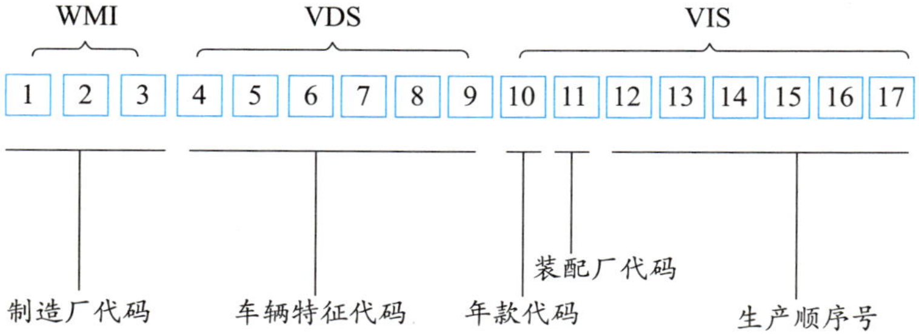

图 2－8　车辆识别代号组成

（1）WMI 的含义。

WMI 是车辆的制造厂的标识，由三位字符组成，字符为数字和英文大写字母（字母 I、O、Q 除外）。车辆制造厂标识应由其所在国家和地区的有关机构统一分配。

第一位是由美国机动车工程师学会（SAE）分配的，用以标明一个地理区域。北美是 1～5，大洋洲是 6 和 7，南美是 8、9 和 0，亚洲是 J～R，欧洲是 S～Z。

第二位是由 SAE 分配的，用以标明特定区域内的一个国家或地区。为了保证国家识别标志的唯一性，通常 WMI 的第一位和第二位字符组合在一起，如：10～19、1A～1Z 为美国，2A～2W 为加拿大，3A～3W 为墨西哥，W0～W9、WA～WZ 为德国，L0～L9、LA～LZ 为中国。

第三位是由各个国家或地区的授权机构分配的，用以标明特定的汽车制造厂。因此 WMI 能准确识别车辆的国别和厂址，如 LSV 上海大众、LFV 一汽大众、LDC 神龙汽车、LEN 北京奔驰、LHG 广汽本田、LHB 北汽福田、LKD 哈飞汽车、LS5 长安汽车、LSG 上海通用等。

（2）VDS 的含义。

VDS 是车辆特征的标识，由六位字符组成，此部分应能识别车辆的一般特性，其代号顺序由制造厂决定。其中第四位至第八位是车辆特征代码，字符为数字和英文大写字母（字母 I、O、Q 除外），且不同的厂商有不同的解释；第九位为校验位，该位字符为数字 0～9 或英文大写字母 X。校验位用以检验 VIN 码正确与否。

（3）VIS 的含义。

VIS 是车辆指示部分，是汽车制造厂为了区别不同车辆而指定的一组字符，由八位字符组成。其中第十位表示车型年款，字符为数字和英文大写字母（数字 0 及字母 I、O、Q、U、Z 除外），年款不一定是实际的年份，但与实际生产年份之差不超过 1 年。年款代码每 30 年循环一次，从 2001 年到 2030 年对应的年款代码见表 2－1。第十一位表示车辆装配厂，同一年款的同一车型，可能出自不同的装配厂，购买进口车一定要注意车辆的制造工厂。第十二位至第十七位表示汽车出厂顺序号，字符为数字。

表 2－1　2001—2030 年对应的年款代码

年份	年款代码	年份	年款代码	年份	年款代码
2001	1	2006	6	2011	B
2002	2	2007	7	2012	C
2003	3	2008	8	2013	D
2004	4	2009	9	2014	E
2005	5	2010	A	2015	F

续表

年份	年款代码	年份	年款代码	年份	年款代码
2016	G	2021	M	2026	T
2017	H	2022	N	2027	V
2018	J	2023	P	2028	W
2019	K	2024	R	2029	X
2020	L	2025	S	2030	Y

2. VIN 核查方法

（1）核对 VIN。

通常，车上不止一处设置 VIN，应对所有位置的代码进行核对，确保一致，并与车辆证书上显示的一致。

按照《道路车辆　车辆识别代号（VIN）》（GB 16735—2019）中规定的数字和大写英文字母核对 17 位代码。

（2）检查 VIN 车身打刻位置。

按照《道路车辆　车辆识别代号（VIN）》的规定，车辆识别代码应在车辆上多处位置打刻，如图 2－9 所示。打刻位置应该是防止替换的车辆结构件上，如发动机舱前隔板（防火墙）、副驾驶座地板横梁、前减震器悬挂部位、车架、前叶子板加强梁、水箱框架等部位。

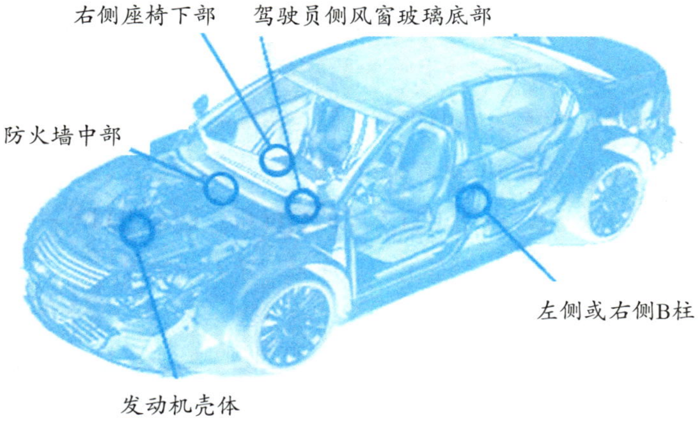

图 2－9　车辆识别代码常见打刻位置

（3）检查车辆结构件上的 VIN 打刻情况。

按照《道路车辆　车辆识别代号（VIN）》中的规定，车辆 VIN 字符打刻字体、间距、深度等应符合要求，高应大于或等于 7.0mm、深度应大于或等于 0.3mm（乘用车及总质量小于或等于 3 500kg 的封闭式货车深度应大于或等于 0.2mm）。同时，确保字迹清楚、坚固耐久，不得私自涂改，VIN 字符附近的板件应平整，漆面无重新喷涂痕迹。

检查时应仔细观察车架号码处的油漆的状况与周围的油漆是否相符；观察车架号码表面是否平滑；观察车架号码表面及周围有无锈迹，是否有锉、磨、电焊等破坏痕迹；观察车架号码的背面有无切割、电焊的痕迹。

（4）调取电脑内的 VIN 信息。

可通过手动方式调取仪表电脑内的 VIN 信息，也可通过诊断仪调取控制电脑内的 VIN 信息。核对电脑内的 VIN 与车辆其他部位显示的 VIN 是否一致。

技能训练

老师为学生提供一辆二手车及相关手续，车型不限，要求学生在规定的时间内完成车辆的手续检查，并将检查结果记录到下面的记录单内。然后，老师对学生的检查结果进行总结，同时针对学生在检查中出现的问题进行分析。

核对车辆与证件的一致性及税费单据

检查项目		检查结果	车辆与证件是否相符
核查车辆基本信息	号牌号码		
	车辆类型		
	所有人		
	住址		
	品牌型号		
	使用性质		
	发动机号码		
	车辆识别代号		
	注册日期		
	发证日期		
核查车主基本信息	所有人与现车主核对		
	组织机构代码证		
核查税费单据	车辆购置税完税凭证		
	车船使用税凭证		
	车辆的保险单		
	车辆检验标志、环保标志		

VIN、车牌及行驶证防伪检验

检查项目	检查结果	备注
检查 VIN 是否与行车证相符		
检查 VIN 是否有改动的迹象		
检查车牌外形、颜色、字体字号，判断是否正常		
用手触摸车牌，看边角处是否光滑		
检查行驶证的正证上、下底和副证上、下底齿型是否均匀		
检查行驶证打印方式是否为针打		
检查字体是否是车管部门的电脑专用字体		
检查防伪是否齐全		
其他		

机动车登记证书检验

检查项目	检查结果	备注
核对机动车所有人是否曾为出租公司或租赁公司		
核对登记日期和出厂日期是否时间跨度很大		
核对进口车是否为海关进口或海关罚没		
核对使用性质		
核对登记栏内是否注明该车已作抵押		
对于货运车辆，核对长、宽、高、轮距、轴距、轮胎的规格是否一致，核对钢板弹簧片数是否一致或有加厚的现象		
核对现机动车登记证书持有人与受委托人是否一致		
核对防伪标志		

任务二　二手车静态检查

任务导入

车辆现时技术状况直接影响二手车价值。为了能公正、科学地确定委托评估车辆的成新率，根据《二手车鉴定评估技术规范》的要求，必须对委托评估车辆进行静态检查，即在发动机不工作的情况下进行全面、科学的检查。

问题：静态检查包括哪些内容？如何检查？

相关知识

二手车静态检查有助于人们快速、全面地了解车辆的大概技术状况，检查项目及评定标准可以依照《二手车鉴定评估技术规范》（以下简称《技术规范》）。按照《技术规范》要求，首先应检查车辆是否为事故车，即判断车辆是否发生过碰撞、火烧或水淹。通常可以借助车辆结构尺寸检测工具或设备通过检测车体左右对称性来判断，若车辆结构部件（整体式车身结构件如图 2－10 所示）出现变形、扭曲、更换、烧焊、褶皱等情况，则确定车辆为事故车辆。

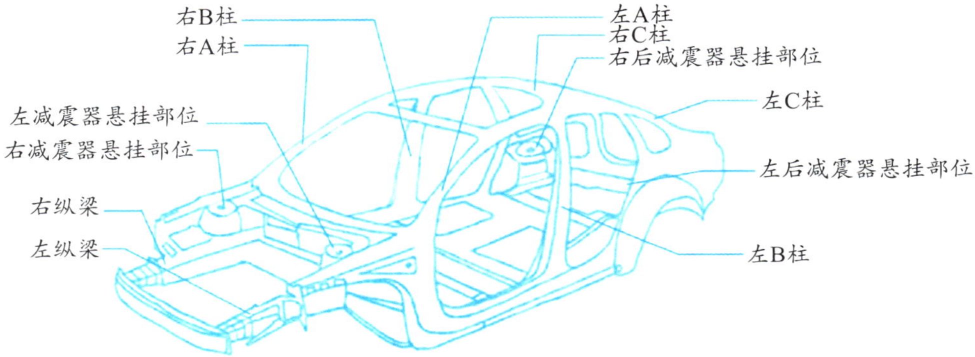

图 2－10　整体式车身结构件

对于非事故车辆，《技术规范》规定了检查项目和车辆技术状况等级，可根据检查结果确定车辆技术状况的分值，设有 5 个等级，见表 2－2。

表 2－2　车辆技术状况等级和分值

技术状况等级	分值区间
一级	鉴定总分≥90
二级	60≤鉴定总分＜90
三级	20≤鉴定总分＜60
四级	鉴定总分＜20
五级	事故车

一、车身外观检查

如图 2－11 所示，检查车身外观部位，查看顺序可按车辆正前方、两侧、后方等进行。重点检查板件配合隙是否一致、漆面是否有缺欠、图示中板件是否有钣金痕迹、两侧腰线是否有钣金痕迹等。《技术规范》中将车身外观状态设置为 6 个级别：划痕、变形、锈蚀、裂纹、凹陷、修复痕迹，可通过车辆外观缺陷测量工具及漆面厚度检测设备，结合目测法检查并得出结论。检查时应将车辆放置在平整的地面上，确保轮胎气压符合标准或一致。

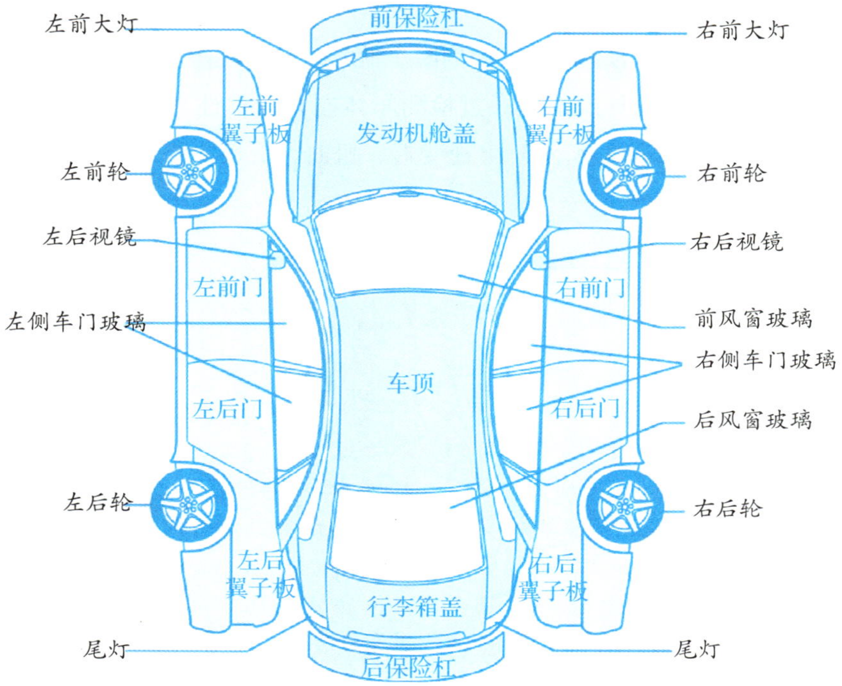

图 2-11 检查车身外观部位

1. 检查车体对称性

（1）车身高度检查。在车辆前方 5～6 米的位置，观察车身两侧。车顶左右两侧的高度应一致，或测量两侧大灯上边缘到地面的距离应一致，如图 2-12 所示。

图 2-12 车身左右两侧高度检查

（2）车身两侧腰线检查。两侧腰线不应有修复痕迹，且工艺形状应对称、流畅，如图 2－13 所示。

图 2－13　车身左右两侧腰线检查

2. 检查车身部件间隙

（1）发动机舱盖/行李箱盖间隙检查。检查发动机舱盖及行李箱盖配合间隙是否均匀、标准，且表面平整不应有钣金痕迹等，发动机舱盖及行李箱盖配合间隙如图 2－14 所示。

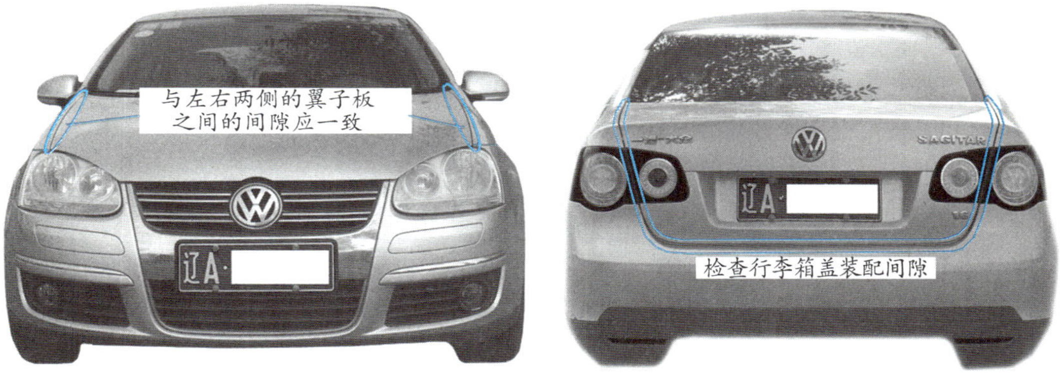

图 2－14　发动机舱盖及行李箱盖间隙检查

（2）车轮及轮眉间隙检查（见图 2－15）。两侧前后车轮应在一条直线上，且相对车身平面差应一致；两侧前后轮距相等；所有轮眉不应有修复痕迹，且工艺形状应一致；车轮与车轮罩后缘之间的距离应一致，否则说明车架或整体车身出现弯曲。

（3）大灯装配间隙（见图 2－16）。更换后的大灯，其装配间隙很难达到原厂装配间隙。当车辆前部出现碰撞后，大灯最易损坏，因此通过检查大灯与周围部件之间的间隙，可以判断大灯是否更换过。

图 2－15　车轮及轮眉间隙检查

图 2－16　大灯装配间隙

3. 检查覆盖件出厂标识

（1）检查前照灯、尾灯配件标识的出厂日期与车辆出厂日期的差异性。

（2）检查左、右灯具的新旧程度差异。

（3）检查前后风窗玻璃、车门玻璃的年份与车辆出厂日期的差异性。

（4）检查轮胎生产日期与车辆出厂日期的差异性，检查轮胎磨损程度与车辆里程是否吻合。

4. 检查车身 A、B、C 柱

打开两侧车门，观察 A、B、C 柱是否有维修痕迹、是否有不规则的焊接点、是否有喷漆留下的漆雾等，车身 A、B 柱的检查如图 2－17 所示。如果有上述情况，说明车辆可能有过碰撞事故。

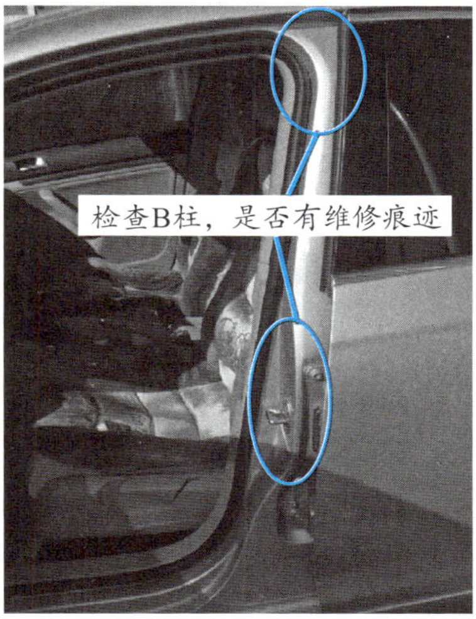

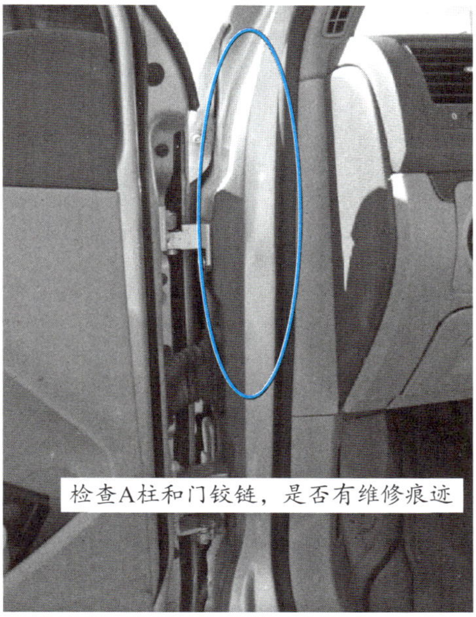

图 2-17　车身 A、B 柱的检查

5. 检查车身漆面质量

根据《汽车油漆涂层》（QC/T 484—1999）关于车辆的漆面厚度、硬度等指标进行检查，可以确定车辆是否补过漆，钣金件是否更换过。

（1）目测法检查。

1）检查漆面颜色是否一致。观察钣金件色差时要同时观察相邻两个钣金件的色差，如翼子板与发动机舱盖对比、车门与翼子板对比等。新补的油漆，往往色彩不同于原车漆色。在侧面迎光看车身漆面，如果出现微微的波浪状，且凹凸不平时，说明此处补过漆。

2）用磁铁吸附法检查漆面。如果车身补漆比较多，则整个车身各部位颜色都有差异，甚至找不出原车的漆色，这时可以用小磁铁在车身各个部位进行吸附，根据吸附力的大小判断补漆面厚度；或轻轻敲打钣金件表面，如果声音较清脆，说明该件是原车钣金件。

3）检查车身平整度。用手触摸车身表面，通过手感变化来检查车身平整度。车辆若有大面积撞伤部位，补腻子的面积就会比较大，打磨腻子时往往磨不平。

4）目视观察漆面质量。当车身油漆表面有流痕，或有不规则的小麻坑、小麻点时，说明此处补过漆；如果表面有龟裂现象，但车辆未被撞过，那么该车至少已使用了十年。

（2）用检测仪检查。

漆膜厚度还可以用漆膜厚度测试仪进行精确测定，能判断车身哪些部件喷过漆、哪些部件更换过。比较常见的漆膜厚度测试仪有两种：有测试线式和直接测量式，如图 2-18 所示。选择测量仪时注意灵敏度、误差值以及同一部位测量值的稳定性。

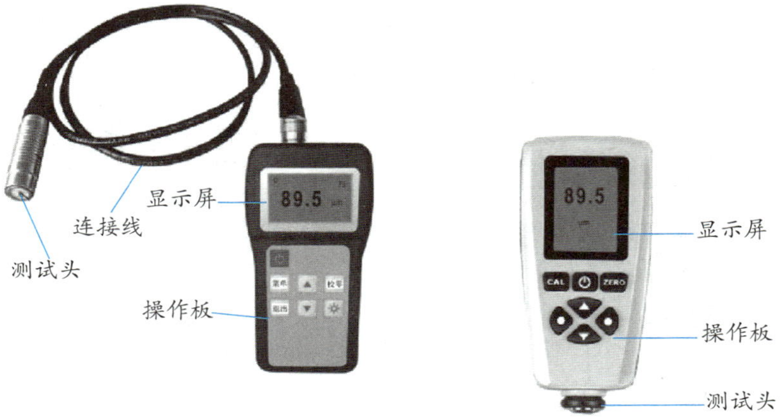

（a）有测试线式　　　　（b）直接测量式

图 2－18　漆膜厚度测试仪

汽车车漆厚度跟车型、颜色、具体部位都有关，一般是在 120～180 微米之间，通常美国产的汽车漆面较厚，日系汽车漆面较薄，大众汽车漆面厚度居中。可以采用“六点测量法”，即在钣金件上均匀测取 6 个点，以发动机舱盖漆面测量为例，如图 2－19 所示，根据测量的数值，再结合车身其他部位漆面厚度，可以确定测试钣金件状况。

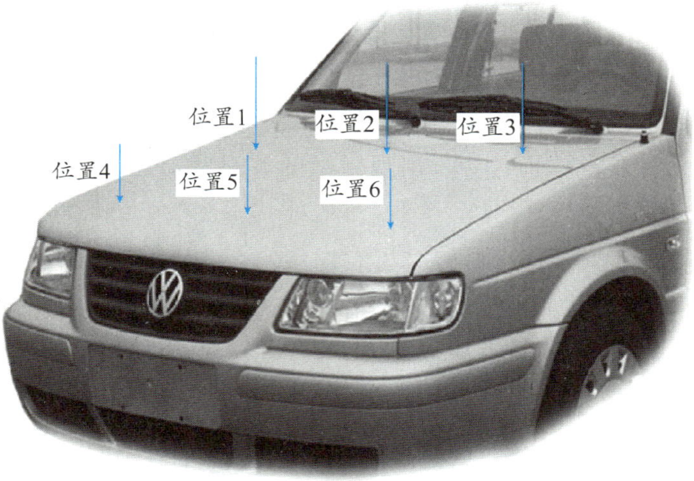

图 2－19　漆面六点测量法

二、发动机舱检查

《技术规范》中规定发动机舱检查项目包括：发动机机油有无冷却液混入，缸体或缸盖外是否有机油渗漏，前翼子板内缘、水箱框架、横拉梁有无凹凸或修复痕迹，散热器及冷凝器格栅有无破损，蓄电池电极桩柱有无腐蚀，以及发动机皮带/管路/电器线路等有无老化或破损，《技术规范》中给出了扣分标准。

1. 检查发动机舱内钣金件

（1）检查减震器悬挂部位。检查减震支座胶垫是否有裂纹；重点检查减震器悬挂部位是否有调整或维修痕迹，如果有，车辆可能发生过碰撞事故。

（2）检查翼子板紧固螺栓是否有拧动痕迹，如图 2－20 所示。

（3）检查散热器框架/横拉梁有无裂纹，或修复痕迹，或更换情况。

（4）发动机舱盖的内边缘减震胶是否流畅，舱盖骨架应力孔有无变形或修复痕迹，连接螺栓是否有拧动痕迹。

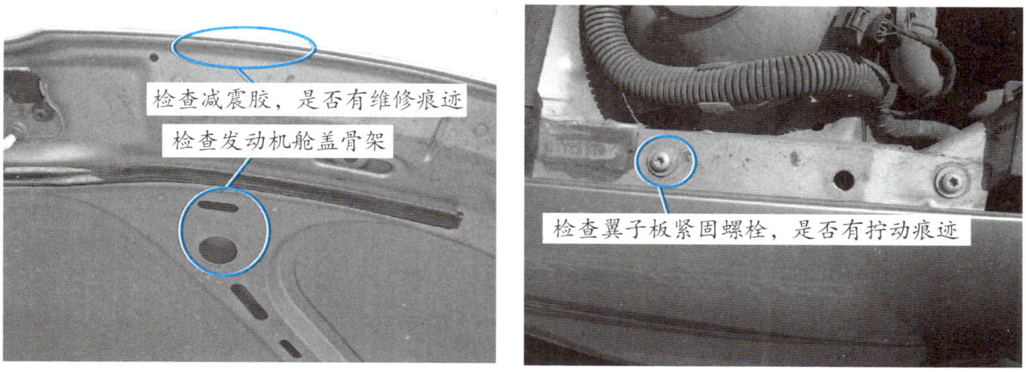

图 2－20　发动机舱盖、翼子板紧固螺钉的检查

（5）检查两侧纵梁及车轴是否变形或有维修痕迹，两侧悬架弹簧是否有变形等。

（6）检查散热器及冷凝器是否有修复或更换情况。

（7）检查发动机支撑与车架之间是否变形或维修痕迹。

2. 检查发动机密封情况

检查发动机缸体及缸盖周围是否有机油渗漏。当密封垫老化，或安装不当，或曲轴箱通风不良时，会造成机油渗漏。常见渗漏部位有：气门室罩盖垫、曲轴前后油封、凸轮轴前后油封、油底壳垫等部位，有涡轮增压器的发动机，在涡轮增压器的密封处也经常出现渗漏。常见渗漏部位如图 2－21 所示。

（a）曲轴前油封　　（b）曲轴后油封　　（c）凸轮轴油封

（d）气门室罩盖垫

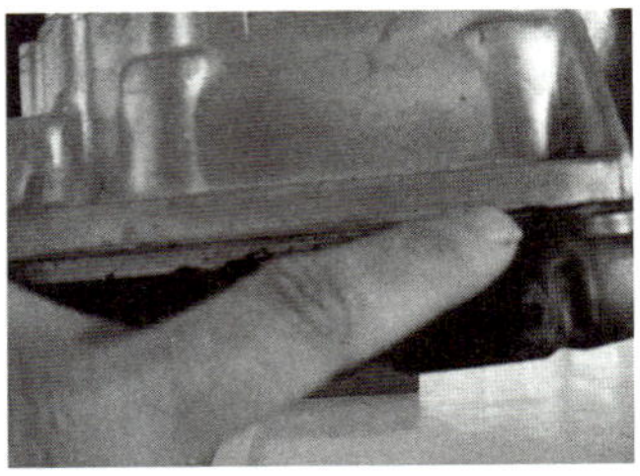

（e）油底壳垫

图 2－21　常见渗漏部位

3. 检查发动机皮带/正时链条

（1）检查皮带是否有撕裂、磨光、浸油、裂缝等情况，检查皮带紧度是否合适。

（2）轿车上置凸轮轴的驱动方式大多采用同步齿形皮带。同步齿形皮带噪声小且不需润滑，但耐用性不及链驱动。通常每行驶 6～8 万 km 则必须更换。

（3）检查时拆下正时罩盖，如果有必要，使用手电筒仔细检查同步齿形皮带内、外两侧有无裂纹、缺齿、磨损等现象，若有，则表明此车行驶了相当长的里程。对于 V 形发动机而言，更换同步齿形皮带的费用较高。

（4）检查正时皮带传动附件的支架和张紧调节装置是否松动、螺栓是否丢失或有裂纹、运转时是否有噪声等现象。

（5）检查发动机正时链条及张紧装置是否有损坏。

4. 检查发动机机油

发动机机油具有润滑、冷却、密封、洗涤、防锈、卸荷、缓冲、导热作用。要按里程定期更换机油，否则可能导致积碳及油泥的沉积，这样就会阻碍活塞环的运动，严重时可能使机油变得黏稠，像焦油一样，造成发动机机械故障。发动机机油检查包括机油的品质和机油消耗量检查。

（1）检查机油的品质。

发动机机油正常为褐色透明、无杂质、有黏度的液体，当发动机未得到及时保养或出现了工作故障时，机油也会呈现异常，因此，通过检查机油油品状况可以判断发动机的工作状况。取一滴机油滴在滤纸上，观察斑点的变化情况：机油迅速扩散，中间无沉积物，表明油品正常。否则，说明车辆保养不好或存在某些故障。

1）如果机油在滤纸上扩散慢，中间出现沉积物，表明机油已变脏，应该换掉。

2）如果机油变脏且有金属磨削，可能有拉缸、抱瓦的故障。

3）如果油样呈乳白色或呈雾状，表明机油进了水。

4）如果油样变为灰色，可能被汽油所污染。

5）如果油样变为黑色，有很重的燃油味，表明个别缸没有点火。

6）如果有刺激性气味，表明机油被高温氧化，应考虑发动机是否经常高温。

（2）机油消耗量检查。

机油是在曲轴箱与气缸盖内这个相对密封的空间循环工作的，只要发动机工况正常，机油是不可能无故大量减少的。检查发动机机油油面高度时，应使发动机处于暖机状态（机油温度不低于 60℃），同时车辆应平稳停在水平地面上，发动机停转后等几分钟，当机油全部回到油底壳后，再进行检查。

通常 5 000km 换油周期机油消耗大约 1 升，不同的车型，厂家规定的允许消耗量有所不同。当机油消耗量异常，通常与发动机故障有关，如发动机密封不良、气门油封质量低劣或损坏、活塞环密封不良、空气滤清器阻塞、废气循环管道堵塞造成曲轴箱压力太大、涡轮增压器油封泄漏等。

5. 检查发动机冷却液

冷却液缺失会导致发动机过热，加速汽缸磨损。发动机冷态时，观察副水箱里的液面是否在 min 和 max 之间，如果冷却液过少，应根据要求添加冷却液。冷却液检查的重点是冷却液冰点测试和品质检查。

（1）检查防冻液防冻能力。用冰点测试仪测量冷却液冰点，可以判断防冻能力，如果防冻能力低，可以补充防冻液。

（2）冷却液品质检查。取样观察冷却液的外观，如果有“油花”现象，说明该车冷却液可能混入发动机机油或自动变速器油，需进一步检查。

6. 检查点火系部件

点火系统性能的好坏直接影响发动机的动力性和经济性，通过对点火系外观检查，可了解发动机工作状况，主要检查部件有高压线、火花塞、点火线圈等。

（1）检查高压线。查看点火线圈与分电器之间的高压线及分电器与火花塞之间的高压线，高压线应清洁、布线整齐，无切割口、无擦伤部位、无裂纹、无烧焦处，否则会造成高压线漏电，需要更换高压线。

（2）检查火花塞。用火花塞套筒扳手拆下任意一个火花塞，检查火花塞的状况，火花塞电极的颜色可直接反映发动机的燃烧情况。若火花塞电极呈现灰色，且没有积炭，则表明火花塞工作正常，燃烧良好。若火花塞严重积炭、电极严重烧蚀、绝缘体破裂、漏气、侧电极开裂，均使点火性能下降，造成发动机动力不足，则需要更换火花塞，通常需成组更换，否则会影响发动机怠速平稳性。

（3）检查点火线圈。观察点火线圈外壳有无破裂、漏油、发热等状况。若点火线圈外壳破裂、漏油，则点火线圈容易受潮而使点火性能下降，影响发动机的动力性。

7. 检查车辆电源

（1）蓄电池检查。

在二手车检查过程中，常常遇到发动机不着火的情况，这时需要对蓄电池进行检查。轿车普遍使用免维护蓄电池，目前部分轿车也使用智能蓄电池（或带管理系统的蓄电池），以下主要针对免维护蓄电池进行检查，检查内容及常见仪器见表 2－3。

表 2－3　检查内容及常见仪器

序号	检查内容	仪器或方法
1	电量检查	通过观察窗目测
2	端电压检查	万用表
3	启动能力检查	高频放电计
4	硫化程度检查	万用表

1）目测观察孔。在蓄电池的顶部有一个观察孔，可以清晰看到其内部颜色，如图 2－22 所示。当看到的为无色时，说明电解液过少；当看到的为绿色（或蓝色）时，说明电解液合适，且电量充足；当看到的为黑色时，说明电解液合适，但电量不足，需充电。注释说明一般写在蓄电池盖上。

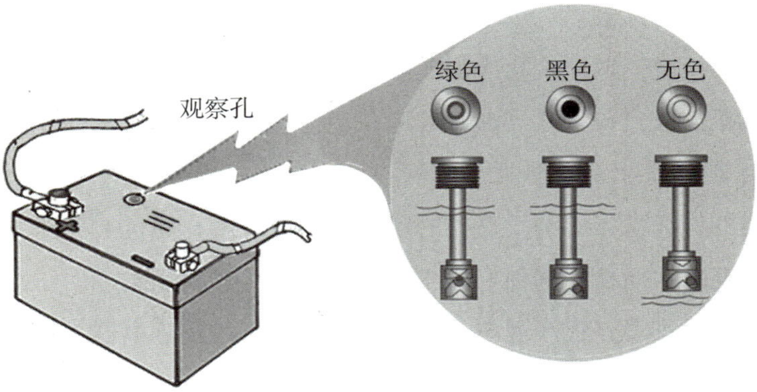

图 2－22　通过观察孔确认蓄电池状态

2）测量蓄电池电压。用万用表测量 12V 系蓄电池时，先将万用表置直流 20V 挡；将万用表的正表笔接蓄电池单格的正极端，负表笔接负极端，如图 2－23 所示。读出指示电压值，12V 为正常值。电压值低于 9.6V，表明蓄电池已放电，需进行保养充电。

3）蓄电池极柱电压降就是蓄电池正负极柱和电缆线连接夹之间的电压差。用电压表测量启动机启动时电极柱和电缆之间的电压差，如果电压降超过 0.1V，说明电极连接处存在额外的高电阻。

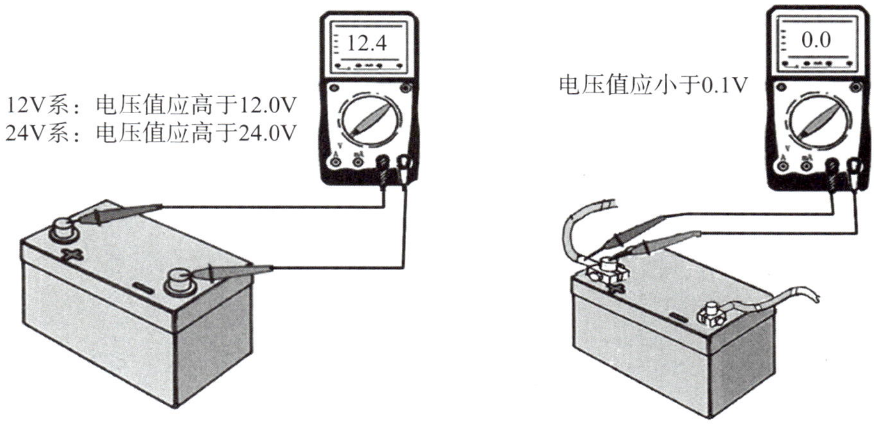

图 2-23　蓄电池极柱电压降检测

4）检查蓄电池启动能力。高率放电计如图 2-24 所示。用高率放电计模拟接入启动机负荷，测量蓄电池在大电流放电时的端电压，来判断蓄电池的放电程度和启动能力。若测试电压保持在 10.5～11.6V 以上，说明存电量充足，蓄电池无故障；若电压保持在 9.6～10.5V，说明存电量不足，蓄电池无故障；若电压降到 9.6V 以下，说明存电量严重不足或蓄电池有故障。

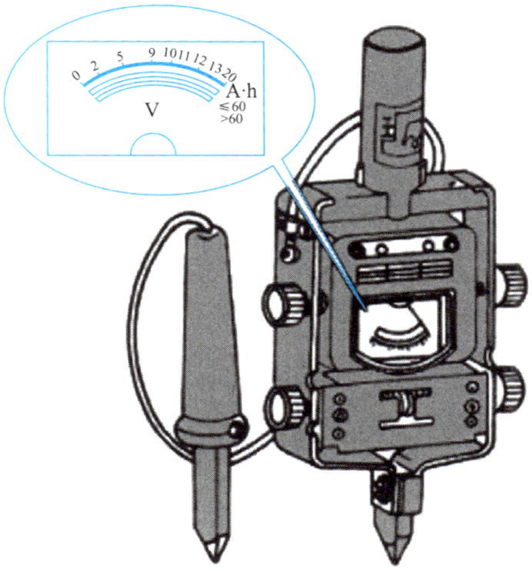

图 2-24　高率放电计

5）用测量仪测量蓄电池内阻/电流。目前，蓄电池测量仪品牌和型式很多，但功能及测量方法基本相同，外形及组成基本如图 2-25 所示。用蓄电池测量仪可以直接测量蓄电池的内阻和冷启动电流，并直接给出被测蓄电池的技术状况。

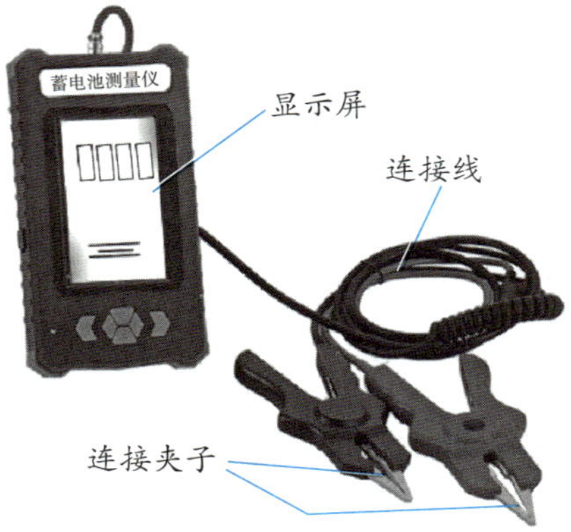

图 2－25　蓄电池检测仪

蓄电池的容量不同，其负荷电流和最低极限电压值也不同，测量时可参照表 2－4，或依照测量仪给定的标准值进行判断。通常，测试内阻过大或冷启动电流过小时，被测蓄电池将不能完成启动机的启动，说明蓄电池充电不足或损坏。

表 2－4　负荷电流和最低电压

蓄电池容量	冷态检测电流	负荷电流	最低电压（极限值）
70Ah	340A	200A	9.5V
80Ah	380A	300A	9.5V
82Ah	420A	300A	9.5V
92Ah	450A	300A	9.5V

6）蓄电池硫化程度检测。当蓄电池不能通过容量的负载检测时，用“3min 充电检测法”可以判断蓄电池是否存在硫化现象。以 12V 系蓄电池为例，其检测方法是：拆下蓄电池负极电缆，使蓄电池和汽车电器系统电路分开；把蓄电池与充电机相连，连接时要注意正负极连接正确；保持充电机 40A 的充电强度 3min，然后检查连接到蓄电池上的电压表的读数；如果电压读数低于 15.5V，说明该蓄电池没有硫化；如果读数在 15.5V 以上，说明该蓄电池已经硫化。

（2）发电机及相关线路检查。

发电机是确保汽车电器正常工作的电源，给蓄电池充电，维持蓄电池启动能力。点火开关位于 ON 挡时，充电指示灯应点亮；启动发动机后，充电指示灯应熄灭，且无异响，否则说明发电机不工作或相关线路有故障，应进一步检查。

1）了解交流发电机各接线柱含义。常见发电机接线柱（接线端子）有 2 个、3 个或 4 个，接线柱标注常见有 A、B、B+、D+、L、E、F、N、S、IG、DFM 等。A、B、B+

通过导线与蓄电池正极和启动机相连；D+通过导线连接充电指示灯和转子励磁电路；L通过导线连接充电指示灯（或仪表板控制单元）；E搭铁；F为磁场接线柱，通过导线连接励磁电路；N为中性点接线柱，一般用于控制电器继电器；S为蓄电池电压检测端，用于控制电压调节器工作的基准信号；IG为点火信号线，一般用于蓄电池正极和点火开关连接；DFM为发电机电负荷输出端，通过导线将信号输送给发动机控制单元。

2）检测发电机输出电压。启动发动机并怠速运转，用万用表测量发电机壳与发电机输出端，12V系发电机输出电压正常范围是13.5～14.5±0.25V，当发动机转速升高时，输出电压也不会超出上限；否则，说明发电机有故障。以大众汽车用12V系交流发电机（带DFM输出端）为例，若发动机怠速时，测量的发电机输出电压低于下限值，说明发电机没工作；当发动机转速升到1 000r/min以上时，发电机输出电压达到正常值，说明发电机本身没有故障，是相关线路存在故障。

3）读取发电机数据信息。连接汽车故障诊断仪，读取发电机相关数据或发电机输出的波形，综合分析并判断故障部位。以大众宝来车带DFM输出端发电机为例，读取不同转速、负荷下对应的负荷率，即DFM值，正常变化范围参照表2-5，当测量的负荷率始终为5%时，说明DFM线断路；当测量的负荷率始终为99.99%时，说明DFM线短路。不同车型数据会有所不同。

表2-5　大众宝来车发电机不同转速、负荷下对应的DFM值变化范围

发电机用电负荷变化（%）	发动机不同的工作转速			
	700r/min	1 400r/min	2 000r/min	3 000r/min
空载	38%～47%	23%～27%	18%～20%	16.9%
只开启前大灯	50%～60%	29%～31%	25%～27%	16.9%
只开启空调	45%～60%	32%～34%	25%～30%	16.9%
前大灯、空调同时开启	74%～99%	49%～51%	47%～50%	20%

说明：不同的检测仪器测量的数据可能会不同，但应符合表中数字之间所示关系。

8. 检查各连接管路

（1）检查发动机冷却水管连接是否牢固，管路是否老化。

（2）检查发动机进气软管连接是否牢固，管路是否老化。

（3）检查发动机各真空管连接是否牢固，管路是否老化。

（4）检查管路布置是否整齐。

9. 检查继电器盒及线束

（1）打开继电器盒的塑料盖，按照塑料盖内侧图表，检查相应位置元件是否齐全有效。

（2）检查导线、线束是否整齐，是否固定在原来的线束卡中，而不是走明线或使用了许多绝缘胶带。有胶带或外加导线说明有不正规的维修问题。

（3）检查导线绝缘层是否有粘连或龟裂现象，线束是否有整体更换迹象，如果有上述迹象，可能为火灾后翻新车辆。

三、驾驶/乘员舱检查

《技术规范》中规定的驾驶舱检查项目包括：车身内衬、仪表台、座椅、方向盘、安全带、车窗/天窗、变速手柄、储物箱以及车内底板等。重点检查车内是否有异味，车身内衬局部或整体是否更换过，安全带是否更换过等，《技术规范》中给出了扣分标准。

1. 车内饰的检查

汽车内饰具有隔声降噪、防止静电及装饰作用。通过汽车内饰可以了解车主的养护状况，同时能查出车内隐藏的问题，对车辆的价格评估提供重要依据。

（1）车内空气应清新无异味。内饰脏污会产生异味，存留在车顶棚、座套、皮椅和出风口等部位的食物或其他垃圾也会散发异味，另外，车内饰品若由劣质材料制成，也会散发出刺激气味。车内异味久而久之会危害驾乘人员的健康。

（2）车内饰多数为纤维制品，泡水受潮后会有霉味。当检查安全带、地毯下、转向柱、仪表台支架及其他内饰物时，如果有霉味，开启空调并开大风机风量，霉味随之加重，说明车辆被水泡过。

（3）对于车门内饰、仪表装饰、车顶内饰等，要求面罩颜色一致、无色差，安装缝隙均匀，装饰条、密封条完好；内衬板固定良好。

（4）检查 A、B、C 柱饰板的安装是否正常，如果按压时有异响，说明该处有过钣金维修。

2. 驾驶操纵机构检查

（1）转向盘检查。

1）检查转向盘时将汽车处于直线行驶的位置，左右转动转向盘，最大游动间隙应不超过《机动车运行安全技术条件》规定的 15 度。如果游动间隙超过标准，说明转向系统的各部分间隙过大，转向系统需要保养维修。

2）两手握住转向盘，将转向盘向上下、前后、左右方向摇动推拉，应无松旷的感觉。如有松旷的感觉，说明转向机内轴承松旷或紧固部件松动，需要紧固调整。

（2）加速踏板检查。

1）观察加速踏板是否因磨损过度而发亮，若磨损严重，说明此车行驶里程已很长。

2）检查踏板有无弹性，踏下或松开踏板，油门应回位自如。如果过松或过紧，对于拉线式油门，应检查或调整节气门拉线；对于电子油门，应检查油门踏板连接、运动空间是否正常。

（3）制动踏板检查。

1）检查制动踏板的踏板或踏板胶皮是否磨损过度，磨损程度与车辆行驶里程是否吻合，如果磨损程度严重而行驶里程少，说明该车里程表有改动情况。

2）检查制动系主要技术参数是否正常。根据《机动车运行安全技术条件》的规定，液压行车制动在达到规定的制动效能时，踏板行程不应大于踏板全行程的四分之三；制动器装有自动调整间隙装置的机动车的踏板行程不应大于踏板全行程的五分之四，且乘用车不应大于120mm，其他机动车不应大于150mm。

（4）检查离合器踏板。

1）踩踏离合器踏板时，应无卡滞、异响，否则离合器有故障。

2）检查离合器踏板自由行程。离合器踏板的自由行程一般在30～45mm之间。如果没有自由行程或自由行程小，会引起离合器打滑。如果踩下离合器踏板几乎接触到底板时才能分离离合器，说明离合器踏板自由行程过大，可能是由于离合器摩擦片或分离轴承磨损严重，需要检修离合器及其操纵机构。

（5）检查驻车制动操纵杆。

1）将驻车制动操纵杆放松后再拉紧的过程中，检查操纵杆是否灵活有效，棘轮机构锁止是否正常。

2）对于电子驻车系统，当驻车按钮闭合时，应有电机驱动声，并且伴有刹车踏板随动现象，否则，说明电子驻车系统可能失效。

（6）检查变速器操纵杆。

1）检查变速器操纵机构防护罩是否破损，若有破损，会影响车厢密封性。

2）用手握住变速器操纵杆，依换挡规律逐一换至各个挡位，换挡操纵机构应灵活无异响。

3）用诊断仪检查挡位开关是否正常。

3. 座椅的检查

随着使用里程的增加，座椅调节机构极易出现故障。座椅位置的调节是由座椅调角器、座椅导轨和座椅升降机构等共同完成的，在每种调节机构上，座椅都能完成两个或两个以上方向的调节。在二手车检查时要注意电动座椅功能检查及外观检查。

（1）座椅调角器的检查。

座椅调角器用于连接汽车座椅椅座和椅背，可对乘员提供安全保护和增强座椅舒适性。乘员可以通过座椅调角器调节椅背的角度。在一些中高档车内，设计师对调角器进行了改进，并在椅背内添加了机械装置用于减少追尾事故对乘员颈椎造成的伤害。二手车检查时，可通过调节座椅调角器观察椅背的调节是否有效。

（2）座椅导轨的检查。

座椅导轨连接汽车座椅与车身底板，起调节座椅前后位置以及保护乘员安全的作用。在座椅导轨上，座椅可进行前后方向的调节。在这个方向上，驾驶员可以选择合适的位置，调整身体与方向盘之间的距离，使双手能够灵活地操控方向盘，双脚能够舒服地踩到踏板上，从而对车辆进行有效的控制。

二手车评估检查时，将座椅前后调节，座椅应灵活且调节后能有效定位，晃动座椅时应无异响，否则，估算二手车价值时应加以考虑。

（3）座椅升降机构的检查。

座椅升降机构用来调节汽车座椅高度和角度，能提高乘员舒适性并给驾驶员提供最佳视线，让不同身高的人都能清楚地看清前方路况，保证行车安全。

对于具有多方向调整功能的座椅，驾驶员就能更好地找到适合自己的驾驶姿态，减轻驾驶疲劳，提高行车安全性。汽车的驾驶席座椅通常可进行前后、上下、椅面倾角、椅背倾角 8 项调节。在一些多功能商务车型上，乘客座椅可以进行 360 度的旋转，靠背还具有折叠功能，使车内空间的利用效率大大提高，要逐一检查。

（4）电动座椅调节性能检查。

座椅及附件因长期使用或撞击会造成损坏，常见的有个别调节功能失效，骨架、导轨变形，棘轮、齿轮根切等现象。骨架、导轨轻微变形常可以校正，棘轮、齿轮根切通常必须更换棘轮、齿轮机构，但若配件缺少，必须更换座椅总成。

（5）座椅塌陷程度检查。

检查座椅塌陷程度是否与行驶里程相符，方法是用手掌按压座椅表面，观察下陷程度是否过大，是否有异响等。

4. 安全装置检查

（1）安全气囊检查。

1）检查方向盘气囊罩盖。检查方向盘气囊罩盖周边是否完好、色差是否过大，如果色差过大，则意味该车更换过气囊组件，需要进一步对车身进行详细检查。对于事故车辆，方向盘气囊外表检查很重要。

2）可以用诊断仪读取安全气囊的数据信息，准确判断气囊是否引爆过。

（2）安全带检查。

汽车座椅安全带在汽车发生碰撞或紧急制动时，能够固定驾乘人员位置，减轻对驾乘人员的伤害。驾驶人、乘车人在汽车行驶前，系好安全带是最有效的自我保护方法，在遇到危险情况时可降低受到致命伤害的概率。通过对安全带检查，如查看安全带的生产日期及表面情况，能查出车辆隐藏的问题，如图 2－26 所示。

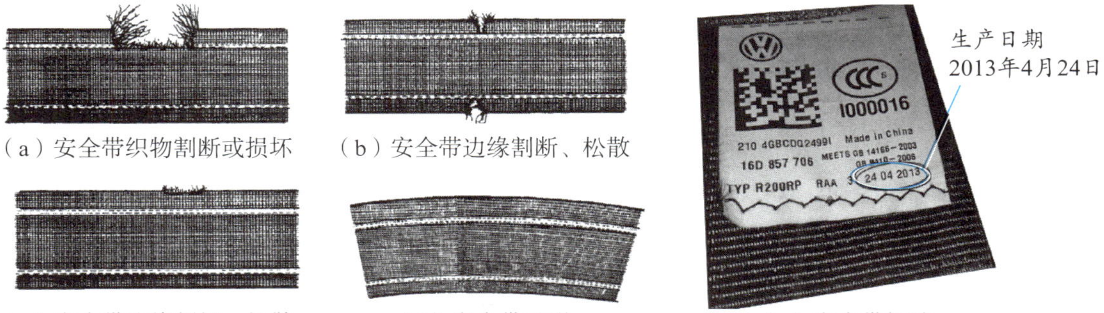

（a）安全带织物割断或损坏　（b）安全带边缘割断、松散　（c）安全带边缘割坏、松散　（d）安全带弓形　（e）安全带标牌

图 2－26　安全带检查内容

1）安全带表面应完好无磨损。若安全带开裂变形，一旦遇到事故需要收紧安全带时，不能完全起到安全保护作用。

2）将安全带迅速拉动，应有收紧情况，若无收紧力，说明安全带失效。

3）将安全带完全拉出，应整洁无水渍、霉斑，如果有，说明车辆可能发生过泡水事故。

4）检查安全带标签是否完好，查看生产年限是否与车辆出厂时间吻合，可判断安全带是否更换过。如图 2－26（e）所示的安全带的生产日期是 2013 年 4 月 24 日。

5. 开关及仪表检测

（1）检查开关。

检查点火开关、转向灯开关、车灯总开关、变光开关、刮水器开关、电喇叭开关外观，分别操纵这些开关，检查开关是否完好，控制元件能否正常工作。

（2）检查仪表。

汽车常规仪表有车速里程表、转速表、燃油表、水温表等，气压制动的汽车还有气压表，某些货车有机油压力表和电流表，应分别检查这些仪表是否能正常工作，有无缺失或损坏。

四、行李箱检查

《技术规范》中规定的行李箱检查项目包括：行李箱锁检查、行李箱内外漆面状况检查、随车工具及备胎检查，如果有问题需要在鉴定结论中进行注明。

1. 行李箱锁及开关功能检查

（1）检查行李箱锁。行李箱锁安装应牢固，且锁的开闭功能应正常。

（2）检查行李箱开关拉索或电动开关。操纵驾驶舱内部行李箱开启拉索或电动开关，观察行李箱盖是否可以正常打开。

（3）检查行李箱门控灯是否正常。当行李箱盖打开时，门控灯应点亮；否则，门控灯或门控灯控制开关损坏。

2. 检查行李箱油漆及密封状况

（1）检查行李箱内外油漆。

1）检查行李箱内外油漆是否相配，若内外漆面相差较大，则意味后部行李箱有过较大碰撞。

2）检查行李箱盖底部的颜色是否与外部的颜色相同。

（2）检查行李箱盖钣金情况。

1）检查行李箱盖钣金是否有维修痕迹。

2）检查行李箱底板及后翼子板是否有钣金喷漆痕迹。

3）检查看行李箱盖金属构件、地板垫、防腐胶、电器线路等是否完好。

（3）检查行李箱盖密封情况。

1）检查防水密封条有无划痕、损坏、脱落等，重点检查密封胶是否均匀。

2）检查行李箱盖的对中性和闭合质量。当轻微按下行李箱盖，不用很大力气就应能将其关上。行李箱盖关闭后，检查行李箱盖与车身其他部分的缝隙应均匀，不能有明显的偏斜现象。

3. 检查备用轮胎及随车工具

（1）检查备用轮胎是否完好，气压是否正常。

（2）检查千斤顶、轮胎扳手及随车工具、三角警示牌、灭火器等，应齐全且有效。

五、底盘外观检查

《技术规范》中规定车辆底盘检查项目包括：发动机油底壳的检查、变速箱体的检查、转向器及转向节的检查、传动轴的检查、减震器及减震弹簧的检查等，重点检查发动机油底壳及变速箱体有无渗漏，《技术规范》中给出了扣分标准。当车辆受检查条件限制只能进行静态检查时，必须包含底盘外观检查；当车辆有路试条件时，在路试结束后，应进行底盘检查。

1. 减震器检查

（1）减震器外观检查。

目测检查车辆减震器应齐全有效，减震器不允许有锈蚀、损坏、变形及漏油现象。如果渗油的油迹不超过弹簧盘，油迹局限于减震器油封到下部的弹簧盘处可正常使用。

（2）减震器性能检查。

采取按压的方式检查车辆的减震器性能。分别用力按下 4 个轮独立减震系统后松开，观察回弹次数，应为 2～3 次，表明减震器性能正常。如果回弹次数过多或过少，或出现异响，说明减震器工作性能不良。

（3）减震器异响检查。

检查减震支柱总成上端螺母的固定情况，如果拧紧力矩小会造成异响。油封润滑脂干枯也会导致减震器工作时出现响声，此为正常现象。检查方法：可在油封处滴入润滑剂，如果响声消失，则是油封润滑不良。

2. 底盘外观检查

（1）渗漏检查。

1）检查发动机油底壳有无渗漏。

2）检查变速箱体有无渗漏。

（2）悬挂系统检查。

1）检查悬架系统各球关节的密封件是否有裂纹、变形或残损现象。

2）检查钢板弹簧是否有裂纹和断片现象，同一轴上的弹簧形式和规格是否相同。

3）检查中心螺栓、U 形螺栓、钢板弹簧卡箍是否有裂纹、拼焊或残损现象。

4）检查车架是否有变形、锈蚀和裂纹情况，检查螺栓和铆钉是否完好。

5）检查前、后桥是否有变形和裂纹现象。

6）检查车桥与悬架之间的各拉杆、导杆是否变形，各接头和衬套是否正常。

（3）制动系统的检查。

1）制动系统的各杆件不应与其他部件产生干涉、摩擦。

2）制动系统杆件不应有变形、损坏等现象。

3）制动软管不应有老化、开裂、被压扁等现象。

3. 车轮及轮胎检查

（1）轮胎检查。

1）轮胎磨损情况检查。使用轮胎花纹深度尺可以测出轮胎的花纹深度是否超出安全范围。当轮胎的胎纹深度减小到 1.6mm 或更小时，将显示出磨损标记，表示应该马上更换轮胎。否则，行驶时轻则轮胎会出现打滑现象，延长制动距离；严重时，当轮胎在湿滑路面上行驶，易产生“浮滑现象”，造成转向及制动失灵，引发安全事故，同时也易引发爆胎事故。

轮胎花纹深度的检测工具为轮胎花纹深度尺或深度测量器，如图 2－27 所示。将轮胎花纹深度尺的尖端伸入轮胎胎面的同一横截面几个花纹沟中，测量并读出一组深度值，得出平均数，对照标准值，分析轮胎胎纹的深度是否符合要求。轮胎花纹的深度磨损极限值为 1.6mm。当轮胎剩余花纹深度低于规定值时，必须尽快更换。

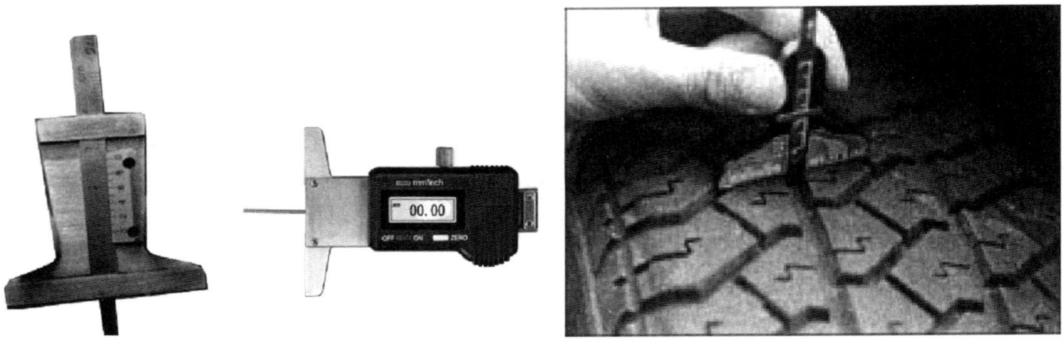

（a）深度尺　　（b）深度测量器　　（c）检查方法

图 2－27　轮胎花纹深度的检测

2）轮胎磨损常见情况。通过轮胎磨损现象及程度，可以判断车辆存在的问题。常见轮胎磨损现象及可能原因见表 2－6。

表 2－6　常见轮胎磨损异常现象及可能原因

异常现象	图　示	可能原因	维修方法
肩部磨损快	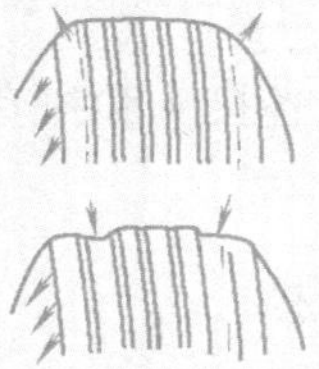	充气不足或换位不够	调整充气压力
胎冠磨损快	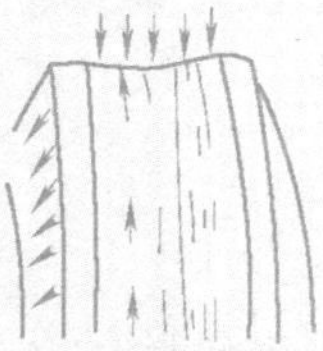	充气过足或换位不够	调整充气压力
胎面有裂纹	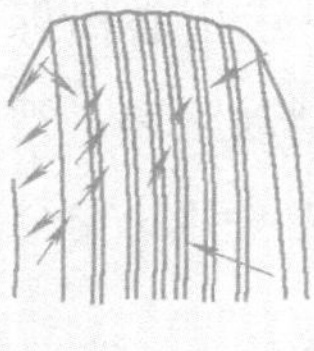	经常充气不足	调整充气压力
单侧磨损	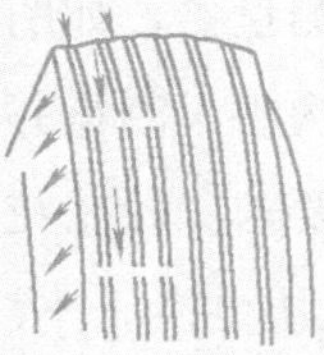	车轮外倾角过大或过小	检测外倾角并调整

续表

异常现象	图　示	可能原因	维修方法
边缘呈羽毛状		车轮前束值过大或过小	检测前束值并调整
秃点	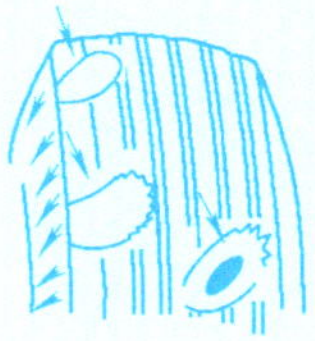	车轮动不平衡	进行动平衡调整
槽形磨损		轮胎换位不够或磨损：悬架定位不准	检查轮胎及前悬架定位

3）检查轮胎规格和出产日期。国际标准的轮胎规格一般由六部分组成，“轮胎宽度（mm）＋轮胎断面的扁平比（%）＋轮胎类型代号＋轮辋直径（英寸）＋负荷指数＋许用车速代号”。轮胎宽度、轮辋直径及扁平比如图 2－28 所示，其中扁平比为胎厚与胎宽的百分比。

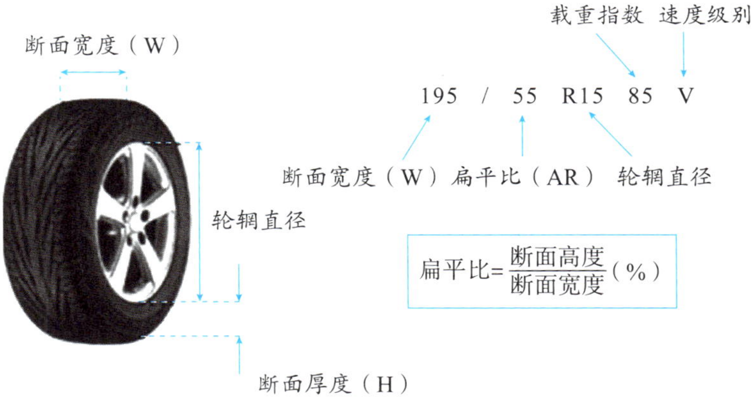

图 2－28　轮胎规格

在轮胎的侧面有轮胎生产日期，如图 2－29 所示，“1409”为该轮胎生产日期，表示是 2009 年第 14 周生产的。

➤ “DOT 7V38 004X”是美国运输部的制造商码
➤ 1409表示生产日期是2009年第14周

图 2-29　轮胎生产日期

（2）车轮检查。

1）轮胎动平衡检测。车轮不平衡对汽车性能的影响很大，一方面使整车有上、下跳动的趋势，引起垂直方向的振动，影响汽车行驶平顺性；另一方面引起转向轮横向摆动，影响汽车操纵稳定性和行驶安全。车轮不平衡还会加剧轮胎、转向机构、行驶系统及传动系统零部件的冲击和磨损，缩短其使用寿命。因此，在二手车鉴定评估时，如果路试时出现方向发抖等现象，要对车轮进行动平衡检测及四轮定位检测。

2）四轮定位检测。四轮定位对汽车的正常行驶稳定性起着十分重要的作用。当汽车行驶一段时间后，四轮定位出现异常，可能会造成轮胎异常磨损、零件磨损加快、转向盘发沉、车辆跑偏、油耗增加等现象。在二手车检查中，如有轮胎异常磨损、车辆跑偏等现象，应进行四轮定位检查。

四轮定位包括前轮定位和后轮定位，前轮定位包括主销后倾角、主销内倾角、前轮外倾角和前轮前束四项内容，后轮定位包括车轮外倾角和后轮前束。一般情况下，新车驾驶 3 个月后，就应进行四轮定位调整，车辆每行驶 1 万 km，就应进行轮胎换位。如果发生碰撞事故，应及时进行四轮定位调整。

技能训练

老师为学生提供一辆二手车，车型不限，要求学生在规定的时间内完成车辆的静态检查，并将检查结果记录到下面的记录单中。然后，老师对学生的检查结果进行总结，同时针对学生在检查中出现的问题进行分析。

车身外观检查

检查部位	描述检查结果	检查部位	描述检查结果
发动机舱盖表面		后保险杠	
左前翼子板		左前轮	
左后翼子板		左后轮	
右前翼子板		右前轮	
右后翼子板		右后轮	
左前车门		前大灯	
右前车门		后尾灯	
左后车门		前风窗玻璃	
右后车门		后风窗玻璃	
行李箱盖		四门风窗玻璃	
行李箱内侧		左后视镜	
车顶		右后视镜	
前保险杠		轮胎	

发动机舱检查

序号	检查项目	描述检查结果
1	机油有无冷却液混入	
2	缸盖外是否有机油渗漏	
3	前翼子板内缘、水箱框架、横拉梁有无凹凸或修复痕迹	
4	散热器格栅有无破损	
5	蓄电池电极桩柱有无腐蚀	
6	蓄电池电解液有无渗漏、缺少	
7	发动机皮带有无老化	
8	油管、水管有无老化、裂痕	
9	线束有无老化、破损	

驾驶舱检查

序号	检查项目	描述检查结果
1	车内有无水泡痕迹	
2	车内后视镜和座椅是否完整、无破损、功能正常	
3	车内是否整洁、无异味	
4	方向盘自由行程转角是否小于 15 度	
5	车顶及周边内饰有无破损、松动、裂缝和污迹	
6	仪表台有无划痕，配件有无缺失	
7	排挡把手柄及护罩是否完好、无破损	
8	储物盒有无裂痕，配件有无缺失	
9	天窗是否移动灵活、关闭正常	
10	门窗密封条是否良好、无老化	
11	安全带结构是否完整、功能是否正常	
12	驻车制动系统是否灵活有效	
13	玻璃窗升降器、门窗工作是否正常	
14	左、右后视镜折叠装置工作是否正常	

底盘检查

序号	检查项目	描述检查结果
1	发动机油底壳有无渗漏	
2	变速箱体有无渗漏	
3	转向节臂球销有无松动	
4	三角臂球销有无松动	
5	传动轴十字轴有无松旷	
6	减震器有无渗漏	
7	减震弹簧有无损坏	

任务三　二手车动态检查

任务导入

确定汽车成新率时，仅仅通过静态检查是不能完全将车辆故障判断出来的，必须通过动态检查，才能准确了解评估车辆的现时技术状况。根据《二手车鉴定评估技术规范》，必须对委托评估车辆进行发动机怠速检查及路试检查。

问题：动态检查包括哪些内容？如何检查？

相关知识

一、发动机启动检查

《技术规范》中规定的发动机启动检查项目包括：发动机启动工况检查、发动机怠速检查、发动机排放检查、驻车及 ABS 系统检查、空调系统检查、灯光及仪表检查等，重点检查发动机怠速运转状况及排放是否正常，《技术规范》中给出了扣分标准。

1. 启动及怠速检查

（1）观察发动机启动是否顺畅（时间少于 5 秒，或一次启动）。

（2）发动机启动后，观察发动机怠速转速是否平稳，是否有异响。

（3）连续踩下/松开油门踏板，观察发动机转速是否平稳增加/降低，有无杂音、异响情况，尾气颜色是否正常。

（4）怠速状态下，观察仪表板指示灯显示是否正常，有无故障报警。

（5）怠速状态下，打开空调/大灯等用电器时，观察转速是否稳定。

当发动机不能正常启动，或启动后不给油就不能稳定怠速运转时，可确定发动机技术状况不佳，需进一步检查。

2. 发动机漏气检查

当发动机气缸、活塞、活塞环磨过大，或活塞环对口、结胶、积炭、失去弹性、断裂或缸壁拉伤，会造成各部分间隙变大而漏气。在鉴定评估时需要检查发动机是否有漏气情况，通常通过目测法或使用测量仪检查曲轴箱排气量进行确定。

目测检查，首先打开发动机机油加注口盖，启动发动机，如果有气体从机油口冒出，且有刺激气味，说明曲轴箱有尾气窜入，同时说明该车行驶里程较多，发动机磨损较大，已接近大修里程，但不能确定漏气程度。目测发动机有漏气情况时，需要进一步用测量仪准确测量漏气量。

3. 发动机缸压测量

当发动机出现启动困难，或怠速不稳，或动力不足，或烧机油等现象时，应检查发动机气缸压力，通过测量缸压，找出故障原因，其维修费用将直接影响二手车价值。目前，测量发动机气缸压力的仪表有多种结构形式，但测试方法基本相同，如图 2－30 所示。测得结果与标准值对比，通常汽油机气缸压缩压力不低于原厂的 10%，柴油机不低于原厂的 20%；要求各缸压力差，汽油机不超过其平均值的 10%，柴油机不超过其平均值的 8%。

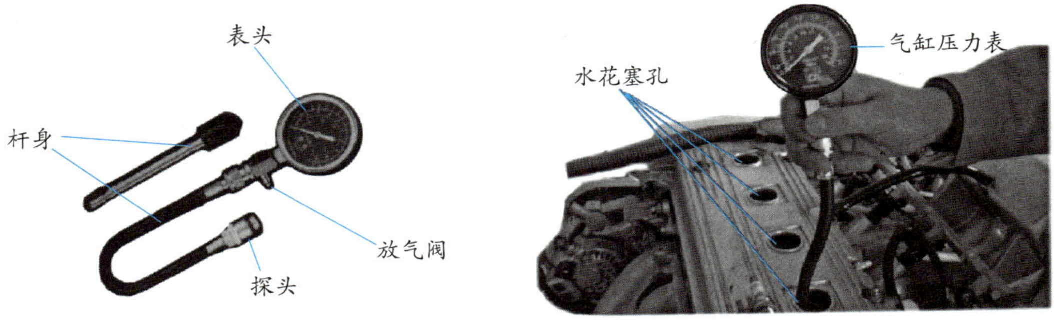

图 2－30 压力表及气缸缸压检查

测量值超出标准值允许范围，则可向该缸火花塞或喷油器孔内注入适量机油，然后用气缸压力表重测气缸压力并记录。如果第二次测出的压力比第一次高，说明气缸、活塞环、活塞磨损过大或由于活塞环对口、卡死、断裂及缸壁拉伤等原因造成气缸不密封；如果第二次测出的压力与第一次相近，说明进、排气门或气缸衬垫不密封；如果两次检测某相邻两缸压力均较低，则说明该两缸相邻处的气缸衬垫烧损窜气。

4. 发动机异响检查

发动机的常见异响主要有曲轴主轴承异响、连杆轴承异响、活塞销异响、活塞敲缸异响、气门异响、气缸漏气异响、正时齿轮异响、汽油机点火异响和柴油机着火异响等。检查二手车时，要仔细鉴别不同异响。

（1）发动机突然加速时发出沉重而有力的金属敲击声，严重时机体发生很大振动。响声随发动机转速的提高而增大，随负荷的增加而增强，则为曲轴主轴承异响。

（2）当发动机突然加速时，有连续明显的敲击声，是连杆轴承异响的主要特征。

（3）发动机在怠速、低速和从怠速向低速抖动节气门时，可听到明显而又清脆的声响，好像两个钢球相碰，严重时随转速的升高响声增大，则为活塞销异响。

（4）发动机在怠速或低速运转时，气缸的上部发出清晰而明显的响声；发动机中速以上运转时，这种异响便会减弱或消失。冷车时响声明显，热车时减弱或消失，则为活塞敲缸异响。

(5) 发动机怠速运转时发出连续不断的、有节奏的敲击声，转速增高时响声亦随之增大，则为气门异响。

(6) 发动机运转时可从加机油口处听到曲轴箱内发出的漏气声，负荷、转速越高，响声越大。当收回节气门或单缸断火时，响声减弱或消失。此外，随着响声的出现，可看到加机油口处脉动地向外冒烟，脉动次数与发响次数相同，则为气缸漏气异响。

(7) 发动机运转时，其前部发出一种连续的或节奏明显的响声。在有节奏的响声中，有的属于间歇响，有的属于连响。转速越高，响声往往越大，温度变化时响声不变化；单缸断火，响声不减弱，则为正时齿轮异响。

(8) 发动机运转时，其前部发出一种连续的或节奏明显的响声。转速越高，响声往往越大，温度变化时响声不变化；单缸断火，响声不减弱，加减速时响声变化，则为正时带异响。

(9) 对于汽油机，当汽车在最高挡由较低车速急加速的过程中，可听到发动机发出类似金属敲击的响声，此时如果稍抬加速踏板，响声便减弱或消失，再踩加速踏板时，响声又重新出现。发动机温度越高、负荷越大时，响声越强烈，则为汽油机点火异响。对于柴油机，在低速、无负荷运转时，有时可听到尖锐、清脆和连续的敲击声，冷启动时响声尤其明显；发动机温度上升、转速升高和负荷增大时，响声减弱或消失，但发动机过热和超负荷运转时响声又增大；微抖供油拉杆时，抖得越急，响声越大，则为柴油机着火异响。

5. 发动机尾气排放检查

发动机工作过程中，正常燃烧的生成物主要是二氧化碳和少量的水蒸气，正常尾气应是无色气体，且排气管伴有水滴。当尾气颜色变黑、变蓝或变白时，说明发动机出现了问题。如果是柴油机，轻微冒黑烟是正常现象。

(1) 白烟可能由于发动机燃烧室有水进入，或燃料含水量过高。燃烧室高温使水汽化而排出（冬季冷车启动除外）。

(2) 黑烟是混合气过浓而燃烧不完全造成的。可能原因有喷油器故障、氧传感器故障、控制单元故障等，如果发动机出现冒黑烟现象，需要用诊断仪进一步检查。

(3) 蓝烟也称发动机烧机油。如果冷车启动时冒蓝烟，热车之后蓝烟变淡甚至消失，说明是气门油封损坏造成的；如果热车仍冒蓝烟，甚至随着负荷加大蓝烟变浓，说明发动机气缸或活塞、活塞环等损坏，这时需要进行大修发动机才能解决。对于带涡轮增压器的发动机，如果涡轮增压器密封损坏而漏油时，也会造成烧机油，可以通过检查涡轮增压器进气管内有无机油痕迹来判断。因此，对于带涡轮增压器的发动机，需要进一步鉴别故障原因。

二、路试及整车性能检查

随着汽车行驶里程的增加，汽车动力性会降低，耗油量会增加，制动性能会下降，四轮定位会失准等。汽车路试一般行驶 20km 左右后，判断汽车动力性、经济性、制动性等方面的性能，若发现制动系统出现刹车距离长、跑偏等不正常现象，则应在《二手车鉴定评估报告》或《二手车技术状况表》的技术缺陷描述中予以注明，并提示修复前不宜使用。《技术规范》中给出了重点路试检查项目，并给出了扣分标准。

1. 换挡性能检查

（1）手动挡车换挡性能检查。

1）不启动发动机，将换挡杆在各个挡位之间切换，应顺畅、无异响，且能感受到有一定的阻力。

2）将换挡杆置于空挡，发动机能顺利启动，否则，应进一步检查变速器或换挡机构。

3）路试过程中，换挡杆能顺利完成升挡和降挡过程，不能自动跳挡或掉挡，应无冲击和顿挫感，且与车速及发动机转速相应，一般轿车发动机转速应能在 2 500～3 000 转/分，如 1.5 升排量的汽车换挡对应车速可参考表 2-7（不同车型略有不同）。

表 2-7　1.5 升排量的汽车换挡车速

升挡过程及对应的车速		降挡过程及对应的车速	
1 挡→2 挡	20km/h	5 挡→4 挡	55km/h
2 挡→3 挡	30km/h	4 挡→3 挡	45km/h
3 挡→4 挡	40km/h	3 挡→2 挡	35km/h
4 挡→5 挡	50km/h	2 挡→1 挡	25km/h

（2）自动挡车换挡性能检查。

1）不启动发动机，换挡杆能在各个挡位之间顺利切换，且有阻尼感。

2）挡位位于 P/N，能顺利启动发动机，且稳定怠速运转。

3）挡位位于 D/R，车辆能顺利行驶，且无顿挫感。

4）观察仪表，应能显示与换挡杆位置相对应的信息。如果仪表显示与换挡杆位置不同步，需要进一步检查挡位开关及相关线路。可以通过连接诊断仪，读取挡位信息。

5）路试过程中，通过发动机负荷、转速和车速，能自动完成升挡或降挡；对于 ATM 变速器，将挡位置于手挡模式下，操作升挡和降挡过程应无冲击和顿挫感。

6）挡位 N→R 或 N→D 时，检查车速迟滞反应。如果迟滞时间过长，说明自动变速器性能不佳。

2. 动力性能的检查

汽车的动力性是指汽车在良好路面上直线行驶时，由汽车受到的纵向外力决定的、所能达到的平均行驶速度。汽车的动力性可由汽车的最高车速、汽车的加速时间、汽车的最大坡度 3 个指标来评定。

（1）汽车起步后，加速行驶，使车速达到最高，检查车速能否达到原车设计车速。

（2）检查车辆从静态起步加速至 100km/h 时所需的时间，应为车辆原厂设计的时间。或者将油门猛踩到底，通常发动机会发出强劲轰鸣声，车速迅速提升，否则，说明车辆加速性能不佳。

（3）选择坡路行驶，加油后，车辆应能提速顺利通过。

当车辆路试中，若出现上述之一不能满足时，则认为车辆动力性不足。当车辆动力性 3 个指标都不满足时，需要进一步检查。对于自动变速器车辆，不但要检查发动机，还要检查自动变速器。

3. 制动性能的检查

汽车的制动性是指汽车在行驶中，强制地降低车速以至停车并维持方向稳定的能力，以及下长坡时维持一定车速的能力。制动性能评价指标有制动效能、制动效能恒定性和方向稳定性。

路试路面依照《机动车运行安全技术条件》标准选择，应为平坦（坡度不应大于 1%）、干燥和清洁的硬路面（轮胎与路面之间的附着系数不应小于 0.7）。以轿车为例，路试检查项目如下：

（1）检查车辆是否有制动。汽车起步后，就将制动踏板踩下，车辆应能立即停车，否则，车辆无制动。

（2）检查车辆 ABS 是否正常。将车速升到 20km/h，迅速踩下制动踏板，车辆应立即减速，同时脚底能感受到来自制动踏板的脉动力，并伴有悬架碰击声或轮胎与地面摩擦声。停车后检查制动车辆应无跑偏、甩尾现象。

（3）检查车辆高速时的制动能力。将车速升到 50km/h，先用点刹进行制动，车辆应迅速减速，且方向稳定不跑偏；然后，将制动踏板踩到底，直至停车。检查制动距离应符合要求，且无跑偏、甩尾现象，见表 2-8。

表 2-8　路试制动距离要求

机动车类型	制动初速度（km/h）	满载检验制动距离要求（m）	空载检验制动距离要求（m）
乘用车	50	≤20.0	≤19.0
总质量不大于 3 500kg 的低速货车	30	≤9.0	≤8.0
其他总质量不大于 3 500kg 的汽车	50	≤22.0	≤21.0
其他汽车、汽车列车	30	≤10.0	≤9.0

（4）检查制动效能恒定性。选择长坡路段，连续地进行较长时间的、较大强度的制动（连续 15 次制动），然后，以首次制动的速度、操作完成减速及停车，检查制动距离，应

不低于首次制动距离的60%。

（5）检查应急制动性能。汽车（三轮汽车除外）在空载和满载状态下，在规定的车速下，将手刹杆拉起（或按动电子手刹按钮），直至车辆停止，检查其制动距离，应符合表2－9的要求。

表2－9　应急制动性能要求

机动车类型	制动初速度（km/h）	制动距离（m）
乘用车	50	≤38.0
客车	30	≤18.0
其他汽车（三轮汽车除外）	30	≤20.0

（6）检查驻车制动性能。以乘用车为例，将空载状态下的车辆停在20%坡度的坡路上，且路面附着系数不小于0.7；将手刹杆拉起，能保持5min以上固定不动。将车辆调转方向，重复操作，驻车状态仍能保持5min以上固定不动。其他机动车，可依照《机动车运行安全技术条件》要求进行检查。

4. 操稳性能的检查

操稳性是指汽车能准确响应驾驶人的操纵指令行驶，且能抵抗外界干扰而保持稳定行驶的能力。路试前要检查方向盘转动角，《机动车运行安全技术条件》中要求最大自由转动量不大于20°（最高设计车速不小于100km/h的机动车）。路试主要检查车辆转弯特性、转向轮自动回正以及车辆直线、弯道行驶稳定性。

（1）低速行驶检查。将车速控制在20km/h以内，将方向盘向左、右转动应灵活、轻便，若转向沉重，说明汽车转向机构各球头缺油或轮胎气压过低。当手松开方向盘时，车辆不应跑偏，转弯后自动回正良好。

（2）中速行驶检查。将车速控制在50km/h左右，直线行驶时，双手松开方向盘，汽车应该仍然直线行驶并且不明显地跑偏；否则，说明汽车的转向轮定位不准，或车身、悬架变形。

（3）高速行驶检查。汽车以90km/h以上高速行驶时，观察方向盘有无抖动现象。如果有抖动，说明车辆存在严重的车轮不平衡或不对称问题。

（4）助力机构的检查。带转向助力的车辆，车速由低到高时，方向盘转动由轻便到沉重，否则说明助力机构性能不良。

（5）转向轮转向特性检查。《机动车运行安全技术条件》中要求车辆应具有适度的不足转向特性。将车辆以某一速度驶入弯道后，当方向盘转角不变时，汽车应该逐渐趋向直线行驶；否则，说明转向轮转向存在过度，需进一步检查。

5. 平顺性能的检查

选择凹凸不平的路面，如有铁轨或公路接缝的路面，以较低车速通过时，感受汽车的平顺性能及乘坐的舒适性。主要包括以下几点：

（1）车身的振动频率是否满足乘坐的舒适性。

（2）车轮及轮胎是否有明显的跳动或行驶噪声。

（3）座椅及坐垫是否舒适，是否有异响。

（4）车门、车窗是否有异响，密封是否良好。

（5）车辆行驶中，倾听来自车底的声音是否正常。

6. 自动变速器性能检查

（1）自动变速器的油压检查。

自动变速器车辆路试过程中，如果出现换挡困难或冲击时，应对变速器油压进行检查，如图 2－31 所示。如果油压过低，会造成换挡执行元件打滑，加剧其摩擦片的磨损，甚至使换挡执行元件烧毁；如果油压过高，会使自动变速器出现严重的换挡冲击，甚至损坏控制系统。自动变速器油压正常是自动变速器工作的先决条件。进行该项试验时，为安全起见，测量油路压力时，一定要两人配合，即一人进行测量，另一人站在车外观察车轮或车轮垫木的情况。

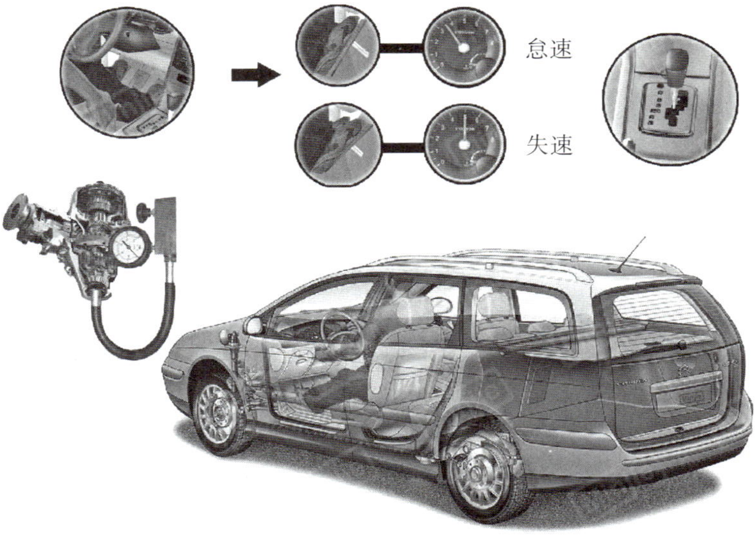

图 2－31　自动变速器油压检查

检查步骤如下：

1）拆下变速器壳体上的主油路测压孔或前进挡油路测压孔螺塞，接上油压表。

2）启动发动机，并怠速运转。

3）将换挡手柄拨至前进挡 D 位置。

4）读取油压值，即为怠速工况下的前进挡主油路油压。

5）制动踏板和油门踏板同时踩下，当转速不再升高时，读取油压值，即为失速工况下油压。

6）松开油门踏板，同时将换挡手柄拨至空挡或停车挡。

7）让发动机怠速运转 1min 以上，可以重复进行测试。

8）需要测量倒挡油压时，只需将换挡手柄拨至 R 位置，其他步骤同上。

（2）自动变速器失速检查。

路试中，如果出现车辆动力不足时，需要检查车辆的发动机和自动变速器。通过对自动变速器进行失速试验，可判断自动变速器的技术状况是否良好，如图 2－32 所示。失速试验是检查发动机、液力变矩器及自动变速器中有关的换挡执行元件的工作是否正常的一种常用方法。失速试验应在发动机和自动变速器均达到正常工作温度及自动变速器的油面高度正常的情况下进行。检查步骤如下：

1）将汽车停放在开阔的水平路面上，前后车轮用三角木塞住。

2）拉紧驻车制动，左脚用力踩制动踏板，启动发动机并怠速运转。

3）将操纵手柄拨入 D 位，左脚踩制动踏板，右脚踩油门踏板。

4）观察发动机转速，不再升高时，读取转速值，并立即松开油门踏板。

自动变速器失速检查一般都在 5s 之内完成，需要重复进行时，应将换挡手柄拨入 P 位或 N 位，让发动机怠速运转 1min 以上，即可进行下一次试验。

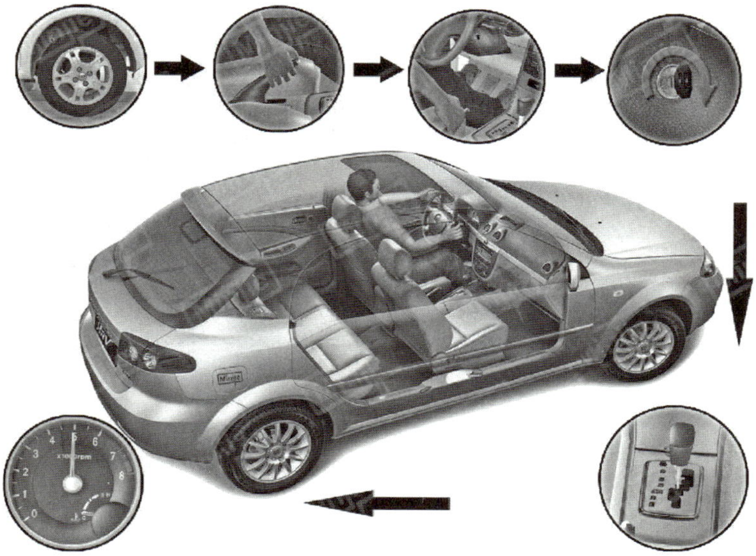

图 2－32 自动变速器失速试验

（3）自动变速器时滞检查。

路试中，如果出现挂挡起步迟缓，需要对自动变速器进行时滞检查，如图 2－33 所示。根据自动变速器迟滞时间的长短来判断主油路油压及换挡执行元件的工作是否正常，即自动变速器技术状况是否良好。检查之前，应进行车辆运行，使发动机和自动变速器达到正常工作温度（50℃～80℃），同时准备好秒表，检查步骤如下：

1）将汽车停放在水平地面上，拉紧手制动，前后车轮用三角木塞住。

2）使发动机正常怠速运转。

3）记录 N→D 时滞时间，即换挡杆从 N 位拨至 D 位，秒表开始计时，到感觉汽车振动为止所需的时间。

4）将换挡杆拨至 N 位，使发动机怠速运转 1min 后，再重复同样的试验。

5）记录 N→R 时滞时间，即换挡杆从 N 位拨至 R 位，秒表开始计时，到感觉汽车振动为止所需的时间。

6）将换挡杆拨至 N 位，使发动机怠速运转 1min 后，再重复两次，取其平均值。

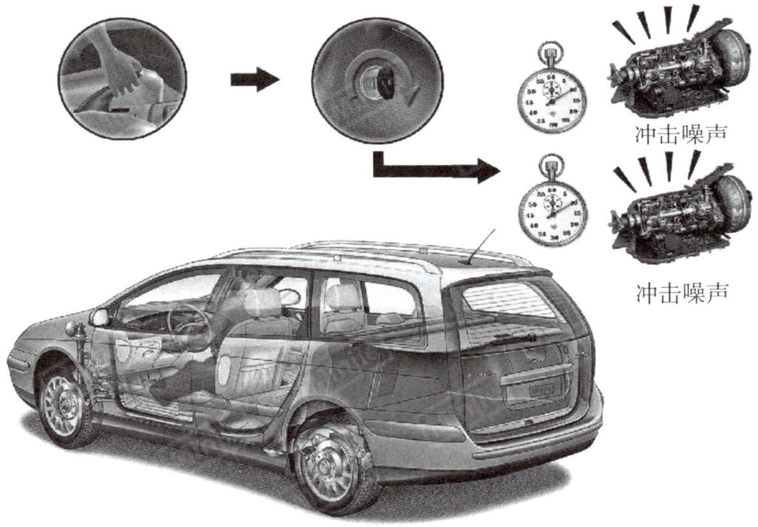

图 2－33　自动变速器时滞检查

大部分自动变速器 N→D 时滞时间小于 1.0～1.2s，N→R 时滞时间小于 1.2～1.5s，如果时滞时间过长，说明自动变速器技术状况不良。

技能训练

老师为学生提供一辆二手车，车型不限，要求学生在规定的时间内完成车辆的动态检查，并将检查结果记录到下面的记录单中。然后，由老师对学生的检查结果进行总结，同时针对学生在检查中出现的问题进行分析。

发动机启动检查

检查项目	描述检查结果
启动及怠速检查	
发动机漏气检查	
发动机异响检查	
尾气检查	
缸压检查（选做）	

整车性能检查

检查项目	描述检查结果
换挡性能检查	
动力性检查	
制动性检查	
操稳性检查	
平顺性检查	
变速器检查	

任务四 二手车电器检查

任务导入

随着人们对汽车的方便、舒适及安全等性能要求的提高，电器电控技术应用越来越多，也越来越智能。电器及电控系统的技术状况如何，仅凭看、摸、闻是不能确定的，必须借助专业仪器测量或读取电控系统详细信息才能准确掌握，才能确定委托评估车辆的成新率。

问题：电器检查包括哪些内容？如何检查？

相关知识

《二手车鉴定评估师职业标准》中要求高级二手车鉴定评估师必须能识别和鉴定车辆高配置装置，同时能诊断汽车发动机常见故障、底盘常见故障及电器/电子设备的常见故障，在《技术规范》中虽然没有单独的检测评估扣分标准，但评估师应能根据电器诊断、维修或更换所需的费用，给出被评估车辆的实时价值，发现车辆是否存在重大安全隐患。本任务主要针对汽车电器/电子设备技术状况诊断进行介绍。

一、照明及信号检查

汽车灯光在长期使用过程中，灯泡的老化，外部环境的污染，可能使发光强度降低；同时，汽车在行驶中产生的振动，又可能引起灯光正常安装位置的改变，从而改变其正常使用功能。

1. 前照灯的检验

为了保证夜间行驶安全，前照灯发光强度和照射方向必须符合国家标准的有关规定，因而有必要对前照灯亮度、照射位置进行检测。

不同车型前照灯配置功能也不同，有普通型前照灯、氙气大灯。目前，很多汽车大灯为自动控制系统，因此，在检查前照灯工作性能时，要仔细检查，否则，在估值时会偏离实际价值，给购车者带来经济损失。

2. 转向信号灯的检查

打开左右转向信号灯，观察信号灯闪烁的频率是否正常，检查转向开关自动回位功能是否正常。当单侧的信号灯闪烁的频率不正常时，要检查该侧的转向灯泡是否损坏，待售的二手车要将损坏的灯泡更换。

3. 尾灯的检查

检查尾灯的安装位置，确保尾灯的安装缝隙均匀一致。检查尾灯安装是否牢固，如不一致或松动，则必须进行调整或紧固。

4. 高位制动灯、牌照灯的检查

高位制动灯是直接安装在汽车尾部玻璃上的，检查方法请参考其他灯光检查项目。牌照灯的拆装较为简单，将牌照灯的固定螺钉拧出来，拆除散光玻璃，更换灯泡即可。

5. 内部照明灯的检查

检查内部照明灯在门控状态及阅读状态的功能，若损坏则更换灯泡。

二、仪表及显示检查

汽车仪表板上主要有车速里程表、转速表、冷却液温度表、燃油表、时钟、机油压力报警、冷却液液位报警、冷却液高温报警、燃油不足报警、充电指示灯、后窗玻璃加热除霜、远光指示、发动机故障灯、自动变速器故障灯、气囊故障灯、ABS 故障灯、电控悬架故障灯等二十几种仪表或显示装置。常见仪表警告灯显示图标见表 2－10。

表 2－10　常见仪表警告灯显示图标

图形及颜色		图形含义	图形及颜色		图形含义	图形及颜色		图形含义
	黄	气囊		红	制动压力或制动液		红	冷却液面过热
	黄	ABS		红	电子驻车制动故障	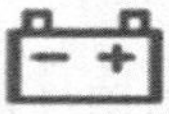	红	充电指示灯
	黄	制动蹄片磨损		黄	ESP/TCS	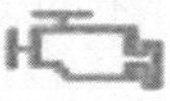	黄	发动机故障
	黄	风窗玻璃加热		绿	左转向		绿	发动机舱盖
	黄	发动机预热		绿	右转向		黄	后雾灯
	黄	EPC 灯	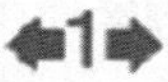	绿	拖车转向		黄	机油液面
	红	机油压力		蓝	大灯		黄	轮胎压力
	黄	柴油颗粒净化		绿	挡位指示灯		绿	制动踏板
	黄	助力转向		黄	灯光故障		红	安全带
	绿	巡航		红	行李箱盖		绿	日间照明
	黄	油量报警		红	车门开启	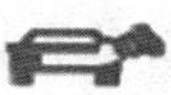	红	油箱盖开启
							黄	清洗液

当打开点火开关，故障灯应亮 3s 后，自动熄灭。若在 3s 内自动熄灭，则表明此电子控制系统通过电脑自检，系统正常；若在 3s 内没有熄灭，或根本就不点亮，说明此电子控制系统自检不通过，系统有故障。仪表台上还设置了收放机、点烟器、杂物箱以及空调出风口等。不同车型的仪表台形式不同，新宝来轿车仪表台如图 2－34 所示。

新宝来轿车仪表布置如图 2－35 所示。其中车速表、转速表采用指针式仪表。

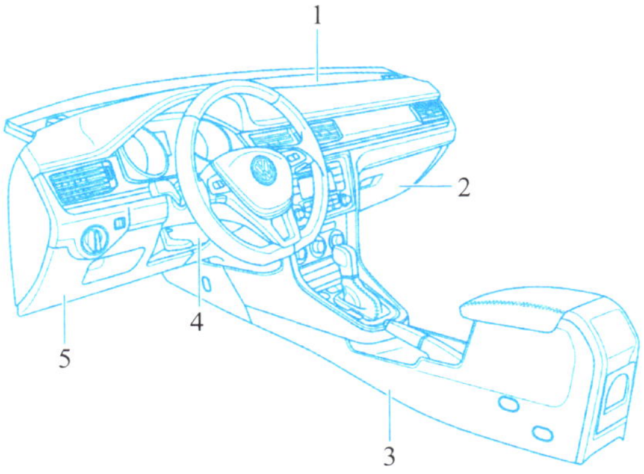

图 2-34 新宝来轿车仪表台外观

1—仪表板；2—手套箱；3—中央通道；4—转向柱饰板；5—驾驶员侧仪表板盖板

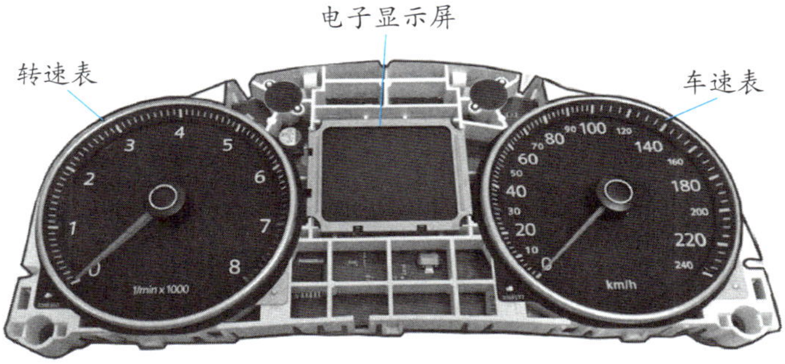

图 2-35 新宝来轿车仪表板

1. 燃油表和冷却液温度表检查

（1）燃油表的检查。

检查燃油表显示值与实际油量是否相符，可将油箱加满，观察油表指示是否为满箱，燃油耗尽时检查油表报警灯是否能点亮。

（2）冷却液温度表的检查。

冷却液温度表显示发动机冷却液的工作温度，冷却液温度表显示值应与实际发动机温度相符。

2. 车速里程表和发动机转速表的检查

（1）车速里程表的检查。

检查车速里程表显示值与实际车速是否相符，可与其他正常车辆对比，观察显示精度是否正常；检查短程里程表记录复位功能是否完好有效。

（2）发动机转速表的检查。

检查发动机转速表显示值与实际转速是否相符，可用解码器数据流功能读取发动机转速，观察显示精度是否正常。

3. 发动机机油压力指示

新宝来型轿车的机油压力指示系统由低压油压开关、高压油压开关、油压检查控制器、机油压力指示灯等组成。当发动机工作时，用来检测发动机主油道中机油的压力。

油压检查控制器安装在车速里程表的框架上。红色机油压力指示灯位于仪表板上。检查发动机机油压力指示系统是否正常。打开点火开关，观察机油压力报警灯应点亮，启动发动机，报警灯应熄灭。发动机转速提高到 2 200r/min 以上，观察报警灯应不报警。

4. 其他指示灯

（1）驻车制动拉起和制动液面警告灯。

该指示灯在点火开关置于 ON、驻车制动拉起时点亮，起步时应完全释放驻车制动，此灯应熄灭后行驶，以免使后制动器处于常摩擦状态，既影响动力又损伤零件。如该灯在驻车制动释放情况下仍常亮，则应检查制动液液面是否过低。如发生警告灯点亮报警，或线路不正常，应及时检查，排除故障后再使用。

（2）充电指示灯。

当点火开关接通时，充电指示灯点亮，发动机启动后，该灯应熄灭，表示充电系统工作。如发动机启动后，此灯常亮，则表示充电系统有故障，应及时送修检查，以免蓄电池电能耗尽而造成车辆不能启动和抛锚。

（3）远光指示灯。

蓝色远光指示灯在前照灯开关开启远光时点亮，表示远光灯已点亮，拨动转向盘左侧的变光拨杆，可以关闭和开启远光灯。日常使用中把变光拨杆向转向盘侧抬起，此指示灯点亮，以示远光灯瞬间点亮，用于提示前方车辆避让或需超越。

（4）后窗除霜加热指示灯。

后窗除霜加热指示灯在后窗加热开关开启时点亮，表示后窗加热器通电工作，从车内后视镜中观察到后窗除霜已达到效果时，应及时关闭后窗加热器，以免耗电和使后窗加热器过热，同时指示灯应熄灭。此灯在关闭后窗加热器时常亮，或开启后窗加热器时不亮，均应送修检查相关线路和装置，及时排除故障。

（5）冷却液液面警告灯。

冷却液液面警告灯在冷却液膨胀罐中的冷却液面低于最低标线时点亮，指示冷却液液面不足，应及时添加冷却液。

三、舒适及安全系统检查

1. 空调系统检查

汽车空调系统已经成为乘用车的标准配置，二手车评估人员在检查汽车空调时，主要检查空调控制面板，检查空调出风口，检查制冷能力和制冷剂量，检查空调系统是否有泄漏情况等。

（1）空调控制面板检查。

空调控制面板检查主要有控制开关的通/断检查、鼓风机开关各个挡位接通情况检查、气流分布拨杆控制风向的检查、控制空调温度的开关检查及各操纵机构各种操作情况的检查等。大众新宝来轿车空调系统控制面板如图 2－36 所示。

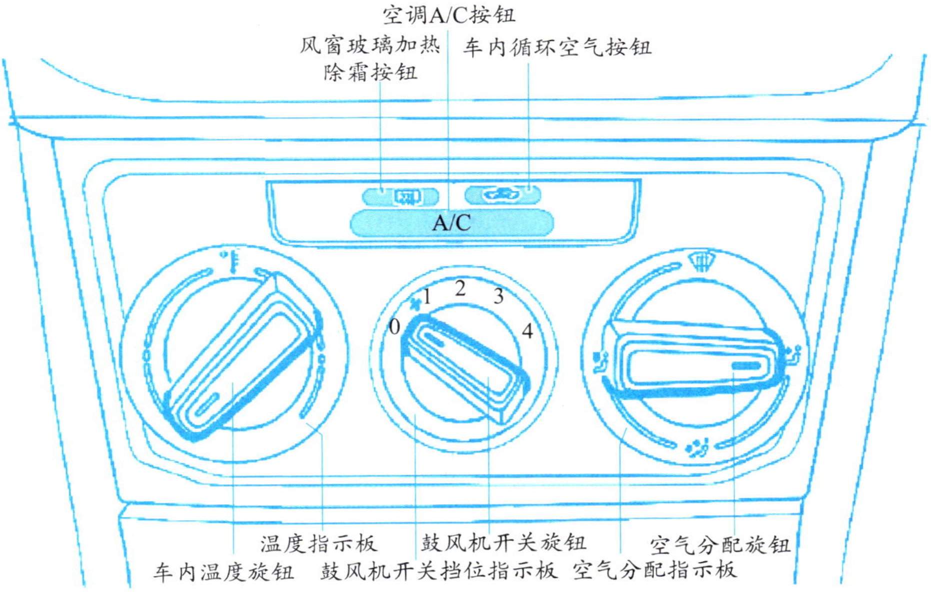

（a）手动空调系统控制面板

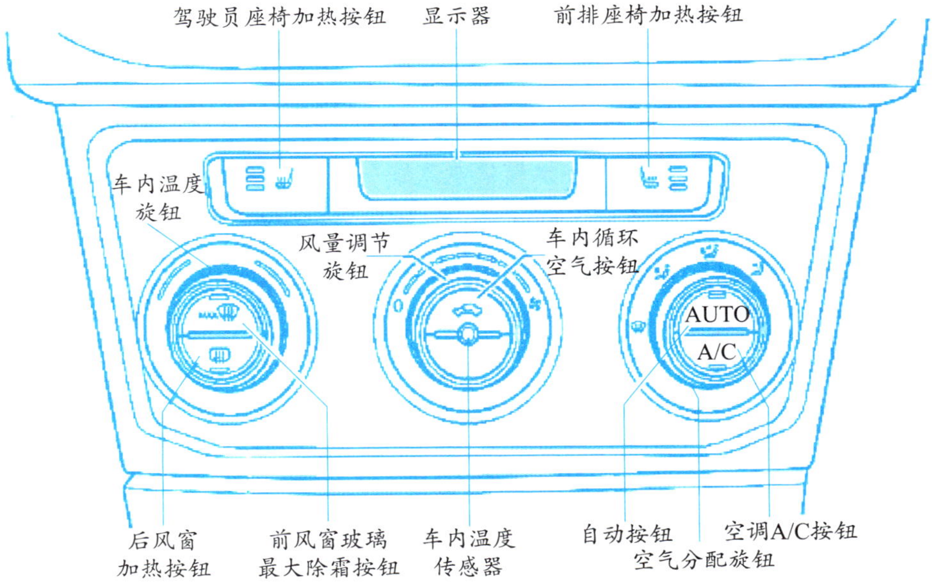

（b）自动空调系统控制面板

图 2－36　大众新宝来轿车空调系统控制面板

（2）空调出风口检查。

空调出风口检查主要检查风量及出风方向，除前风窗的热风除霜口外，在左右两侧还有侧窗除霜口，以提高行车安全性。通过调节风向调节旋钮及风速调节旋钮来检查风向调节及风速、风向是否正常。不同车型出风口布置也不同，大众轿车手动空调出风口基本布置如图 2－37 所示，当操纵鼓风机开关、气流分布拨杆、温度选择拨杆等时，通风位置、温度及风速应随之变化；否则，说明操纵装置不灵或出风口堵塞。

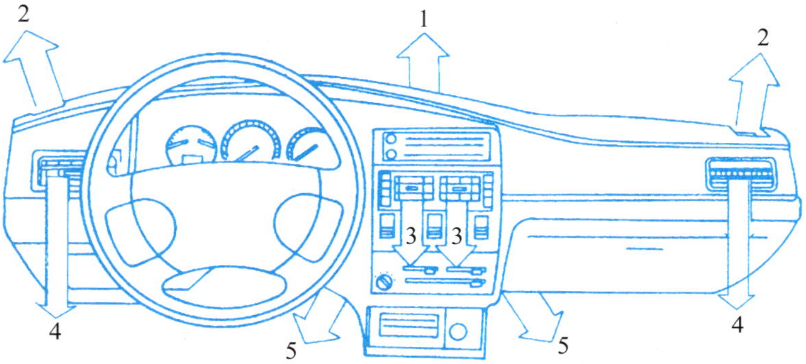

图 2－37　空调系统出风口布置

1—风窗玻璃中心出风口；2—风窗玻璃两侧出风口；
3—仪表板出风口；4—仪表板两侧出风口；5—脚部出风口

（3）制冷能力检查。

用手感受蒸发器冷风出风情况，应该有冰凉的感觉，并且风速要足够大。在空调运行正常时，即使是在最炎热的夏天，也能保持车厢内外温差在 7℃～8℃以上；否则，可能是汽车制冷剂量不足。

（4）制冷剂量的检查。

手动空调系统的储液干燥器通常有观察窗，可以通过观察窗来检查制冷剂量，如图 2－38 所示。当系统工作正常时，从玻璃观察窗中可以观察到制冷剂液流稳定、无气泡。自动空调系统一般没有观察窗，可以通过压力表或诊断仪读取制冷系统压力值，从而判断制冷剂量是否合适。

1）看到连续大量的气泡出现，如图 2－38 中的（a）所示，说明系统内制冷剂量不足，应补充制冷剂。

2）看到少量气泡出现，如图 2－38 中的（b）所示，空调运行几秒钟后气泡消失，说明系统制冷剂量正常。

3）看不到气泡，如图 2－38 中的（c）所示，且高压侧过热，高低压力均过高时，说明制冷剂量过多。

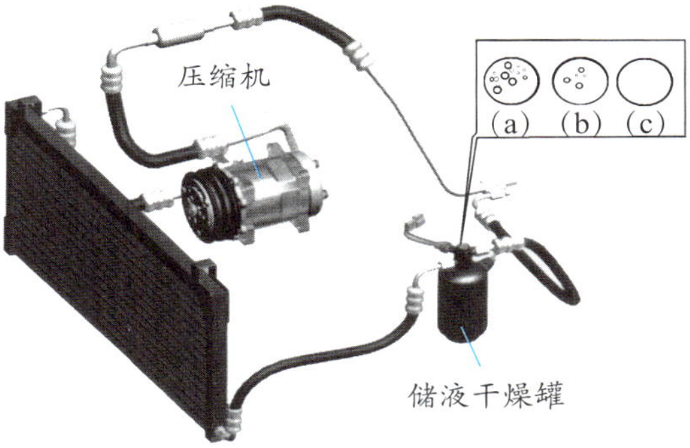

图 2-38 观察窗检查制冷剂量

（5）空调泄漏情况检查。

制冷剂常见泄漏部位可能是：所有连接部位、冷凝器表面及蒸发器表面损坏处、膨胀阀进出口连接处、压缩机轴封、前后盖密封垫等。上述部位一旦出现油渍，一般说明此处有制冷剂泄漏（但压缩机前轴油封处漏油可能是轴承漏油），应尽快采取措施修理。

1）常用检测仪器有电子式检漏仪，如图 2-39 所示，检漏仪探头应尽可能接近检漏部位，一般要求在 3mm 之内，探头的移动速度必须低于 30mm/s。当探头脏污或电压偏低时，都会影响检查的准确性。

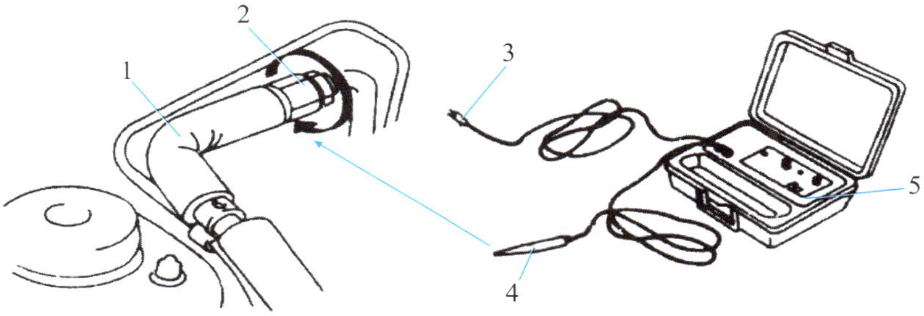

图 2-39 电子式检漏仪检漏

1—空调管；2—管路连接；3—电源插头；4—检测头；5—电子检漏仪

2）用歧管压力表对空调系统进行检漏时，歧管压力表与系统的高低压侧的连接如图 2-40 所示。高压管接在高压检修阀上，低压管接在低压检修阀上，中间管接在氮气罐上。然后打开高低压检修阀，向系统中充入干燥的氮气，使压力达到 1.5MPa 左右。使系统保压 24～48h，若压力不降低，说明系统不泄漏；若压力降低，说明系统有泄漏。

3）常见的肥皂水检漏是非常简单有效的检漏方法。用小喷壶将适当浓度的肥皂水喷淋到怀疑泄漏的部位，冒出气泡的部位即为泄漏部位，如图 2-41 所示。另外，还可用超声波检漏仪（如图 2-42 所示）对空调系统进行检漏，这种检测方法速度快。

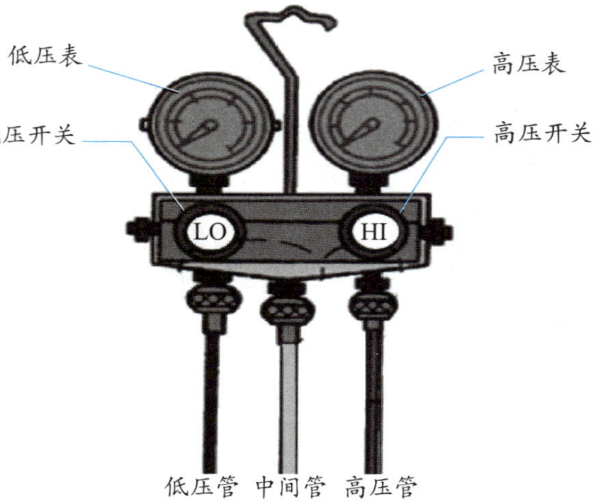

图 2－40　歧管压力表检漏

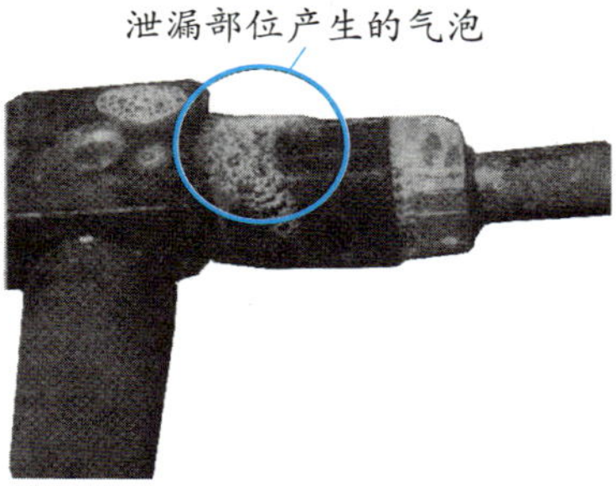

图 2－41　肥皂水检漏

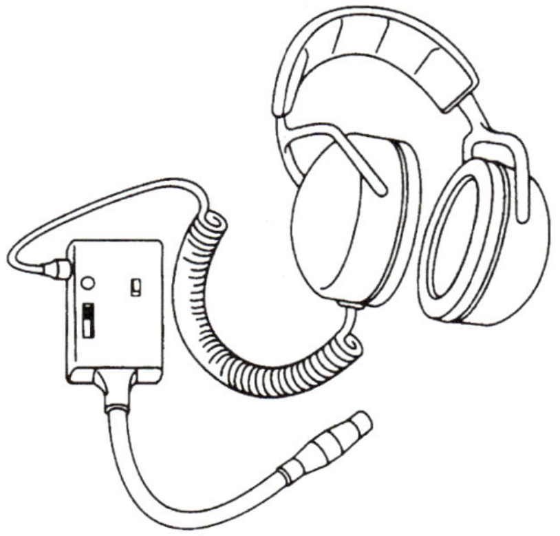
图 2－42　超声波检漏仪

4）用棉球蘸制冷剂专用着色剂检测，这种着色剂一遇到制冷剂就会变成红色，以此可以确定泄漏部位。目前有些制冷剂中溶有着色剂，使用这种制冷剂时，系统一旦有泄漏，泄漏部位就会显示出颜色，由此可以确定泄漏部位。

（6）供暖系统检查。

汽车暖风装置用于车厢内取暖及风窗除霜，它是汽车空调的组成部分。现代轿车大多采用水暖式暖风机，包括暖风散热器、鼓风机及外壳。它与制冷系统的蒸发器组成一体，与冷风共用鼓风机及壳体。暖风散热器的进水管上设置调节水阀以实现冷却液从发动机分流到暖风水箱，并可调节冷却液流量的大小。采暖量可通过改变水阀的开度来调节，也可通过改变鼓风机转速来调节，水阀的开度可通过绳索、真空等操纵装置控制。操控温度选择拨杆，出风口温度应相应变化，否则检查相关部件。

（7）自动空调不工作故障诊断。

以大众新宝来 1.6L 自动空调（不带座椅加热）系统为例，当空调控制开关 E30 闭合后，如果空调压缩机不工作，可能原因有压缩机本身损坏或电磁离合器 N25 不吸合。如果电磁离合器 N25 不吸合，其原因见表 2－11。

表 2－11　电磁离合器 N25 不吸合的原因

序号	可能原因及诊断分析	序号	可能原因及诊断分析
1	E30 损坏，未将电路接通	7	传感器 G17 损坏或环境温度低于 3 度
2	继电器 J44 或电路损坏	8	供电电压低于 9.5V
3	保险丝 SC27、SC21 或 SC39 断路	9	控制单元 J255 过热
4	管路压力过大或过小	10	控制单元 J623 通过 J255 切断 N25
5	高压传感器 G65 或电路损坏	11	鼓风机电机 V2 本身或电路损坏
6	鼓风机开关 E9 关闭	12	鼓风机控制单元 J126 本身或电路损坏

2. 雨刮及洗涤装置检查

（1）刮水器装置的检查。

1）刮水器开关功能检查。操纵刮水器开关，检查快速、慢速、间歇、风窗玻璃喷水等各个挡位功能是否正常。检查刮水效果是否正常，若不正常，则检查刮水器片。

2）刮水器片的检查。打开刮水器开关，观察刮水器片的停止位置是否在风窗玻璃下边缘，如果刮水器片的停止位置不正确，可调整恢复。

（2）喷嘴的检查。

一般轿车喷嘴喷射位置如图 2－43 所示，图中 abc 因车型不同，具体数值不同。检查时，先将洗涤器开关打开，观察喷射位置是否符合要求；如果喷射位置不正确，可通过调整喷嘴角度进行调节。如果洗涤剂喷射剂量不足要检查相关管路及喷射泵电动机。

（3）大灯清洗装置的检查。

目前很多中高级轿车装备大灯清洗装置，在检查车辆电器设备时，应检查大灯清洗装置是否能正常开启和关闭，检查喷嘴喷水位置是否合适。

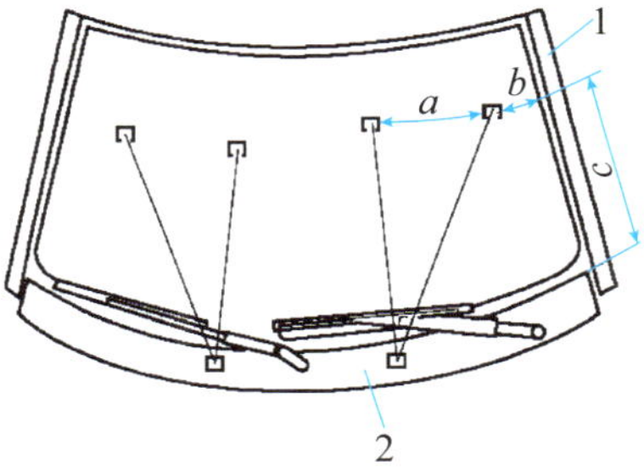

图 2－43　轿车喷嘴喷射位置

1—风窗玻璃前框；2—风窗玻璃下沿

3. 车门窗升降器检查

不同车型的电动门窗升降器的组合控制开关布置形式略有不同。下面以大众桑塔纳和威驰车电动玻璃门窗升降器的组合控制开关为例，介绍其检查内容。

（1）桑塔纳电动门窗的检查。

桑塔纳电动玻璃门窗升降器的组合控制开关位于仪表板下方、前排左右座椅之间的中央通道面板上。控制开关布置如图 2－44 所示，检查电动门窗时，应将点火开关置于 ON

位置。

1）在驾驶员位置，操纵 4 个开关，观察 4 个车门的玻璃窗升降情况是否正常。

2）在后排左、右乘客位置，分别操纵左、右后门上的开关，观察玻璃窗升降情况是否正常。

3）在驾驶员位置，操纵图 2-44 中开关 2，观察所有门窗是否都被锁定。

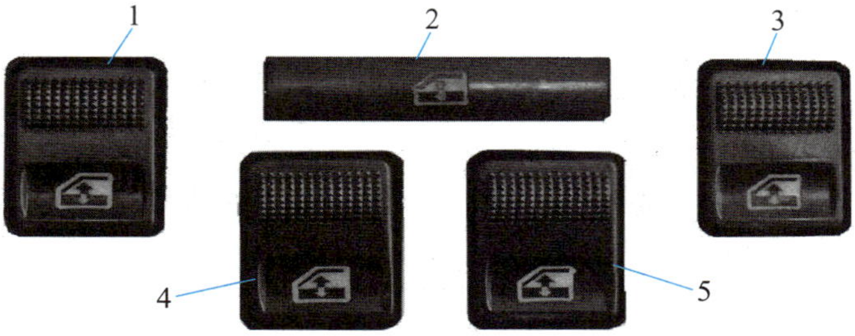

图 2-44　大众桑塔纳电动门窗升降器控制开关

1—左前门窗升降开关；2—后门窗锁定开关；3—右前门窗升降开关；
4—左后门窗升降开关；5—右后门窗升降开关

（2）威驰电动门窗的检查。

威驰电动玻璃门窗升降器的组合控制开关位于驾驶员侧车门上。控制开关布置如图 2-45 所示。检查电动门窗时，应将点火开关置于 ON 位置。

1）在驾驶员位置，分别操纵 4 个控制开关（图 2-45 中的 1、2、3、4），观察 4 个车窗的升降情况是否正常。

2）在后排左、右乘客位置，分别操纵左、右后门上的车窗开关，观察后排左、右车窗的升降情况是否正常。

3）在驾驶员位置，操纵图 2-45 中开关 5，观察所有门窗是否都被锁定。

4）在驾驶员位置，电动操纵图 2-45 中开关 2（AUTO 键），观察驾驶员侧车窗是否能自动升降。

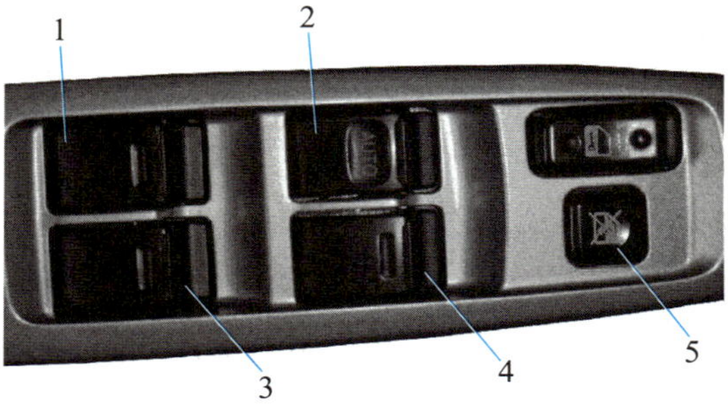

图 2-45　威驰电动门窗升降器控制开关

1—左后门窗升降开关；2—左前门窗升降开关；3—右后门窗升降开关；
4—右前门窗升降开关；5—门窗锁定开关

4. 门锁功能检查

轿车普遍采用中控门锁，但不同车型的中控门锁的控制方式略有不同。中控门锁常见故障现象有：所有门锁不能锁止或打开；个别门锁不能动作；在规定车速下不能自动锁止等。下面以一汽花冠轿车的中控门锁为例介绍检查内容。

（1）中控门锁基本检查。

1）将门锁手动控制开关转至锁止侧时，所有门锁应锁止；将门锁手动控制开关转至开启侧时，所有门锁应开启。

2）用钥匙锁止驾驶员车门锁时，所有门锁应锁止；用钥匙开启驾驶员侧车门锁时，所有门锁应开启。

3）在驾驶员侧车窗打开的情况下，检查钥匙关闭防护功能。

（2）自动落锁功能检查。

自动落锁功能检查，即车速高于规定车速时，检查门锁是否会自动锁定。

（3）无线遥控功能检查。

在无线遥控器作用的范围内（大约为7m）操纵遥控器，检查所有门锁是否被控制。若门锁不能被控制，可能原因有：遥控器电池没电、遥控器损坏、门锁控制电脑损坏等。

5. 防盗报警系统检查

汽车防盗器是一种在点火开关打开后开始工作的电子防盗保护装置。非法钥匙启动发动机时不能启动，或能启动但数秒钟后立即熄火，可以有效避免汽车被无权使用的人开走。大众车系防盗系统在点火开关置于ON时，激活脉冲转发器，通过识读线圈，把它的程控代码接收回防盗器ECU。防盗器ECU把输入的程控代码与先前存储在防盗器内的车钥匙代码进行核对，同时防盗器ECU又对发动机ECU存储在防盗器ECU中的代码进行核对。如果代码不一致，发动机在启动后2s之内，中断点火和燃油喷射而熄火。由于防盗器ECU是经过与发动机ECU匹配后才进入发动机电子控制系统，因此只有防盗器ECU匹配过的钥匙，才能启动发动机。当使用合法的车钥匙打开点火开关时，安装在仪表台中部面板上的防盗警告灯会点亮后3s熄灭。如果使用非法的车钥匙，或者在防盗系统中存在故障，打开点火开关后，防盗警告灯会连续不停地闪烁。

二手车过户后，安全起见，必须把其余钥匙都用检测仪重新进行一次匹配。这样可以使丢失的钥匙或原车主的钥匙变为非法钥匙（尽管形状、材料不变），不能启动发动机而起到防盗作用。

6. 其他检查

（1）检查座椅电加热功能。

（2）检查后视镜的调节功能及加热功能。

（3）检查天窗的开闭功能及密封性。

（4）检查倒车雷达的灵敏性。

（5）检查车载音响的各个功能。

（6）检查导航系统功能。

技能训练

老师为学生提供一辆二手车，车型不限，要求学生在规定的时间内完成车辆的动态检查，并将检查结果记录到下面的记录单中。然后，由老师对学生的检查结果进行总结，同时针对学生在检查中出现的问题进行分析。

车辆启动检查

序号	检查项目	描述检查结果
1	车辆启动是否顺畅（时间少于 5s，或一次启动）	
2	仪表板指示灯显示是否正常，无故障报警	
3	各类灯光和调节功能是否正常	
4	泊车辅助系统工作是否正常	
5	制动防抱死系统（ABS）工作是否正常	
6	空调系统风量、方向调节、分区控制、自动控制、制冷工作是否正常	
7	发动机在冷、热车条件下怠速运转是否稳定	
8	怠速运转时发动机有无异响，空挡状态下逐渐增加发动机转速，发动机声音过渡有无异响	
9	车辆排气有无异常	

路试检查

序号	检查项目	描述检查结果
1	发动机运转、加速是否正常	
2	车辆启动前踩下制动踏板，保持 5～10s，踏板无向下移动的现象	
3	踩住制动踏板启动发动机，踏板是否向下移动	
4	行车制动系最大制动效能在踏板全行程的 4/5 以内达到	
5	行驶有无跑偏	

续表

序号	检查项目	描述检查结果
6	制动系统工作是否正常有效，制动是否不跑偏	
7	变速箱工作是否正常、无异响	
8	行驶过程中车辆底盘部位有无异响	
9	行驶过程中车辆转向部位有无异响	

项目总结

1. 车辆手续主要包括“车辆三证”，即《中华人民共和国机动车行驶证》《中华人民共和国机动车登记证书》《机动车来历凭证》。

2. 车辆识别代号 VIN 由 17 位字母和阿拉伯数字组成，含有车辆的制造厂家、年款、车型、车身型式、发动机以及其他装备的信息。

3. 车身外观检查评估内容包括漆面检查、车身配合间隙检查、车身尺寸检查、车身防腐检查等。

4. 发动机舱检查重点检查发动机密封情况，以及线束、管路、钣金件链接情况。

5. 行李箱检查内容包括行李箱锁检查、气压减震器检查、行李箱开关拉索或电动开关检查、防水密封条检查、行李箱内外油漆状况检查、备用轮胎及随车工具检查、门控灯及行李箱盖的对中性和闭合质量的检查等。

6. 底盘检查内容包括减震器检查、轮胎检查、悬架系统及制动系统检查。

7. 发动机启动性能检测包括发动机异响检测、发动机漏气检测、缸压检测、尾气排放检测。

8. 路试及整车性能检测包括换挡性能、动力性、制动性、操纵稳定性及平顺性的检测。

9. 汽车电器方面的检测包括汽车电源、汽车照明、汽车仪表、汽车空调及安全系统等内容的检测。

思考与练习

一、选择题

（1）依照相关法规，二手车评估中为核实二手车卖方的所有权或处置权，应确认（　　）。

A. 机动车行驶证与卖方身份证明一致

B. 机动车行驶证、驾驶证与卖方身份证明一致

C. 机动车登记证书、行驶证与卖方身份证明一致

D. 机动车登记证书与卖方身份证明一致

（2）依照相关法规，二手车评估中发现非法车辆，伪造证照或车牌的，擅自更改发动机号、车架号的，调整里程表的，应当（　　）。

A. 照常评估技术状态　　B. 不加过问

C. 及时向执法部门举报，配合调查　　D. 不予评估，也不举报

（3）张某受托替同学李某代卖捷达车一辆，二手车评估中为确认卖方的身份及车辆的处置权，应根据（　　）。

A. 李某身份证、车辆号牌、机动车登记证书

B. 李某身份证、机动车行驶证、车辆号牌

C. 张某身份证、李某身份证、授权委托书

D. 张某身份证、机动车登记证书、机动车行驶证

（4）汽车电源由（　　）组成。

A. 蓄电池和直流发电机　　B. 蓄电池、交流发电机及调节器

C. 蓄电池和点火装置　　D. 交流发电机和启动机

（5）检测气缸压力时，如果两次检查结果均表明相邻两缸压力都很低，则最大的可能性为（　　）。

A. 这两缸的相邻处气缸垫烧损　　B. 这两缸的进排气门封闭不严

C. 这两缸的压缩比偏小　　D. 这两缸的活塞环磨损严重

（6）当发动机出现启动困难，或怠速不稳，或动力不足，或烧机油等现象时，应检查（　　）。

A. 气缸压力　　B. 蓄电池　　C. 机油量　　D. 点火系统

（7）对于带ABS的车辆，在车速20km/h时迅速踩下制动踏板，应立即减速并停车且（　　）。

A. 允许有跑偏现象　B. 不能跑偏或甩尾　C. 允许有甩尾现象　D. 车辆熄火

（8）轿车在空载状态下，在规定车速时紧急制动使车辆停车，其制动距离应（　　）km/h。

A. 不大于18　　B. 不大于28　　C. 不大于38　　D. 不大于48

（9）车辆进行路试时，如果出现（　　）现象，需要检查发动机和自动变速器。

A. 动力不足　　B. 跑偏　　C. 转向沉重　　D. 转向不足

（10）当尾气颜色变黑、变蓝或变白时，说明（　　）出现了问题。

A. 点火系统　　B. 发动机　　C. 汽车空调　　D. 排气系统

二、判断题

（1）汽油机排气颜色为黑色，说明混合气过浓或是点火时刻过迟，造成燃烧不完全。（ ）

（2）汽油机汽车排气颜色为白色，说明混合气过浓或点火时刻过迟，造成燃烧不完全。（ ）

（3）在用发动机功率不得低于额定功率的75%。（ ）

（4）汽车鉴定检测基本内容包括两个方面：一是安全方面的检测；二是综合性能检测。（ ）

（5）在对二手车进行技术鉴定时，要分清主次，凡是对二手车价值构成影响的缺陷，都应认真检查和评判，对评估价值不构成影响的瑕疵，就不要去斤斤计较。（ ）

（6）气缸压力检测结果若高于规定值，有可能是缸体与缸盖结合平面修理加工过度，燃烧室容积变小。（ ）

（7）外观检查一般是通过目测来进行，目测检查通常只能做定性分析。（ ）

（8）曲轴箱窜气量的检测应该在发动机加载处于最大转矩转速的状态下进行。（ ）

（9）《机动车运行安全技术条件》规定，车体应周正，左右对称部位高度差不得大于40mm。（ ）

（10）评价制动性能的指标主要有制动距离、制动减速度和制动力。（ ）

三、简答题

（1）简述汽车漆面检查过程。

（2）如何通过机油品质来判断发动机技术状况？

（3）制动系统的主要技术参数有哪些？

（4）行李箱内外漆面相差较大则意味后部有哪些问题？

（5）如何用简单检查方法对减震器进行静态检查？

（6）造成发动机烧机油的因素有哪些？

（7）如何通过发动机排放检查判断发动机技术状况？

（8）简述二手车动力性能、经济性能检查过程。

（9）简述汽车制动性能的检查方法。

（10）汽车挂挡困难的原因有哪些？

（11）引起车轮不平衡的因素有哪些？

（12）汽车外观检测包括哪些内容？如何检测？

（13）发动机舱检测包括哪些内容？如何检测？

（14）驾驶舱/乘员舱检测包括哪些内容？如何检测？

（15）发动机启动检测包括哪些内容？如何检测？

（16）汽车路试检测包括哪些内容？如何检测？

（17）如何检查汽车安全带？

（18）如何检测汽车轮胎？

（19）什么是汽车身份代码？如何核对？

（20）如何检查汽车风窗玻璃及各车窗玻璃情况？

项目三

二手车估值方法

教学目标

通过本项目的学习，掌握二手车价值的评估方法，掌握各评估方法之间的区别和联系。

能力要求

1. 会应用现行市价法评估二手车价值。
2. 会应用重置成本法评估二手车价值。
3. 会应用收益现值法评估二手车价值。
4. 会应用清算价值法评估二手车价值。

项目导图

本项目设置 4 个学习任务，各个任务内容及相关知识学习导图如下：

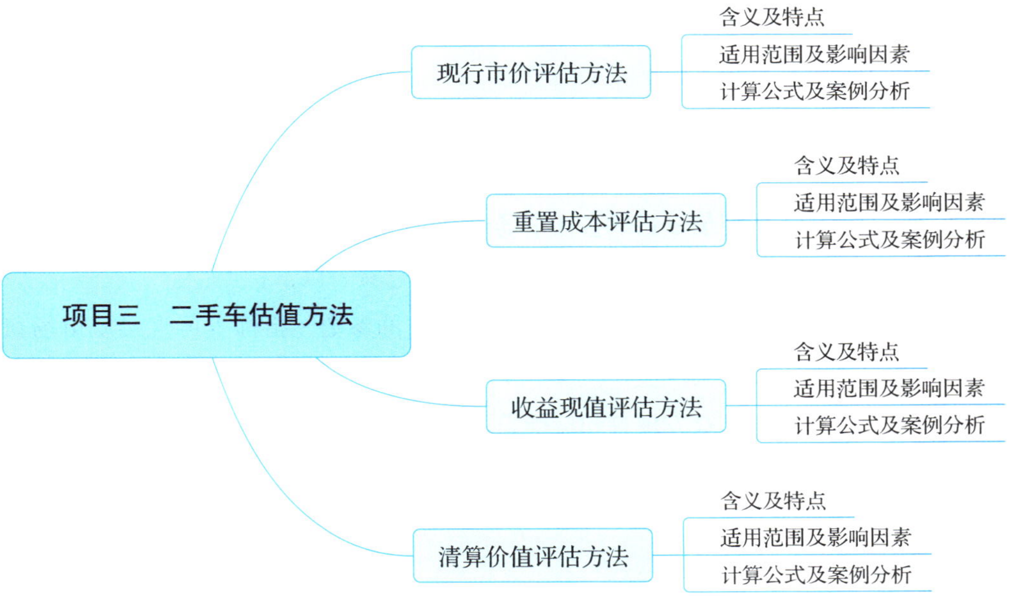

任务一　现行市价评估方法

任务导入

明先生个人名下有一辆大众宝来车，2014 年 7 月登记注册，1.6L，自动挡，白色，三厢无天窗标配，总行驶里程 8.5 万 km，正常保养且无事故。明先生请二手车评估师评估该车价值。二手车评估师根据实际情况，应用现行市价法进行评估并给出了评估价值。

问题：二手车评估师为什么选用现行市价法？

相关知识

一、现行市价法的含义及特点

现行市价法又称市场法或市场价值比较法，是以市场最近售出的类似车辆为参照车，参照车可以是一辆或几辆，将被评估车辆与参照车辆的构造、功能、性能、行驶里程、使用年限、新旧程度及交易价值等进行比较，找出两者的差别及其在价值上所反映的差额，经过适当调整，最终计算出被评估车辆的价值。

用现行市价法评估二手车考虑到了被评估二手车的各种贬值因素，如有形损耗的贬值、功能性贬值和经济性贬值。因为市场价值是车辆的各种因素的综合体现，车辆的有形损耗及功能陈旧而造成的贬值，自然会在市场价值中有所体现，因而现行市价法是二手车评估中最直接、最简单且最具有说服力的评估方法。它具有以下特点：

（1）能反映目前二手车市场的活跃情况，其评估的参数、指标等可直接从市场获得，评估值能反映二手车市场现实价值。

（2）评估值容易被买卖双方理解和接受。

二、适用范围及影响因素

1. 适用范围

现行市价法的前提条件：一是要有一个充分发育、活跃、公平的二手车交易市场；二是市场上具有有一定交易量的同款或类似车辆（被评估车辆），且能够形成市场行情。

2. 影响因素

越接近现行市价的评估值越容易被买卖双方理解和接受，因此，影响现行市价的因素有市场活跃度、车型畅销度、车辆技术状况及评估人员的鉴定水平等。

（1）二手车交易市场是否活跃，直接影响现行市价评估法的准确性。因为我国有些地方二手车市场建立时间短、不完善，有些评估车未在交易市场上出现过，在这种情况下用现行市价法评估则没有可比性。

（2）对畅销车型评估时，参照车容易寻找，且参照车的很多数据充分可靠。

（3）由于使用条件、维护水平的不同，而带来车辆技术状况的不同，这样可能造成二手车评估价值差异。

（4）评估人员的从业经验和对车辆技术状况的鉴定能力，也将影响评估的公平和公正。

参照车辆的选择是应用现行市价法的重要环节，参照车辆均为已交易完成的车辆，因此在选择时，要充分考虑参照车辆交易时隐含的关联因素，具体如下：买卖双方是否有利害关系；是否是急于出售的车辆；车主是否受债务影响，而被迫出售车辆；买卖双方是否存在一方对市场不了解的情况；买方是否对该车辆有特殊偏好；是否存在以特殊方式交易的情况；是否存在交易税非正常负担情况。

三、计算公式及案例分析

在实际评估中，现行市价法又分为直接市价法和类比调整市价法。

1. 直接市价法

直接市价法是指在市场上能找到与被评估车辆完全相同的参照车辆的现行市价，并将参照车辆的价值直接作为被评估车辆的评估价值。

当被评估车辆与参照车辆完全相同时，采用直接市价法，计算公式为：

$$P_1 = P_2$$

式中：P_1——被评估车辆的评估价值（元）；

P_2——参照车辆的交易价值（元）。

说明：

（1）参照车辆一般为畅销车，如现代、本田和大众等品牌的保有量大、交易比较频繁的车型。

（2）当被评估车辆与参照车辆相近，即车辆类别相同、主参数相同、结构性能相同，交易时间相近时，可用该公式计算。

2. 类比调整市价法

类比调整市价法是指评估二手车时，在公开市场上找不到与被评估车辆完全相同的车辆，只能找到与之相似的车辆作为参照车辆，再根据车辆技术状况和交易条件等数据对参照车辆的价值做出相应调整，通过综合比较来确定被评估车的评估价值。

类比调整市价法对参照车辆的条件要求不太严，只要求参照车辆与被评估车辆大体相同即可。主要是对被评估车辆和参照车辆之间的差异进行分析、比较，并进行适当的量化，然后调整为可比的因素。主要差异一般体现在以下几点：

（1）结构性能的差异。车辆结构配置会对车辆的成交价产生影响。比如，同类型的手动变速器车和自动变速器车，由于结构配置不同，则成交价也不同。

（2）销售时间的差异。在选择参照物时，应尽可能地选择接近评估基准日成交的，以免去由于销售时间的不同而引起的价值差异。若参照车辆的交易时间在评估基准日之前，可采用价值指数法进行调整。

（3）新旧程度的差异。在评估过程中，往往被评估车辆与参照车辆在新旧程度上不能完全一致，这时评估人员应对参照车辆和被评估车辆的新旧程度进行量化，即先算出参照车辆和被评估车的成新率，再计算出两种车的新旧差异量，公式如下：

差异量＝参照物价值×(被评估车辆成新率－参照物成新率)

（4）销售数量的差异。销售数量会对车辆的成交单价产生影响。当被评估车辆采用成批交易时，其参照车辆不应是单车，也应以成批交易车辆作为参照；当被评估车辆采用单车交易时，其参照车辆不应是成批交易车辆，也应以单车作为参照；若没有对应的参照车时，评估人员应进行差异分析并适当调整，才能准确评估二手车价值。

（5）付款方式的差异。对付款方式差异的调整，被评估车辆通常是以一次性付款方式为假定前提；若参照车辆采用分期付款方式，则可按当期银行利率将各期分期付款额折现累加，即可得到分期付款总额。

将以上各种差异进行调整并量化，以适当的方式加以汇总，来确定被评估车辆的评估价值。

$$P_1 = P_2 \pm \sum K$$

式中：P_1——被评估车辆的评估价值（元）；

P_2——参照车辆的交易价值（元）；

$\sum K$——各种差异调整量化值（元）。

3. 案例分析

以明先生的大众宝来 1.6L 自动挡白色轿车为例，用现行市价法进行评估。委托评估时间是 2019 年 8 月 20 日，评估师选择了两台同款近期交易完成的车辆作为参照车，被评估车辆及参照车辆的相关信息见表 3-1。

表 3-1　被评估车辆及参照车辆的相关信息

序号	相关信息	参照车辆 A	参照车辆 B	被评估车辆
1	交易地点	沈阳	沈阳	沈阳
2	销售市场	公开市场	公开市场	公开市场
3	交易时间	2019 年 8 月	2019 年 8 月	
4	使用性质	私家车	私家车	私家车
5	初次登记日期	2014 年 5 月	2014 年 10 月	2014 年 7 月
6	使用年限	5 年 3 个月	4 年 10 个月	5 年 1 个月
7	行驶里程	7.2 万 km	10.4 万 km	8.5 万 km
8	成新率	65%	67%	66%
9	成交价	6.3 万元	6.4 万元	待定
10	付款方式	微信支付	微信支付	待定

由于被评估车辆的车型属于畅销车型，评估师在当地二手车市场很容易找到同款已交易车型，因此，评估师选用直接市价法确定被评估车辆的价值，即

被评估车辆的价值=(参照车辆 A 成交价+参照车辆 B 成交价)/2
=(6.3+6.4)/2=6.35(万元)

技能训练

李先生打算卖掉一辆自用车，奥迪 A4L 2016 款 35 TFSI 典藏版自动标准型轿车，委托某公司进行价值评估。该车辆基本情况：2016 年 6 月购买，并于当月完成车辆登记手续，已行驶里程为 3.2 万 km。目前车辆技术状况良好，能正常运行，漆面保持良好，轮胎较好。评估日期为现实日期，需要查找参照车辆相关信息并记录（可以根据实际情况增加需采集的车辆信息），并计算出被评估车辆的现行价值。

序号	相关信息	参照车辆 A	参照车辆 B	被评估车辆
1	交易地点			
2	销售市场			
3	交易时间			
4	使用性质			
5	初次登记日期			
6	使用年限			
7	行驶里程			
8	成新率			
9	成交价			
10	付款方式			
被评估车辆的价值计算过程：				

任务二 重置成本评估方法

任务导入

孙先生个人名下有一辆 2016 款奥迪 A6L TFSI 舒适型轿车，2016 年 4 月登记注册，自动挡，黑色，总行驶里程 8 万 km，正常保养且无事故。孙先生请二手车评估师评估该车价值。二手车评估师根据车主委托，应用了重置成本法对该车进行评估并给出了评估价值。

问题：什么情况下最适宜选用重置成本法评估二手车价值？

相关知识

一、重置成本法的含义及特点

重置成本法是指在现时市场条件下，重新购置一辆全新状态的被评估车辆所需的全部成本（重置全价）与被评估车辆的各种贬值总和的差额。车辆的贬值一般体现在实体性贬值、功能性贬值及经济性贬值上。

用重置成本法评估车辆时，充分地考虑了车辆的各方面损耗，反映了车辆市场价值的变化，对交易双方来讲都公平合理。确定成新率时，能综合考虑车辆的技术状况和配置以及车辆使用情况，评估过程有理有据，交易双方对评估结果的信任度较高。但是，评估工作量较大，确定成新率时主观因素影响较大，且对极少数的进口车辆，不易查询到现时市场报价，因此很难确定车辆的重置成本。

二、适用范围及影响因素

1. 适用范围

重置成本法适用的前提是车辆处于在用状态。只要是能够继续使用车辆，均可以采用重置成本法进行评估。采用重置成本法评估二手车，既充分考虑了二手车的重置全价，又考虑了二手车已使用年限内的磨损以及功能性、经济性的贬值。

2. 影响因素

评估人员为了能准确评估二手车的价值，主要考虑的因素有：

（1）市场价值的影响。

（2）车辆有形耗损的影响。

（3）车辆无形耗损的影响。

（4）外界因素对车辆的影响。

三、计算公式及案例分析

在资产评估中，用被评估车辆的重置成本减去车辆使用的各种贬值，如实体性贬值、功能性贬值及经济性贬值等，这样是易于让人信服和接受的，因为，这种方法综合考虑了二手车的现行市场价值和各种影响二手车价值量变化（贬值）的因素。但实际评估工作中，准确获得与贬值相关的信息比较难，且存在不确定性。因此，目前已很少使用这种方法了。

目前市场上应用较广的是基于成新率的重置成本法，即被评估车辆的重置成本乘以被评估车辆的成新率。这种方法能综合考虑各种贬值对二手车价值的影响，是一种定性和定量相结合的评估方法，比较符合中国人评判二手物品的思维模式。公式如下：

$$P=P'\times\beta$$

式中：P——评估值（元）；

P'——被评估车辆的重置成本（元）；

β——被评估车辆的成新率。

1. 被评估车辆重置成本确定

在资产评估中，重置成本的估算方法很多，对于机动车的评估中多采用重置核算法（也称直接法）或物价指数（即车辆价值变动指数）法。

（1）重置核算法。

重置核算法是按待评估车辆的成本构成，以现行市场状态下重新购买与被评估车辆完全相同或类似的，并且处于全新状态的车辆所需的购车成本价值，加上应该一次性缴纳的税费之和。

国产二手车重置成本由购置全新车辆的市场成交价和车辆购置价值以外国家及地方政府一次性缴纳的税费总和。如汽车的购置附加税、注册税（牌照费）等，其性质是一次性缴纳的税费在规定使用年限内均可享受。但重置成本构成不应包括车辆拥有阶段和使用阶段的税费。如汽车拥有阶段的年审费、车船使用税、消费税；汽车使用阶段的保险费、燃油税、路桥费等。重置成本的计算公式为：

$$P'=P_{\mathrm{M}}+P_{\mathrm{t}}$$

式中：P'——重置成本；

P_{M}——全新车辆市场成交价；

P_{t}——国家和地方政府要求应该一次性缴纳的税费总和。

无论国产或进口车辆，尽可能采用国内现行市场价作为车辆评估的重置成本全价。市场价可通过市场信息资料和向车辆制造商、经销商询价取得。

进口二手车重置成本应根据海关税则和收费标准进行计算，进口轿车的重置成本＝关税＋消费税＋增值税。

关税：关税＝报关价×关税税率。

消费税：消费税＝（报关价＋关税）/(1－消费税率)×消费税率。

增值税：增值税＝（报关价＋关税＋消费税）×增值税率。

如一辆报关价为 10 万元人民币的进口轿车，其关税（以 43.8%计）为 4.38 万元，消费税（以 5%计）为 0.75 万元，增值税为 2.57 万元，税后价值为 17.7 万元，加上海关费用、商检费、运输费及经销商利润，市场价值约为 21 万元。

一般而言，车辆重置成本大多是依靠市场调查收集而来的，并不需要我们进行十分复杂的计算。但是对于市场上尚未出现的新车型（特别是进口新车型）或淘汰车型，由于其价值信息不容易获得，则需要我们按照其重置成本的构成进行估算。

（2）物价指数法。

当被评估车辆已停止生产或是进口新车型，询不到现时市场价值时可采用物价指数法，其计算公式为：

$$P' = P_M \times \lambda$$

式中：P'——重置成本；

P_M——车辆购买原始成本；

λ——车辆价值变动指数。

车辆价值变动指数是反映车辆价值变动趋势和速度的指标。通过选择与被评估车辆已使用年限相适应，近期五年内市场占有率为前三名的品牌车型，以现时购买车价与原始购买车价之比的算术平均值作为车辆价值变动指数。车辆价值变动指数要尽可能选用有法律依据的国家统计部门或物价管理部门以及政府机关发布和提供的数据，也可以取自中国汽车流通协会定期发布的或国家政策部门所辖单位发布的数据，不能选用无依据或不明来源的数据。

说明：实际工作中，一般根据鉴定估价的经济行为确定重置成本的全价，具体有以下两种处理方法：

（1）对于以所有权转让为目的的二手车交易经济行为，按评估基准日被评估车辆所在地收集的现行市场成交价作为被评估车辆的重置成本全价（或新车裸车价），其他费用略去不计。

（2）对企业产权变动的经济行为（如企业合资、合作和联营，企业分设、合并和兼并，企业清算，企业租赁等），其重置成本全价除了考虑被评估车辆的现行市场购置价以外，还应将国家和地方政府规定对车辆加收的其他一次性缴纳税费一并计入重置成本全价中。

2. 被评估车辆成新率的确定

成新率是反映二手车新旧程度的指标。通常用二手车的功能或使用价值占全新机动车的功能或使用价值的比率来表示，也可以用二手车的现时状况与全新机动车状况的比率来表示。

在资产评估中，成新率的确定方法有使用年限法、行驶里程法、部件鉴定法、整车观测法及综合分析法等，不同的计算方法，其特点和适用范围也不同。

（1）使用年限法。

根据折旧方法不同，用使用年限法计算二手车成新率的方法有等速折旧法和加速折旧法。对于机动车来讲，折旧额是确定被评估车辆在预计的使用年限内由于时间的推移或使用而逐渐转移的价值。这部分价值从产品销售成本中逐年提取，存入建立的车辆折旧基金中，用于当旧车辆不能使用或不再使用时购置新的车辆，实现车辆的更新。折旧率是指一定时期内固定资产折旧额与固定资产原值的比率。

1）等速折旧法。二手车在规定使用年限内，年折旧率不变，等速折旧率为使用年限占规定使用年限的百分率。成新率计算公式（一）为：

$$\beta=(1-\gamma)\times 100\%=(1-t/N)\times 100\%$$

采用使用年限法确定的二手车成新率，仅仅反映了汽车的时间损耗及时间折旧率，与使用情况（包括管理水平、使用水平和维护保养水平）、使用强度无关，但计算方便。车辆规定使用年限是指《机动车强制报废标准规定》中对被评估车辆规定的使用年限，是指机动车的合理使用寿命。各类汽车规定使用年限见表 3-2。

表 3-2　各类汽车规定使用年限

<table>
<tr><td rowspan="16">载客汽车</td><th colspan="3">车辆类型与用途</th><th>使用年限（年）</th></tr>
<tr><td rowspan="11">营运</td><td rowspan="3">出租客运</td><td>小、微型</td><td>8</td></tr>
<tr><td>中型</td><td>10</td></tr>
<tr><td>大型</td><td>12</td></tr>
<tr><td colspan="2">租赁</td><td>15</td></tr>
<tr><td rowspan="3">教练</td><td>小型</td><td>10</td></tr>
<tr><td>中型</td><td>12</td></tr>
<tr><td>大型</td><td>15</td></tr>
<tr><td colspan="2">公交客运</td><td>13</td></tr>
<tr><td rowspan="3">其他</td><td>小、微型</td><td>10</td></tr>
<tr><td>中型</td><td>15</td></tr>
<tr><td>大型</td><td>15</td></tr>
<tr><td colspan="3">专用校车</td><td>15</td></tr>
<tr><td rowspan="3">非营运</td><td colspan="2">小、微型客车，大型轿车，轮式专用机械</td><td>无</td></tr>
<tr><td colspan="2">中型客车</td><td>20</td></tr>
<tr><td colspan="2">大型客车</td><td>20</td></tr>
</table>

提示：若某些车辆使用年限有变动，以车管所公布的为准。

2）加速折旧法。加速折旧法也称递减折旧法，计算方法有两种：年份数求和折旧法和双倍余额递减折旧法。

①年份数求和折旧法。规定使用年限内，每年的折旧率不等，且逐年递减。即对已使用年份之内的每年的折旧率进行求和。成新率计算公式（二）为：

$$\beta=(1-\gamma)\times 100\%=\left[1-\frac{2}{N(N+1)}\times\sum_{t=1}(N+1-t)\right]\times 100\%$$

②双倍余额递减折旧法。该方法适用于二手车在规定使用年限内，年折旧率双倍且不变的情况下，估算的成新率公式（三）为：

$$\beta=(1-\gamma)\times100\%=\left[1-\frac{2}{N}\sum_{t=1}\left(1-\frac{2}{N}\right)^{t-1}\right]\times100\%$$

式中：β——成新率（%）；

γ——折旧系数；

N——规定使用年限（年）；

t——已使用年限（年）。

例如：一辆新款捷达轿车于2018年5月注册登记，2020年5月委托某评估公司评估定价。分别用等速折旧法和加速折旧法评估该车成新率，车辆使用年限为15年，分析数值见表3-3。

表3-3 车辆成新率分析

折旧方法			折旧系数	成新率
等速折旧法		$\beta=(1-\gamma)\times100\%=(1-t/N)\times100\%$	13.3	86.7%
加速折旧法	年份数求和	$\beta=(1-\gamma)\times100\% =\left[1-\frac{2}{N(N+1)}\times\sum_{t=1}(N+1-t)\right]\times100\%$	24.2	75.8%
	双倍余额递减	$\beta=(1-\gamma)\times100\% =\left[1-\frac{2}{N}\sum_{t=1}\left(1-\frac{2}{N}\right)^{t-1}\right]\times100\%$	24.9	75.1%

注：评估人员应根据委托方要求及评估目的，选择合适的方法估算成新率。

（2）行驶里程法。

用被评估车辆的尚可行驶里程与规定行驶里程的比值来确定二手车成新率的一种方法。常见计算方法有等速折旧法和递减折旧法两种。

1）等速折旧法。通过车辆已行驶里程除以规定行驶里程进行折旧，然后确定其成新率。公式如下：

$$\beta=(1-\gamma)\times100\%$$

式中：β——成新率；

γ——折旧系数，等于车辆已行驶里程除以规定行驶里程。

2）递减折旧法。递减折旧法是将车辆的有效行驶里程划分成几段，每段折旧系数依序递减。目前，递减折旧法广泛用于家用轿车价值估算中，也称 54321 法。家用轿车有效行驶里程通常为 30 万 km，将其分为 5 段，每段 6 万 km，各段对应的折旧系数和成新率见表 3－4。

表 3－4　车辆行驶里程对应的折旧系数和成新率

行驶里程	折旧系数 γ_i	成新率 β
1～6km	5/15	
7～12km	4/15	
13～18km	3/15	β $(1-\sum\gamma_i)\times100\%$
19～24km	2/15	
25～30km	1/15	

用行驶里程法确定的成新率，仅仅反映了二手车使用强度及使用过程中实际的物理损耗，考虑了二手车使用强度对其成新率的影响。总的行驶里程越大，车辆的实际有形损耗也越大。但对于篡改里程表等因素影响没有考虑，因此，通过该方法确定的成新率仅仅是参考。

例如：一辆私家轿车已行驶 12 万 km，车况良好，委托评估人员估算成新率及现值，同款车辆市场价为 20 万元。

用五段法对该车进行估值：折旧系数 $\gamma=\sum\gamma_i=5/15+4/15=9/15$，

则成新率 $\beta=(1-\gamma)\times100\%=40\%$，该车的估算价值为：$20\times40\%=8$（万元）。

（3）部件鉴定法。

评估人员根据二手车各总成、部分的技术状况估算出其成新率，再参照表 3－5 中各个部分价值权重值来确定成新率的一种方法。其计算公式为：

$$\beta=\sum_{i=1}^{n}\alpha_i\times\rho_i$$

式中：β——二手车的成新率（%）；

α_i——第 i 项部件的成新率（%），由评估人员通过鉴定来评估；

ρ_i——第 i 项部件的价值权重。

表 3－5　汽车各主要总成、部件的价值权重值

序号	部件名称	价值权重值		
		轿车	客车	货车
1	发动机及离合器总成	0.26	0.27	0.25
2	变速器及万向传动装置	0.11	0.10	0.15
3	前桥、前悬架及转向系总成	0.10	0.10	0.15
4	后桥及后悬架总成	0.08	0.11	0.15
5	制动系	0.06	0.06	0.05
6	车架	0.02	0.06	0.06
7	车身	0.26	0.20	0.09
8	汽车电器	0.07	0.06	0.05
9	轮胎	0.04	0.04	0.05
合计		1.0	1.0	1.0

提示：仅供评估人员参考，在实际评估时，评估人员应根据被评估车辆各部分价值量占整车价值的比重，适当调整各部分的权重值。

用部件鉴定法计算加权来确定成新率，既考虑了二手车实体性损耗，也考虑了二手车维修或换件等追加投资使车辆价值发生的变化，所以，采用这种方法得到的评估值更接近客观实际，可信度高，但比较费时费力。这种方法一般用于价值较高的车辆的评估，对车辆鉴定人员的技术水平要求较高。

例如：一辆宝马 7 系轿车，2015 年 5 月上牌，2019 年 5 月车主委托某评估机构鉴定评估。现场勘查，车辆行驶 10 万 km，车身有两处擦伤痕迹，后悬架局部存在故障，前排座椅电动装置工作不良，一侧电动车窗不工作，发动机怠速发抖，4 个轮胎生产日期均为 2015 年第 11 周。评估师采用部件鉴定法确定该车成新率，分析数值见表 3－6。

表 3－6　车辆成新率分析

总成部件	权重值 ρ_i	部件成新率 α_i	成新率 β（%）
发动机及离合器总成	0.25	60	$\beta=\sum_{i=1}^{n}\alpha_i\times\rho_i$ $=60\times0.25+70\times0.12+65\times0.18$ $+80\times0.06+70\times0.28$ $+60\times0.07$ $=63.7$
变速器及传动轴总成	0.12	70	
悬架与车桥	0.18	65	
制动系统	0.06	80	
车身总成	0.28	70	
电器仪表系统	0.07	60	
轮胎	0.04	0	
合计	1		

（4）整车观测法。

整车观测法是指评估人员采用人工观察或借助简单的仪器检测的方法，判定被评估车量的技术等级，由此确定成新率的一种方法。

整车观测法观察和检测的技术指标主要包括：二手车的现时技术状态、使用时间及行驶里程、主要故障经历及大修情况、整车外观和完整性等。二手车车况等级及成新率可参考表 3－7。用整车观测法确定成新率是否客观、实际，还取决于评估人员的专业水准和评估经验。

表 3－7　二手车车况等级及成新率

车况等级	新旧情况	技术状况描述	成新率（%）
1	使用 1 年内，行驶 3～5 万 km	使用状况良好，能按设计要求正常使用	90～100
2	使用 1～3 年，行驶 15 万 km 左右	一般没有经过大修，在用状况良好，故障率低，可随时出车使用	65～89
3	使用 4～5 年，发动机或整车经过 1 次大修	大修过的总成性能良好，在用状况良好；外观出现过中度损伤，但修复较好	40～64
4	使用 5～8 年，发动机或整车经过 2 次大修	车辆的动力性、经济性、工作可靠性都有所下降，外观车身漆出现脱落受损、金属件出现锈蚀；故障率较高，维修费用明显上升，但车辆仍符合《机动车运行安全技术条件》规定，其使用状况一般或较差	15～39
5	基本达到或达到使用年限，待报废处理	车辆不能正常使用，动力性、经济性、可靠性大大降低，燃料费、维修费等明显增高，且排放和噪声污染已达到极限	0～14

提示：表中所示数据都是经验数据，仅供评估人员参考，不能作为唯一标准。

这种方法简单易行，但评估准确性差些，一般用于初步估算中、低档二手车的价值，或作为综合分析法的辅助手段。

（5）综合分析法。

综合分析法是以使用年限法为基础，综合考虑二手车的实际技术状况而确定成新率，有两种估算方法。二手车综合调整系数参考数值见表 3－8。

1）第一种方法，综合成新率由使用年限成新率和综合调整系数组成。综合因素有车辆技术状况、维护保养、原始制造质量、车辆用途及使用条件 5 个部分，并规定了固定的权重值，根据具体情况选取各部分相应系数（0.1～1.0），其计算公式为：

$$\beta=\beta_N\times\sum\rho$$

式中：β——综合成新率（%）；

β_N——使用年限成新率（%）；

$\sum\rho$——综合调整系数。

$$\sum\rho=\rho_1\times30\%+\rho_2\times25\%+\rho_3\times20\%+\rho_4\times15\%+\rho_5\times10\%$$

表 3-8 二手车综合调整系数参考数值

序号	影响因素	调整系数			系数权重（%）
1	技术状况	ρ_1	良好	1.0	30
			较好	0.9	
			一般	0.8	
			较差	0.7	
			很差	0.6	
2	维护保养	ρ_2	良好	1.0	25
			较好	0.9	
			一般	0.8	
			较差	0.7	
3	制造质量	ρ_3	进口车	1.0	20
			国产名牌车（或走私罚没车）	0.9	
			国产普通车	0.8	
4	车辆用途	ρ_4	私用	1.0	15
			公务、商务	0.9	
			营运	0.7	
5	使用条件	ρ_5	良好	1.0	10
			一般	0.9	
			较差	0.8	

提示：因素分级和调整系数只是一个参考，应根据实际情况做适当的调整，但各因素的调整系数取值不要超过 1，综合调整系数计算结果也不能超过 1。

2）第二种方法，依照《技术规范》规定，综合成新率由年限成新率和技术鉴定成新率组成。通过对整车的 113 项检查，按百分制给出车辆技术状况，则技术鉴定成新率由车辆技术状况分值而确定，综合成新率计算公式为：

$$\beta=\beta_1\times\alpha+\beta_2\times\rho$$

式中：β_1——年限成新率；

β_2——技术鉴定成新率；

α、ρ——比例系数，且 $\alpha+\rho=1$，具体数值由评估人员根据市场行情等因素确定。

其中，年限成新率＝预计车辆剩余使用年限/车辆使用年限（乘用车使用年限 15 年，超过 15 年的按实际年限计算；有年限规定的车辆、营运车辆按实际要求计算）。

例如：李某于 2013 年 7 月花 11 万元购得白色捷达车，并于当月注册，2019 年 5 月在沈阳某交易市场转让，请二手车鉴定评估人员对其进行鉴定评估。经了解，现该型号车的后续产品的前照灯改为新款，车价 7.28 万元。经鉴定，发现右侧车门有碰撞痕迹、前后保险杠有多处凹陷和脱漆需修理，路试滑行时，车辆向右跑偏。里程表显示 11.9 万 km。请使用综合分析法计算该车成新率。

1）该车为私家轿车，已使用 70 个月，规定年限以 15 年计，为 180 个月。

2）该车年限成新率。

$$\beta_N=\left(1-\frac{N_1}{N_0}\right)\times 100\%=\left(1-\frac{70}{180}\right)\times 100\%=61.1\%$$

3）确定综合调整系数。

经过对车辆技术鉴定和全面了解，各影响因素调整系数取值为：

A. 技术状况（权重 30%），一般，取系数为 0.8；

B. 维护保养（权重 25%），较差，取系数为 0.7；

C. 制造质量（权重 20%），国产名牌，取系数为 0.9；

D. 车辆用途（权重 15%），非营运（私用），取系数为 1.0；

E. 使用条件（权重 10%），较差，取系数为 0.8；

估算综合调整系数：

$$\begin{aligned}\sum\rho &= \rho_1\times 30\%+\rho_2\times 25\%+\rho_3\times 20\%+\rho_4\times 15\%+\rho_5\times 10\% \\ &= 0.8\times 30\%+0.7\times 25\%+0.9\times 20\%+1.0\times 15\%+0.8\times 10\% = 0.825\end{aligned}$$

4）综合成新率。

$$\begin{aligned}\beta &=\beta_N\times\sum\rho \\ &=61.1\%\times 0.825=50.4\%\end{aligned}$$

3. 案例分析

案例一：一辆自动挡 1.4T 白色波罗汽车，车主于 2017 年 4 月份购入，购车全款为 71 800 元，初次登记日期是 2017 年 5 月，使用 2 年后于 2019 年 5 月进入二手车交易市场估价交易。经核对，相关证件（照）齐全。经现场勘查，车身外观较好，无漆面脱落现象，经路试检查，发动机加速有力，无异常的响声，挡位清晰，制动系统良好。该车里程表显示累计行驶里程为 4 万 km，与实际情况比较吻合，评估基准日为 2019 年 5 月。在评估时，已知该车的现行市场销售价格为 70 500 元，其他税费不计，试用重置成本法结合年限成新率评估该车价值。评估过程如下：

（1）该车为轿车，使用年限以 15 年计，即 180 个月，至评估基准日止，该车使用 24 个月。

（2）重置成本即 70 500 元。

（3）该车成新率：

$$\beta=\left(1-\frac{N_1}{N_0}\right)\times 100\%=\left(1-\frac{24}{180}\right)\times 100\%=86.67\%$$

（4）评估值：

$$P=P'\times\beta=70\,500\times 86.67\%=61\,102(\text{元})$$

说明：本案例重点是年限成新率的计算过程和重置成本（新车裸车价）的确定。

案例二：李先生有一辆用于城市上下班的自用奥迪 A4 2.0T 想转让，该车 2015 年 11 月份购买，购买价格为 298 000 元，初次登记日期是 2015 年 12 月，使用 3 年多后于 2019 年 7 月进入二手车交易市场估价交易。经核对，相关证件（照）齐全。经现场勘查，车身外观较好，无漆面脱落现象，保养良好。经路试检查，发动机加速有力，无异常的响声，挡位清晰，制动系统良好。该车里程表显示累计行驶里程为 7 万 km，与实际情况比较吻合，评估基准日为 2019 年 7 月。在评估时，已知该新车的现行市场销售价格为 280 000 元，其他税费不计。要求用重置成本法结合综合成新率评估该车的现时价值。评估过程如下：

（1）该车为轿车，使用年限以 15 年计，即 180 个月，评估基准日止该车使用 43 个月。

（2）重置成本即 280 000 元。

（3）该车年限成新率：

$$\beta=\left(1-\frac{N_1}{N_0}\right)\times 100\%=\left(1-\frac{43}{180}\right)\times 100\%=76.11\%$$

（4）确定综合调整系数。

经过对车辆技术鉴定和全面了解，各影响因素调整系数取值为：

1）技术状况（权重 30%），较好，取系数为 0.9。

2）维护保养（权重25%），较好，取系数为0.9。

3）制造质量（权重20%），国产名牌，取系数为0.9。

4）车辆用途（权重15%），非营运（私用），取系数为1.0。

5）使用条件（权重10%），一般，取系数为0.9。

综合调整系数：

$$\sum\rho=\rho_1\times30\%+\rho_2\times25\%+\rho_3\times20\%+\rho_4\times15\%+\rho_5\times10\%$$

$$\begin{aligned}\sum\rho&=0.9\times30\%+0.9\times25\%+0.9\times20\%+1.0\times15\%+0.9\times10\%\\&=91.5\%\end{aligned}$$

（5）评估值：

$$P=280\,000\times76.11\%\times91.5\%=194\,993(\text{元})$$

说明：本案例重点是综合成新率的计算过程和重置成本（新车裸车价）的确定。

技能训练

1. 某辆2016款奥迪A6L TFSI舒适型，2016年4月登记注册，自动挡，黑色，总行驶里程8万km，正常保养且无事故，请用重置成本法评估该车价值（可以根据实际情况指定评估车辆）。评估日期为现实日期，评估过程可以参照以下问题进行。

评估过程：

（1）车辆已使用时间：

____

（2）成新率计算：

____

（3）重置成本：

____

（4）计算评估价值：

____

2. 王某于2016年1月花29万元购得白色奥迪A4L 2.0T标准型用于代步，并于当月注册，2019年3月在沈阳某交易市场转让（双保险至2020年1月，检验合格至2020年1月），请按《二手车鉴定评估技术规范》中规定的综合成新率计算方法进行鉴定评估。经了解，现该型号车的新车价为28万元。技术鉴定成新率为70%，且年限成新率系数：技术鉴定成新率系数＝4∶6。请评估该车的现时价值，将评估过程写在表中。

评估过程：
(1) ________________
(2) ________________
(3) ________________
(4) ________________
(5) ________________

任务三　收益现值评估方法

任务导入

某辆沈阳牌照出租车，委托评估师进行估值，车辆已经运营 4 年，按规定允许运营时间为 6 年。目前车辆技术状况良好，能正常运行；如用于出租车运营，全年预计可出勤 320 天。根据沈阳市场调查，该车型每天平均毛收入约 550 元，每天耗油费用 150 元，年检、保险及各种应支出费用每年 10 000 元，年日常维修保养费用约 12 000 元，年平均大修费用约 1 000 元，人员劳务费 16 000 元，标书租赁费每月 1 800 元。根据目前银行储蓄年利率、行业收益等情况，确定资金预期收益率为 15%，风险报酬率为 5%。二手车评估师根据上述情况，对该车进行了评估。

问题：评估师为什么选择收益现值法？

相关知识

一、收益现值法的含义及特点

收益现值法即估算被评估车辆在剩余寿命期内的预期收益，并折现为评估基准日的现值，即为二手车的评估值。

用收益现值法评估车辆时，一般与投资决策相结合，容易被二手车买卖双方接受。同时，评估值能比较准确地反映车辆本金化的价值。但是，预期收益额的预测难度大，以及受买卖双方主观判断和未来不可预见因素的影响较大。

二、适用范围及影响因素

1. 适用范围

从“以利索本”的角度看，收益现值就是为获得车辆取得预期收益的权利所支付的货币总额。在折现率相同的情况下，车辆未来的使用效率越大，获利能力越强，其评估值就越大。投资者购买车辆时，一般要进行可行性分析，只有在预期回报率超过评估时的折现率时，才可能支付货币购买车辆。

收益现值法确定的二手车评估值依赖于未来预期收益，二手车评估的前提是车辆必须能投入使用，且在剩余寿命期内能连续获利，因此，收益现值法适用于投资运营车辆的评估。

2. 影响因素

用收益现值法确定二手车评估值时，为了降低被评估车辆未来预期损失，要充分考虑评估因素，主要如下：

（1）被评估车辆继续运营和获利的能力。

（2）被评估车辆预期获利年限及预期收益的预测值。

（3）被评估车辆在剩余寿命期内所担风险的预测值。

三、计算公式及案例分析

用收益现值法计算二手车评估值，就是对被评估二手车未来预期收益进行折现的过程。二手车的评估值等于剩余寿命期内各收益期的收益折现值之和。若收益期的收益折现值不同，其计算公式为：

$$P=\sum_{t=1}^{n}\frac{A_t}{(1+i)^t}=\frac{A_1}{(1+i)^1}+\frac{A_2}{(1+i)^2}+\cdots+\frac{A_n}{(1+i)^n}$$

式中：P——评估值（元）；

A_t——未来第 t 个收益期的预期收益额（元）；

i——折现率（%）；

t——收益期（年）。

1. 收益期的确定

收益期指从评估基准日到二手车报废日之间的年限（即二手车剩余使用寿命的年限）。收益期是确定二手车评估值的关键，如果收益期估算得长，则计算的收益额就多，车辆的评估价值就高；反之，则会低估二手车价值。所以，评估师要依照《机动车强制报废标准规定》来确定二手车收益期。

2. 收益额的确定

收益额是指未来收益期内的预期收益额。如收益期为两年，则未来第一收益期内的预期收益额为 A_1，第二收益期内的预期收益额为 A_2。

3. 折现率的确定

折现率是当前银行储蓄年利率、行业收益等情况的综合体现，可以通过资金预期收益率及风险报酬率来计算。即折现率等于资金预期收益率加上风险报酬率。不同的收益期，折现率是不同的。

如果各收益期预期收益额相等，且各收益期的折现率也相等，则公式简化为：

$$P=A\times\frac{(1+i)^n-1}{i\times(1+i)^n}$$

式中：P——评估值（元）；

A——平均收益额（元）；

n——收益年期；

i——折现率（%）。

4. 案例分析

案例一：以任务导入的内容为例进行分析。假设每年的纯收入及折现率相同，结合上述条件评估该车价值。评估过程如下：

（1）确定收益年期。该车已使用时间为 4 年，根据《机动车强制报废标准规定》及沈阳市小型客运出租车管理规定，运营年限为 6 年，所以车辆剩余使用寿命为 2 年，即收益期 $n=2$。

（2）确定预期收益额。

1）根据条件，计算预计年毛收入，具体计算见表 3－9。

表 3－9　车辆收入及各种费用支出

预计年收入/元	预计年支出/元		预计年毛收入/元
550×320＝176 000	燃油费	150×320＝48 000	67 400
	保险费、检车费、车船使用税、停车费等费用	10 000	
	维修保养费	12 000	
	车辆大修费	1 000	
	驾驶人工资	16 000（单班）	
	标书租赁费	1 800×12＝21 600	

2）计算年预计纯收入：根据我国《个人所得税法》的规定，年收入在3.6～14.4万元，应缴纳所得税率为10%，故年预计纯收入为67 400×(1－10%)＝60 600（元）。

3）预期收益额A＝年预计纯收入为：60 600元。

（3）确定折现率。折现率i＝资金预期收益率＋风险报酬率＝15%＋5%＝20%。

（4）计算评估值：

$$P=A\times\frac{(1+i)^n-1}{i\times(1+i)^n}=60\ 600\times\frac{(1+0.2)^2-1}{0.2\times(1+0.2)^2}=92\ 583(\text{元})$$

案例二：现有一辆索纳塔出租车转让，该车评估时已使用3年，经市场调查和可行性分析后，该车购置后投入运营，每年可带来预期收益16.4万元，而运营成本每年约为10.6万元，所得税率按20%计算，投资回报率为10%。试评估该出租车的价值。评估过程如下：

（1）确定收益年期。该车已使用时间为3年，根据《机动车强制报废标准规定》及沈阳市小型客运出租车管理规定，运营年限为6年，所以车辆剩余使用寿命为3年，即收益期n＝3。

（2）确定预期收益额。

1）该车每年带来预期毛收入：16.4－10.6＝5.8（万元）。

2）税后净收益：5.8×(1－20%)＝4.64（万元），即年均收益额以4.64万元计。

（3）确定折现率。

该车折现率即为投资回报率10%，即年均折现率以10%计。

（4）计算评估值：

$$P=A\times\frac{(1+i)^n-1}{i\times(1+i)^n}=4.64\times\frac{(1+0.1)^3-1}{0.1\times(1+0.1)^3}=11.54(\text{万元})$$

技能训练

以当地小型客运出租车为例，调研出租车运营相关信息，试估算其现实价值。参照表3－1，完成评估过程主要信息。

序号	评估过程主要信息	估算公式及数值	备注
1	车辆登记及评估日期		
2	车辆规定及剩余使用时间		
3	车辆年均收益额		
4	车辆年均运营成本		

续表

序号	评估过程主要信息	估算公式及数值	备注
5	剩余运营期折现率		
6	当地出租车运营所得税		
7	估算该车现实价值		

任务四　清算价值评估方法

任务导入

某公司有几辆轿车需要拍卖，委托评估机构进行评估。评估机构依照相关文件对这批车辆逐一鉴定，并应用清算价值法给出了拍卖底价。

问题：

1. 非私家车预评估拍卖需要哪些流程?
2. 清算价值法适合哪些汽车评估业务?

相关知识

一、清算价值法的含义及特点

清算价值法是以清算价值为依据，对二手车价值进行评估的一种方法。即指企业在停业或破产后，在一定的期限内将车辆拍卖而得到变现价值。用清算价值法评估车辆价值时，要求预评估车辆应附有企业破产处理文件或抵押合同及其他有效法律文件，因此，评估价值低于市场价格，且能快速出售变现。

清算价值是指在非正常市场上交易的价值。它与现行市价相比，两者的根本区别在于：现行市价是公平市场价值；而清算价值是非正常市场上的拍卖价值，这种价值由于受到期限限制和买主限制，一般大大低于现行市价。

二、适用范围及影响因素

1. 适用范围

清算价值法适用于企业被迫停产或破产、资产抵押、停业清理时，急于将车辆拍卖、出售的情况。

2. 影响因素

清算价值法评估的车辆价值往往低于现行市场价格。为了降低被评估车辆价值损失，同时保证被评估车辆按正常程序执行，评估时应充分考虑的主要因素有：破产形式、债权人处置车辆的方式、拍卖时限、车辆清理费用、车辆现行市价和参照车辆价值等。

（1）破产形式。如果企业丧失车辆处置权，则卖方无讨价还价的可能，就以买方出价决定车辆售价：如果企业未丧失处置权，则卖方仍有讨价还价的余地，就以双方议价决定售价。

（2）债权人处置车辆的方式。按抵押时的合同契约规定执行，如公开拍卖或收回已有。

（3）拍卖时限。一般情况下，规定的拍卖时限长，售价就会高些；若规定时限短，则售价就会低些。这是由资产快速变现原则的作用所决定的。

（4）车辆清理费用。在企业破产等情况下评估车辆价值时，应对车辆清理费月及其他费用给予充分的考虑。

（5）车辆现行市价。车辆现行市价是指车辆交易成交时，使交易双方都满意的公平市价。

（6）参照车辆价格。参照车辆价格是指与被拍卖车辆相同或类似的交易车辆现行价格。若参照车辆价格高，则被拍卖车辆价格通常也会高。

三、计算公式及案例分析

用清算价值法确定二手车价值时，主要方法有 3 种：现行市价折扣法、模拟拍卖法、竞价法。

1. 现行市价折扣法

首先在市场上找到参照车辆，然后根据市场调查和快速变现原则，确定一个合适的折扣率，再确定二手车的评估价值，其计算公式为：

$$P=P'\times\gamma$$

式中：P'——参照车辆交易价值（元）；

γ——折扣率（%）。

例如：某公司要拍卖一辆 2014 款宝来轿车。评估师经调查，该车型在二手车交易市场上成交价为 6.5 万元，根据销售情况分析，若折价 20%可以当即出售，则该车辆清算价值为 6.5 万元×(1−20%)=5.2 万元。

2. 模拟拍卖法

模拟拍卖法是通过向被评估车辆的潜在购买者询价，以此来获得市场信息，最后经评估人员分析确定其价值的一种方法，也称意向询价法。这种方法确定的清算价值受供需关系影响很大，要充分考虑其影响的程度。

例如：某公司有1台柳州50铲车要评估拍卖。评估师经调查，在二手车交易市场找不到评估参照物，因此，采取向潜在购买者询价的方式。详情是：两家发电厂、三家沙场、两家个体运输户共七家成为潜在购买者，其报价分别为17万元、17.5万元、17.8万元、18万元、17.6万元、18.2万元、18.4万元。

评估师对七个潜在购买者的报价进行分析，平均价为17.78万元。考虑目前各种因素，保证铲车成功拍卖，至少要有三家报价高于评估值，评估师确定评估价值为17.8万元。

3. 竞价法

竞价法是由法院按照破产清算的法定程序或由卖方根据评估结果提出一个拍卖的底价，在公开市场或拍卖会上，由买方竞争出价，谁出的价高就卖给谁。

例如：某事业单位有两辆奥迪车要评估拍卖。车辆购买时间是2014年5月，当月注册登记。其中一辆行驶了20万km，另一辆行驶了25万km。现将车辆评估拍卖流程介绍如下：

（1）公开招标车辆鉴定评估机构。

评估机构于2019年5月对两辆奥迪车进行了鉴定评估。

（2）提供评估车辆相关信息，协助评估人员进行车辆技术鉴定。

两辆奥迪车成新率：A车为55%、B车为50%。

（3）应用现行市价折扣法，分别给出两辆车的评估值。

根据市场交易情况得知，折扣20%可以当即出售，所以，两辆奥迪车评估值：A车为22万元、B车为20万元。

（4）公开拍卖或委托拍卖机构出售。

两辆奥迪车实际出售价格：A车为23.5万元、B车为22万元。（通过竞拍，车辆需出售给出价高者，因此，实际成交价格不应低于评估值。）

（5）协助买受人办理车辆过户。

技能训练

学生自行或在老师带领下完成标的调研，参照案例中给出的鉴定评估流程，拟一个报告书。若条件有限，可以参照下列信息进行训练。

标的信息：某工程监理公司有一辆丰田霸道 4.0，已经使用 4 年半，行驶里程 18 万 km，维护保养一般，没有发生过事故，车辆行驶性能正常。委托方要求评估拍卖并快速出售，请根据当地市场行情进行评估，给出拍卖底价。
评估过程如下： ____ ____ ____ ____ ____

项目总结

1. 现行市价法又称市场法或市场价值比较法，将评估车辆与参照车辆进行比较分析，找出两者的差别及其在价值上所反映的差额，经过适当调整，最终计算出被评估车辆的价值。

2. 用重置成本法评估二手车价值时，前提条件是二手车能够继续使用，然后由二手车的重置全价和成新率两个方面来确定。

3. 用收益现值法评估二手车价值时，前提条件是车辆能有预期获利能力，然后考虑获利年限和收益额。车辆未来获利能力越强，其评估值就越大。

4. 清算价值法适用于企业在停业或破产后而将车辆拍卖变现的情况。前提条件要求预评估车辆应附有企业破产处理文件或抵押合同及其他有效法律文件；清算价值是非正常市场上的拍卖价值，这种价值由于受到期限限制和买主限制，一般大大低于现行市价。

5. 正确理解折旧率、成新率，以及各种成新率计算方法适用条件，才能公平公正评估二手车价值。

思考与练习

一、选择题

（1）通常二手车评估具有（　　）的特点。

A. 以技术鉴定为基础、以单台为评估对象、使用强度

B. 要考虑税费附加值、以技术鉴定为基础、规格型号

C. 以技术鉴定为基础、以单台为评估对象、要考虑税费附加值

D. 以单台为评估对象、要考虑税费附加值，使用范围广

(2) 机动车更新重置成本是指（　　）所需的成本。

A. 在现时条件下，购置功能基本相同的车辆

B. 在现时条件下，购置采用新工艺、新标准、新设计的功能基本相同的车辆

C. 在现时条件下，购置采用与原车相同的工艺、标准、设计的功能基本相同的车辆

D. ABC 都不是

(3) 机动车复原重置成本是指（　　）所需的成本。

A. 在现时条件下，购置排量相同的车辆

B. 在现时条件下，购置采用与原车相同的工艺、标准、设计的功能基本相同的车辆

C. 在现时条件下，购置采用新工艺、新标准、新设计的功能基本相同的车辆

D. ABC 都不是

(4) 用市场比较法评估二手车时，参照车辆与被评估车辆完全相同时，应使用（　　）评估。

A. 直接法　　B. 比较法与间接法　　C. 相似比较法　　D. 间接法

(5) 市场比较法对于市场上只有唯一一辆车辆的情况是（　　）。

A. 一般适用的　　B. 80%可用　　C. 完全适用的　　D. 不适用的

(6) 对于企业被迫停产或破产、资产抵押、停业清理而急于将车辆拍卖的情况，应采用（　　）评估价值。

A. 重置成本法　　B. 清算价值法　　C. 现行市价法　　D. 收益现值法

(7) 某私家车已使用 3 年，按规定无报废年限，用年限法计算其成新率为（　　）。

A. 20%　　B. 30%　　C. 70%　　D. 80%

(8) 某运营车已使用 3 年，按规定 8 年强制报废，用年限法计算其成新率为（　　）。

A. 37.5%　　B. 62.5%　　C. 70%　　D. 80%

(9) 某私家车已使用 3 年，按规定无报废年限，计算其折旧率为（　　）。

A. 20%　　B. 30%　　C. 70%　　D. 80%

(10) 某运营车辆已经使用 3 年，年均收益 20 万元，运营成本年均 12 万元，所得税率按 30%计算，投资回报率为 10%，该车税后年收益为（　　）万元。

A. 2.4　　B. 4.8　　C. 5.6　　D. 7.2

二、判断题

(1) 二手车清算价值是二手车在强制条件下的变现价值。（　　）

（2）对于同一辆车评估，继续使用价值和清算价值的价值量不相等。（　　）

（3）重置成本是在现时条件下重新购置与被评估车辆相同或相近的全新车辆所需的成本。（　　）

（4）一般来说，待评估车辆的重置成本是其评估价值的最大可能值。（　　）

（5）重置成本是全新车辆的最低价值。（　　）

（6）属于企业产权变动的咨询类评估业务，其重置成本全价应把间接成本忽略不评。（　　）

（7）应用市场价值比较法来评估二手车价值时，该市场必须是公平和有效的市场。（　　）

（8）拍卖市场上的二手车价值也是公平市价。（　　）

（9）市场价值比较法对于市场上只有唯一一辆参照车辆的情况也是适用的。（　　）

（10）所谓有效的市场就是市场提供的所有信息都是真实可靠的，与交易活跃不活跃无关。（　　）

三、问答题

（1）二手车评估方法有哪些？各有何特点？

（2）二手车成新率有哪些计算方法？各有何特点？

（3）现行市价评估法适用范围有哪些？影响因素有哪些？

（4）举例分析，用现行市价法评估一辆二手车。

（5）收益现值评估法适用范围有哪些？影响因素有哪些？

（6）举例分析，用收益现值法评估一辆二手车。

（7）重置成本评估法适用范围有哪些？影响因素有哪些？

（8）举例分析，用重置成本法评估一辆二手车。

（9）清算价值评估法适用范围有哪些？影响因素有哪些？

（10）举例分析，用清算价值法评估一辆二手车。

项目四

评估方案及评估报告

4

教学目标

通过本项目的学习，掌握撰写二手车评估报告的基本要求、基本内容及编写步骤。在车辆鉴定与评估后，能依据掌握的资料独立撰写出被评估车辆的评估报告。

能力要求

1. 会进行二手车鉴定评估作业方案设计。
2. 会撰写二手车评估报告。

项目导图

本项目设置两个学习任务，各个任务内容及相关知识学习导图如下：

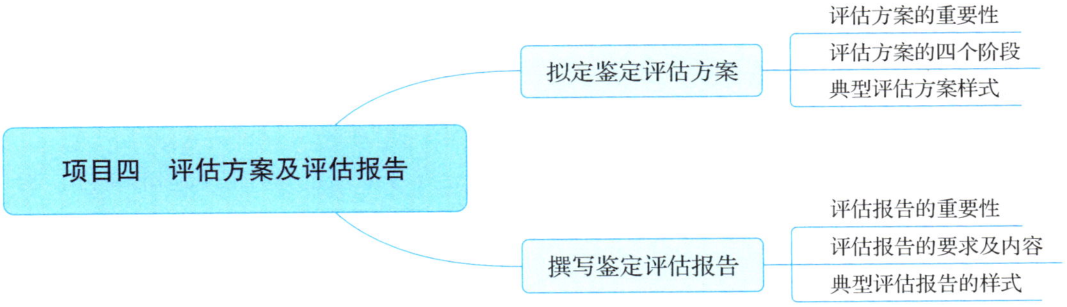

任务一 拟定鉴定评估方案

任务导入

某评估机构接受委托后，根据委托书的要求，首先需要拟定评估作业方案，然后依照作业方案开展工作。作为评估师，请拟定一份评估作业方案。

问题：在评估作业方案中应重点包含哪些内容？

相关知识

一、评估方案的重要性

鉴定评估方案是评估机构依据委托方要求而拟定的，并据此形成评估策划书，在策划书中应体现二手车鉴定评估的评估目的、评估对象、评估基准日、评估人员、评估计划、评估程序，以及采用的评估依据、评估方法、评估报告书交付日期及评估服务费等事宜。鉴定评估方案需委托方认可，并附有风险出现时双方利益的裁决方式。

鉴定评估方案可以在委托书签订之前，作为委托方考察及选择评估机构的条件；也可以在委托书签订之后，作为评估机构给委托方提供的评估实施方案。

二、评估方案的四个阶段

评估方案是针对本次评估工作设计的评估流程，一般包括前期准备、现场查勘、市场调研及价值估算、评估汇总和分析四个阶段。

1. 前期准备阶段

确定评估目的和评估对象，选定评估基准日。

（1）评估目的。

评估目的一般有交易、转籍、拍卖、置换、抵押、担保、咨询、司法裁决等。本次评估目的是为某某拟转让（或其他目的）的车辆提供价值参考依据。

（2）评估对象。

评估对象为被评估车辆，应记录车牌号及车型，同时注明是私家车还是单位用车。评估对象为多辆车时，应详细填写被评估车辆信息。

（3）评估基准日。

评估基准日是指本项目的鉴定评估开始日期。评估基准日由双方商量确定。评估中的一切取价标准均为评估基准日有效的价值标准。

2. 现场查勘阶段

（1）确定现场查勘作业时间、地点及鉴定评估人员。

（2）根据委托评估的车辆，拟定勘察和鉴定相关数据信息表或车辆的技术状况检查表。

（3）根据委托目的，提供鉴定依据和方法。

（4）对于单位用车，需要对《固定资产（车辆）清查评估明细表》中所列内容进行核对，如查阅车辆有关会计账簿、行驶证等资料，核对其相关产权，确定其产权归属。做到账实相符，同时收集资产评估所需的各种文件资料。固定资产（车辆）清查评估明细表见表4-1。

表4-1 固定资产（车辆）清查评估明细表

序号	车牌号	厂牌型号	生产厂家	计量单位	购置日期	启用日期	已行驶里程	账面价值		调整后账面价值		评估价值			增值率	备注
								原值	净值	原值	净值	原值	成新率	净值		
1																
2																

3. 市场调研及价值估算阶段

（1）拟定调研市场及预搜集相关价值的数据，拟定数据分析方法，为确定参照物做好充分准备。

（2）拟定成新率计算方法，为委托方提供成新率计算依据。

（3）拟定估值方法，为委托方提供估值依据。

（4）为委托方提供预计影响因素，以及数值调整分析情况。

4. 评估汇总和分析阶段

（1）核实并确认资产项目评估结果准确性、合理性，评估对象应无重复和遗漏情况。

（2）根据对资产的初步评估结果，编制资产评估结果明细表和分类汇总表。

（3）向委托方汇报评估结果及分析情况。

（4）核实资产评估数据，以及对资产评估结果进行调整、修改和完善。

（5）撰写评估说明及资产评估报告。

三、典型评估方案样式

不同的地区或不同的评估机构，其二手车鉴定评估作业方案形式有所不同，但基本内容是一样的。常见二手车鉴定评估作业方案样式见表 4－2。

表 4－2　常见二手车鉴定评估作业方案样式

二手车鉴定评估作业方案

一、委托方与车辆所有方简介

委托方田××

委托方联系人田××，联系电话 133××××××××

二、评估目的

根据委托方的要求，本项目评估目的（在□处填√）：

√交易　□转籍　□拍卖　□置换　□抵押　□担保　□咨询　□司法裁决

三、评估对象

评估车辆的厂牌型号：（×××）；号牌号码：（×××）。

四、鉴定评估基准日

鉴定评估基准日：　　　　年　　　月　　　日。

五、拟定评估方法（在□处填√）

√重置成本法　□现行市价法　□收益现值法　□其他

六、拟定评估人员

负责评估师：张××

协助评估人员：杨××

七、现场工作计划

负责评估师组织相关人员，于　　　　年　　　月　　　日 8：00 前，参照各项工作的参考时间，完成下列工作。

（1）证件核对：20 分钟。

（2）鉴定二手车现时技术状况。静态检查与动态检查：30 分钟；仪器设置检查；送×××检测站：2 小时。

（3）车辆拍照：10 分钟。

（4）评定估算：2 小时。

（5）撰写评估报告：2 小时。

八、评估作业程序

按照接受委托、验证、现场查勘、评定估算和提交报告的程序进行。

九、拟定提交评估报告时间

　　　　年　　　月　　　日

技能训练

学生自行或在老师带领下完成标的调研，参照案例中的示例拟一个鉴定评估方案。若条件有限，可以针对下列标的给出一个鉴定评估方案。

预鉴定评估标的：某迈腾 2.0 私家轿车，2015 年 7 月上牌，评估时间为实际时间，年均行驶 2 万 km，维护保养一般，没有发生过事故，车辆行驶性能正常。委托方要求评估拍卖并快速出售，请根据当地市场行情进行评估，给出拍卖底价，并给出该项目的鉴定评估方案。

任务二 撰写鉴定评估报告

任务导入

在上一任务的基础上，即根据已经完成的鉴定评估方案，实施鉴定评估工作，并完成评估报告书。作为评估师，请认真完成委托车辆的鉴定评估工作。

问题：评估报告中应包含哪些内容？

相关知识

一、评估报告的重要性

二手车评估报告是按照评估工作制度的规定，在评估工作后向委托方和有关方面提交的说明车辆评估过程和结果的书面报告，也是评估师向委托方传达评估调查、分析工作及评估结论的重要文件，同时也是行业管理委员会判断评估师是否按评估操作规范进行执业的依据，而且它也确定了评估机构或评估师对所鉴定评估结果应负的法律责任。二手车评估报告具有以下作用：

（1）为被委托的车辆提供作价意见。二手车评估报告是经具有汽车评估资格的机构根据委托评估的车辆的状况，由专业的二手车评估师遵循评估的原则和标准，按照法定的程序，运用科学的方法对被委托评估的车辆价值进行评估和估算后，通过报告的形式提出的作价意见。该作价意见不代表任何当事人一方的利益，而是一种专家估价意见，具有较强的公正性和科学性，因而成为被委托评估车辆作价的参考依据。

（2）二手车评估报告是反映和体现评估工作情况，明确委托方、受托方及有关方面责任的根据，采用文字的形式对受托方进行汽车评估的目的、背景、产权、依据、程序、方法等过程和评定的结果进行说明和总结，体现了评估机构的工作成果。同时，汽车鉴定评估报告也反映和体现了受委托的汽车评估机构与鉴定评估师的权利和义务，并以此来明确委托方和受托方的法律责任。在汽车现场评估工作完成后，评估机构和人员就要根据现场工作取得的有关资料和数据，撰写评估结果报告书，向委托方报告。负责评估的汽车评估师也同时在报告书上行使签字的权利，并提出报告使用的范围及有效条件等具体条款。当然，汽车评估报告书也是评估机构履行评估协议和向委托方或有关方面收取评估费用的依据。

（3）对二手车评估报告进行审核，是管理部门完善汽车评估管理的重要手段。二手车评估报告是反映评估机构和二手车评估师职业道德、职业能力水平、评估质量和机构内部管理机制完善程度的重要依据。有关管理部门通过审核二手车评估报告，可以有效地对评估机构的业务开展情况进行监督和管理，对评估工作中出现的不足加以完善。

（4）二手车评估报告是建立评估档案和归集评估档案资料的重要信息来源。二手车评估机构和评估师在完成评估任务后，都必须按照档案管理的有关规定，将评估过程收集的资料、工作记录以及评估过程的有关工作底稿进行归档，以便进行评估档案的管理和使用。由于二手车评估报告是对整个评估过程的工作总结，其内容包括评估过程的各个具体环节和各有关资料的收集和记录，所以，不仅评估书的底稿是评估档案归集的主要内容，而且在撰写二手车评估报告的过程中采用的各种数据、依据及工作底稿等都是二手车评估档案的重要信息来源。

二、评估报告的要求及内容

1. 基本要求

（1）二手车鉴定评估机构必须依照客观、公正、实事求是的原则，独立撰写鉴定评估报告，并如实反映鉴定评估的实际情况。

（2）报告中应有委托单位（或个人）的名称、二手车鉴定评估机构的名称和印章、二手车鉴定评估机构的法人代表或其委托人和二手车鉴定评估师的签字，以及提供报告的日期。

（3）报告中要写明评估基准日，并且不得随意更改。所有在估价中采用的税率、费率、利率和其他价值标准，均应采用基准日的标准。

（4）报告中应写明估价的目的、范围、二手车的状态和产权归属。

（5）报告中应简述鉴定评估的过程，写明评估的方法。

（6）报告中应有明确的鉴定估算的结果，以及二手车的成新率、原值、重置价值、评估价值等。

（7）鉴定估价报告应齐全并包含附件。

2. 主要内容

目前，二手车鉴定评估报告没有统一样式，一般包括封面、目录、绪言、鉴定评估目的、鉴定评估对象、评估原则和依据、评估过程及特别事项说明等内容。

（1）封面。

封面应有标题和报告书序号。报告书序号应符合公文的要求，包括评估机构特征字、公文种类特征字、年份、文件序号等。

（2）目录。

将报告中以一级标题出现的内容，按页码顺序体现出来，方便核查。

（3）绪言。

写明甲、乙双方全称，即委托方和受托方全称；对评估事项及评估工作的整体情况进行摘要说明。

（4）委托方与车辆所有方简介。

在报告中应写明委托方，委托方联系人的名称、联系电话及住址，以及车主的名称。

（5）鉴定评估目的。

应写明本次鉴定评估是为了满足委托方的何种需要及其所对应的经济行为类型。

（6）鉴定评估对象。

需简要写明车辆的厂牌型号、车牌号码、发动机号、车辆识别代号/车架号、注册登记日期、登记证书编号、年审检验合格有效日期、公路规费交至日期、车辆购置税证号码、车船使用税缴纳有效期。

（7）鉴定评估基准日。

写明车辆鉴定评估基准日的具体日期，式样为：鉴定评估基准日是××××年××月××日。

（8）评估原则和依据。

鉴定评估过程严格遵循“客观性、独立性、公正性、科学性”的原则。评估依据一般包括行为依据、法律法规依据、产权依据和评定及取价依据，与本次鉴定评估项目相关的依据要全部写出。

1）行为依据。行为依据是指二手车鉴定评估委托书、法院的委托书等经济行为文件。

2）法律法规依据。法律法规依据包括车辆鉴定评估的有关条款、文件及涉及车辆评估的有关法律、法规等。

3）产权依据。产权依据是指被评估车辆的机动车登记证书或其他能够证明车辆产权的文件等。

4）评定及取价依据。评定及取价依据为鉴定评估机构收集的国家有关部门发布的统计资料和技术标准资料，以及评估机构收集的有关询价资料和参数资料等。

（9）评估过程。

简要说明评估人员在评估过程中所选择并使用的评估方法；简要说明选择评估方法的依据或原因；如评估时采用一种以上的评估方法，应适当说明原因并说明该资产评估价值的确定方法；对于所选择的特殊评估方法，应适当介绍其原理与适用范围；简要说明各种评估方法的主要计算步骤等。给出被评估车辆的评估价值、金额，要求数字有大小写。

（10）特别事项说明。

鉴定评估人员认为需要说明的其他问题，如非评估人员职业水平和能力所能评定估算的有关事项，应提示评估报告使用者注意，以及评估报告的法律效力等。常见写法如下：

1）本项评估结论有效期为 90 天，自评估基准日至××××年××月××日止。

2）当评估目的在有效期内实现时，本评估结果可以作为交易价参考依据；超过 90 天，需重新评估。另外，在评估报告的有效期内若被评估车辆的市场价值发生变化或因交通事故等原因导致车辆的价值发生变化，对车辆评估结果产生明显影响时，委托方也需重新委托评估机构进行评估。

3）鉴定评估报告的使用权归委托方所有，其评估结论仅供委托方为本项目评估目的使用或送交二手车鉴定评估主管机关审查使用，不适用于其他目的。因使用本报告不当而产生的任何后果与签署本报告的鉴定评估师无关。未经委托方许可，本鉴定评估机构承诺不将本报告的内容向他人提供或公开。

（11）签字及盖章。

在报告的最后，应写明出具评估报告的评估机构名称并盖章，写明评估机构法定代表人姓名并签字，鉴定评估师盖章并签字，高级鉴定评估师审核签章，注明报告日期。

3. 附件说明

附件是报告不可缺少的部分，是本次鉴定评估项目涉及的佐证资料，如原件、复印件或证明文件等。二手车鉴定评估报告的附件一般有委托书、协议书或合同，二手车鉴定评估作业表，车辆行驶证、车辆购置税及车辆登记证书复印件，车辆产权证明原件或复印件，二手车鉴定评估师资格证书复印件，鉴定评估机构营业执照复印件，鉴定评估机构资质复印件，评估车辆全貌照片及主要的细目照片等。

三、典型评估报告的样式

评估报告应实事求是，切勿虚假报告。报告制作人应该是参与鉴定评估的人员，并且是主要鉴定人员。报告内容要前后一致，切忌前后矛盾。提交报告要及时、齐全。评估报告目前没有统一格式，仅在《技术规范》中给出了示范文本。

评估报告通常包括二手车鉴定评估作业表、二手车技术状况表、二手车鉴定评估委托书、二手车鉴定评估报告及附件（佐证资料或复印件）等部分，要求各部分内容准确、完整、信息一致。

二手车鉴定评估作业表（示范文本）、二手车技术状况表（示范文本）、二手车鉴定评估委托书（示范文本）、二手车鉴定评估报告（示范文本）请参考本书附录二。

技能训练

老师为学生提供实训车辆，现场安排人员模拟委托方和被委托方，对车辆进行现场评估并完成评估报告。要求：（1）签订委托书；（2）填写车辆鉴定作业表；（3）填写车辆技术状况表；（4）完成评估报告。

项目总结

1. 二手车鉴定评估作业方案是保证鉴定评估能否顺利进行的前提，拟定的内容应尽量详细而准确。

2. 二手车鉴定评估作业方案拟定需要四个阶段：前期准备阶段、现场查勘阶段、市场调研及价值估算阶段、评估汇总和分析阶段。

3. 在实际应用过程中，委托书、车辆鉴定作业表、车辆技术状况表及评估报告的样式可参照《技术规范》中给出的示范文本。

4. 二手车评估报告应完整准确，其是评估过程和结果的书面形式，是评估工作的重要文件，因此，具有法律效力。

思考与练习

一、选择题

（1）《技术规范》规定评估报告的有效期为（　　）。

A. 8 个月　　B. 90 天　　C. 1 年　　D. 200 天

（2）二手车鉴定评估以（　　）为基础。

A. 车内鉴定　　B. 排放鉴定　　C. 外观鉴定　　D. 技术鉴定

（3）由于二手车技术状况和市场价值都随时间变化而变动，所以（　　）是非常重要的参数。

A. 评估基准日　　B. 检验日期　　C. 车辆的出厂日期　　D. 初次注册登记日

（4）二手车鉴定评估的依据有（　　）。

A. 立法依据、行为依据、产权依据、取价依据

B. 行为依据、法律法规依据、产权依据、目的依据

C. 立法依据、目的依据、行为依据、产权依据

D. 行为依据，法律法规依据、产权依据、取价依据

(5) 二手车产权依据是（　　）。

A. 车牌号　　B. 机动车登记证　　C. 行驶证　　D. 税费登记证

(6) 评估方案是对评估工作设计的评估流程，一般包括（　　）四个阶段。

A. 查找依据、现场查勘、市场调研和估算、撰写报告

B. 前期准备、现场查勘、市场调研和估算、评估汇总和分析

C. 前期准备、现场查勘、估算价值、撰写报告

D. 查找依据、现场查勘、撰写报告、评估汇总和分析

(7) 二手车鉴定评估依据不仅有评估委托书、法院的委托书等行为文件，还有（　　）。

A. 评定及取价依据　B. 产权依据　　C. 法律法规　　D. 以上都包括

(8) 在报告书最后应由（　　）审核签章，注明报告日期。

A. 鉴定评估师　　B. 高级鉴定评估师　C. 机构法人　　D. 会计师

(9) 二手车技术状况表必须由（　　）完成并签章。

A. 鉴定评估师　　B. 高级鉴定评估师

C. 鉴定评估师或会计师　　D. A 或 B

(10) 二手车鉴定评估报告佐证资料有委托书和车辆技术状况鉴定表，还有（　　）。

A. 车辆行驶证复印件　　B. 机动车登记证书复印件

C. 被鉴定评估车照片及损伤细目照片　　D. 以上均包括

二、判断题

(1) 评估报告是评估师在完成鉴定评估工作以后，向委托方提供鉴定评估工作的总结。（　　）

(2) 评估报告是评估师向委托方传达评估调查、分析工作及评估结论的重要文件。（　　）

(3) 评估报告中不必对评估的原因做出说明。（　　）

(4) 评估基准日是评估报告中一个不重要的参数。（　　）

(5) 评估基准日是评估师在评估鉴定车辆和选取市场价值标准时所依据的基准时间。（　　）

(6) 鉴定评估方案是评估机构依据委托方要求而制订的，并要据此形成评估策划书。（　　）

(7) 评估机构必须在委托书签订之后，给委托方提供鉴定评估方案。(　　)

(8) 评估报告是报告制作人按委托方要求和意愿拟定的车辆价值结论。(　　)

(9) 在评估报告的最后，评估机构法人应审核签章。(　　)

(10) 二手车技术状况表必须由鉴定评估师或高级鉴定评估师完成并签章。(　　)

三、简答题

(1) 简述评估方案的重要性。

(2) 简述二手车评估报告的重要性。

(3) 简述评估方案的各个阶段。

(4) 拟定一份二手车评估方案。

(5) 二手车评估报告的基本要求有哪些?

(6) 二手车评估报告的编写步骤有哪些?

(7) 二手车评估依据有哪些?

(8) 举例并完成一份二手车鉴定评估委托书。

(9) 举例并完成一份二手车鉴定评估作业表。

(10) 举例并完成一份二手车技术状况表。

项目五

交易流程及收售价确定

教学目标

通过本项目的学习，掌握二手车直接交易、经销交易及拍卖交易的标准程序及二手车转籍过户的程序；能够正确分析影响二手车收购定价和销售定价的影响因素；能够选择合适的定价方法与计算方法，确定不同类型二手车的收购价值与销售价值。

能力要求

1. 能够引导客户办理二手车交易及产权转移。
2. 能够选择合适的收购定价方法，并独立确定二手车的收购价。
3. 能够选择合适的销售定价方法，并独立确定二手车的销售价。

项目导图

本项目设置两个学习任务，各个任务内容及相关知识学习导图如下：

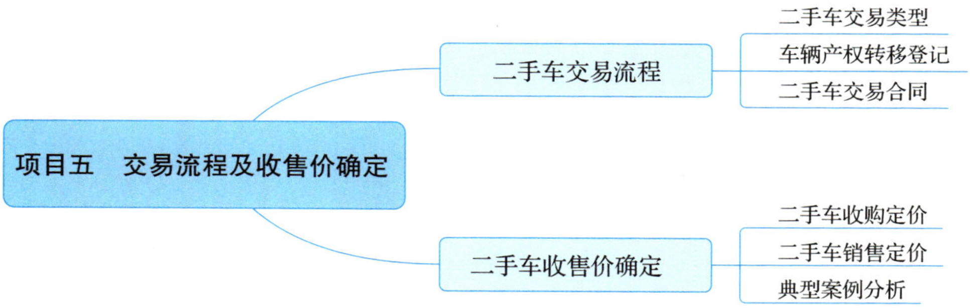

任务一　二手车交易流程

任务导入

王女士在沈阳某二手车市场选择了一辆使用 3 年、行驶 4 万 km 的宝来车，与车主协商后，准备办理过户。

问题：王女士需要注意哪些问题？办理过户的流程有哪些？

相关知识

一、二手车交易类型

二手车交易是一种产权交易，是实现二手车所有权从卖方到买方的转移过程。二手车可以在任何身份的人群中交易。根据二手车买卖双方身份不同，二手车交易有个人对个人交易、个人对单位交易、单位对个人交易、单位对单位交易等形式。

二手车必须完成所有权转移登记（即过户）才算是合法、完整的交易。根据《二手车流通管理办法》的规定，二手车交易有直接交易、中介经营、二手车置换 3 种类型。

二手车交易不像一般商品交易那么简单，需要遵守相关的政策规定，按照一定的交易程序进行，这样才能保障买卖双方的利益。任何交易类型，都必须办理过户相关手续，实现车辆所有权变更。目前，我国没有统一的二手车交易程序标准，各地二手车交易市场的二手车交易程序可能有差异，但主要程序是基本相同的。

1. 直接交易

二手车直接交易是指二手车所有人不通过经销企业、拍卖企业和经纪机构将车辆直接出售给买方的交易行为。交易可以在二手车交易市场内进行，也可以在市场外进行。交易流程如图 5－1 所示。二手车个人直接交易和通过二手车经纪机构进行的二手车交易，卖方不能直接给买方开具二手车销售统一发票。根据《二手车流通管理办法》的规定，买卖双方达成交易意向后应当到二手车交易市场办理过户业务，由二手车交易市场经营者按规定向买方开具税务机关监制的统一发票——二手车销售统一发票（发票上必须盖有工商验证章才有效），以便办理车辆相关证件及手续的变更。

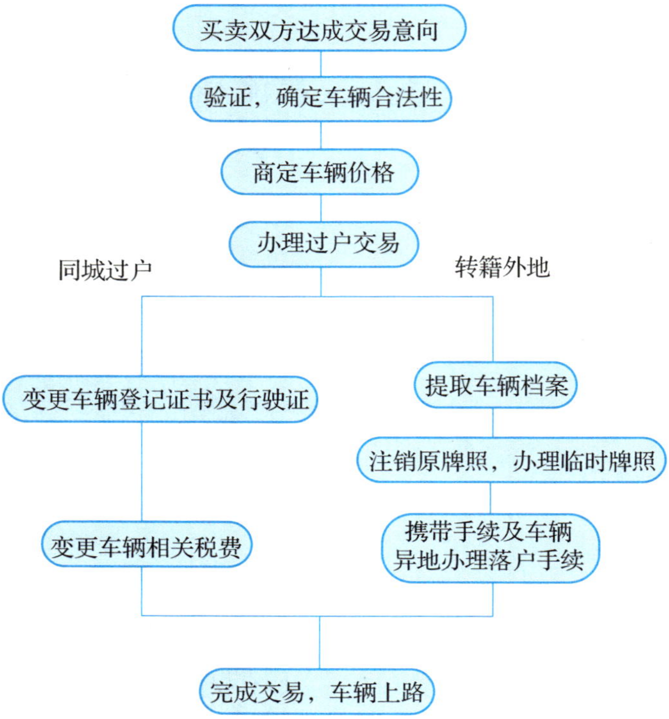

图 5-1　二手车直接交易流程

（1）买卖双方达成交易意向。买卖双方达成交易意向是指买卖双方已就二手车交易谈妥了相关条件（如成交价），达成了成交愿望。交易意向的达成是买卖双方的一个谈判过程，一旦谈妥就可以进入办理交易过户的相关手续，完成交易。

（2）车辆评估。《二手车流通管理办法》规定，交易二手车时，除属国有资产的二手车外，二手车鉴定评估应本着买卖双方自愿的原则，不得强制执行，更不能以此为依据强制收取评估费。

（3）办理过户业务。

（4）办理机动车行驶证，机动车登记证书变更。

（5）办理其他税、证变更。

（6）完成交易，车辆上路。

2. 中介经营

中介经营是指二手车买卖双方通过中介方的帮助而实现交易，中介方收取约定佣金的一种交易行为。中介经营包括二手车经纪、二手车拍卖、二手车典当等。

（1）二手车经纪。

二手车经纪是指二手车经纪机构以收取佣金为目的，为促成他人交易二手车而从事居间、经纪或者代理等经营活动。

（2）二手车拍卖。

二手车拍卖是指二手车拍卖企业以公开竞价的形式将二手车转让给最高应价者的经营活动。

（3）二手车典当。

二手车典当是指二手车所有人将其拥有的、具有合法手续的车辆质押给典当公司，典当公司支付典当当金，封存质押车辆，双方约定在一定期限内由出典人（二手车所有人）结清典当本息、赎回车辆的一种贷款行为。典当时二手车所有人须持合法有效的手续到典当行办理典当手续，由典当行工作人员和车主当面查验，填写《机动车抵押/注销抵押登记申请表》，此申请表必须交到车辆管理所备案，然后封入典当公司的专业车辆库房。如果到约定的赎回期限二手车所有人不赎回车辆，则典当行就可以依据协议对车辆进行处置。

根据《二手车流通管理办法》的规定，二手车拍卖企业能够直接给买受人开具二手车销售统一发票。拍卖会结束后，买受人和拍卖企业签订成交确认书（相当于二手车交易合同）并交款，得到二手车销售统一发票，凭成交确认书到指定地点提车，然后携带发票和要求的证件到相关部门办理车辆相关证件及手续的变更，拍卖交易流程如图 5-2 所示。有些拍卖企业虽然有二手车拍卖业务，但没有开具二手车销售统一发票的资格，此时，在交款后需要到指定的二手车交易市场办理相关过户手续，由市场按规定开具二手车销售统一发票。

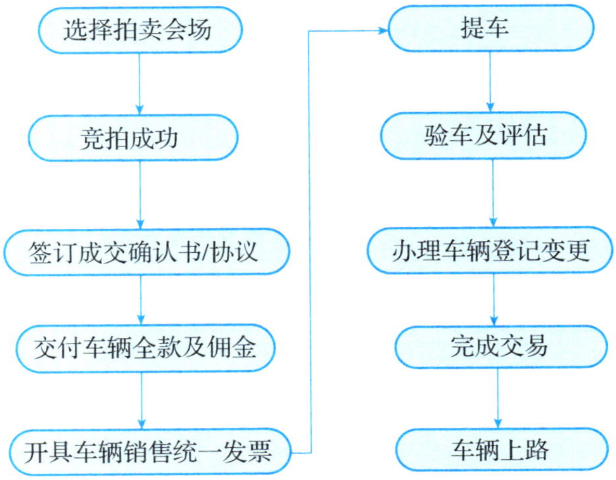

图 5-2　二手车拍卖交易流程

有关车辆的合法性手续，二手车拍卖企业在接受拍卖委托时已经查验过，可以通过二手车拍卖成交确认书予以保证。

3. 二手车置换

（1）汽车置换的定义。

汽车置换就是以旧换新业务。经销商通过二手商品的收购与新商品的对等销售获取利益。目前，置换业务在很多国家和地区都已成为流行的销售方式。二手车置换业务已经由最初的同品牌置换发展到不同品牌之间置换，汽车销售企业对置换的汽车经过一定的检测、维修后，作为一辆认证二手车卖给消费者。随着我国汽车产业的快速发展，汽车保有量越来越多，同时人们对汽车的需求也越来越多样化，汽车置换作为汽车交易的一种方式，已逐渐显示出其优越性和调节汽车流通的重要作用。

（2）汽车置换的服务程序。

汽车置换包括旧车出售和新车购买两个环节。不同的汽车置换授权经销商对汽车置换流程的规定不完全一样。国内一般汽车置换流程如图 5－3 所示。

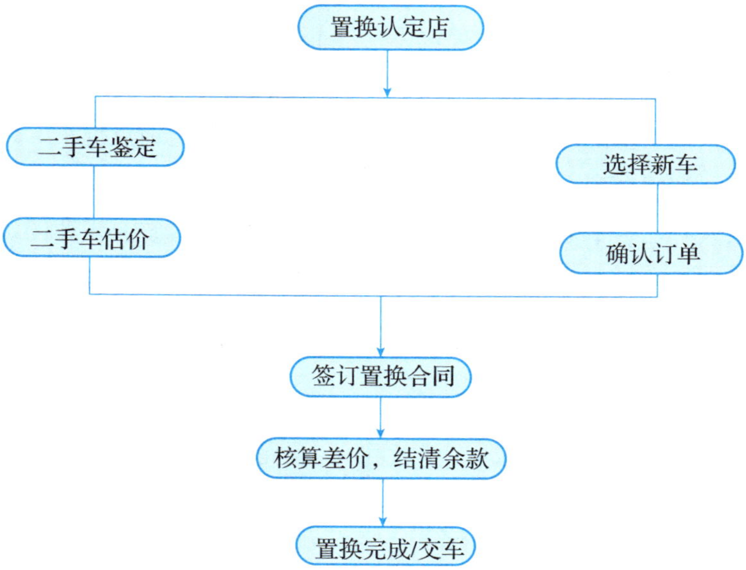

图 5－3　二手车置换交易流程

1）顾客通过电话或直接到汽车置换授权经销商处进行咨询，也可以登录汽车置换授权经销商的网站进行置换登记。

2）汽车评估定价。

3）汽车置换授权经销商销售顾问陪同选择新车。

4）签订旧车购销协议以及置换协议。

5）置换旧车的钱款直接冲抵新车的车款，顾客补足新车差价后，办理提车手续，或由汽车置换授权经销商的销售顾问协助在指定的经销商处提取所订购车辆，汽车置换授权经销商提供一条龙服务。

6）顾客如需贷款购新车，则置换旧车的钱款作为新车的首付款，汽车置换授权经销商为顾客办理购车贷款手续，建立提供因汽车消费信贷所产生的资信管理服务，并建立个人资信数据库。

7）汽车置换授权经销商办理旧车过户手续，顾客提供必要的协助和材料。

8）汽车置换授权经销商为顾客提供全程后续服务。

在汽车置换中，新车可选择仍使用原车牌照，或上新牌照，购买新车需交钱款为新车价格减旧车评估价格，如果旧车贷款尚未还清，可由经销商垫付还清贷款，款项计入新车需交钱款。

（3）汽车置换模式。

1）用本厂旧车置换新车（即以旧换新）。如厂家为“一汽大众”，车主可将旧捷达车折价卖给一汽大众的零售店，再买一辆新宝来。

2）用本品牌旧车置换新车。如品牌为“大众”，假设拥有一辆旧捷达的车主看上了帕萨特，那么他可以在任何一家“大众”的零售店里置换到一辆喜欢的帕萨特汽车。

3）只要购买本厂或本厂家的新车，置换的旧车不限品牌，国外基本采用这种汽车置换的方式。上海通用汽车诚新二手车开展的就是这种汽车置换模式，消费者可以用各种品牌的二手车置换别克品牌的新车。

如果考虑买车人的选择余地和便利程度，当然是第3种方式最佳。不过，这种方式对厂商和经销商而言非常具有挑战性。这是因为有的车主一般既不一直在指定维修点维护修理，也不保留车辆的维修档案，车况极不透明；不同品牌、不同型号的车在技术和零部件上千差万别；对于已经停产的车型，更换零部件将越来越麻烦。

此外，我国还出现了委托寄卖等新置换模式。委托寄卖主要分为：自行定价型，即由消费者自行定价，委托商家代卖，等到成交后再支付佣金；二次付款型，即由商家先行支付部分费用，等到成交后再付余款，佣金以利润比例来定；周期寄卖型，即由商家向车主承诺交易周期，车价由双方共同确定，而佣金则以成交时间和成交金额双重标准来定。

车辆更新对于车主来说，是一个烦琐的过程，首先要到二手车市场把车卖掉，这其中要经历了解市场行情、咨询二手车价格、与二手车经纪公司讨价还价直至成交、办理各种手续和等待回款。等拿到钱后再到新车市场买车，又是一番周折。在生活节奏日益加快的今天，人们期盼一种便捷的以旧换新业务，能够在自由选择新车的同时，方便地处理旧车。因此，具有汽车置换资质的经销商作为中介的意义就显现出来。

（4）汽车置换服务的特点。

1）打破车型限制。与以往一些开展汽车置换的厂家或品牌专卖店不同，汽车置换授权经销商对所要置换的旧车以及选择购买的新车，都没有品牌及车型的限制，可以任意置换。汽车置换授权经销商采用汽车连锁超市的模式经营新车销售业务，连锁超市中经营的汽车品牌众多，可以满足消费者的不同需求，也可根据顾客的要求，到指定的经销商处为顾客购进指定的车辆，真正做到了无品牌限制的置换。

2）让利置换，旧车增值。汽车置换授权经销商将车辆置换作为顾客购买新车的一项增值服务，与顾客将旧车出售给二手车经纪公司不同，汽车置换授权经销商通常是以二手车交易市场二手车收购的最高价确定二手车价格，经双方认可后，置换二手车的钱款直接冲抵新车的价格。

汽车置换授权经销商有自己的二手车经纪公司，同时与二手车交易市场中的众多经纪公司保持联系，保证市场信息渠道的畅通，以及使所置换的旧车能够有快速的销路。车况较好的旧车，汽车置换授权经销商经过整修后，补充到租赁车队中投放低端租车市场，用租赁收入弥补旧车的增值部分后，到二手车市场处置；或者发挥汽车置换授权经销商租车网络优势，租赁运营。

3）“全程一对一”的置换服务。汽车置换授权经销商提供的车辆置换服务是一种“全程一对一”的服务模式。由于汽车置换授权经销商的业务涉及汽车租赁、销售、汽车金融以及二手车经纪，因此顾客在汽车置换授权经销商选好置换的购车方式后，从旧车定价、过户手续，到新车的贷款、购买、保险、牌照等都由汽车置换授权经销商内部的专业人员完成，保证了效率和服务水准。

4）完善的售后服务。在汽车置换授权经销商通过置换购买的新车，汽车置换授权经销商将提供包括保险、救援、替换车、异地租车等服务在内的完善的售后服务。对于符合条件的顾客，汽车置换授权经销商还提供更加个性化的车辆保值回购计划，使顾客无须考虑再次更新时的车辆残值，安心使用车辆。

（5）置换车辆质量认证。

汽车置换中一个最重要、最容易引起争议的问题之一就是置换旧车的质量问题。和新车交易相比，二手车市场存在很多不透明的地方，二手车评估本身就比较复杂，加上二手车交易又是“一旦售出，后果自负”，所以在购买二手车的时候，大部分消费者并不信任卖家。为了保障交易双方权益、减少纠纷，汽车经销商需要对汽车进行质量认证。

经汽车厂商授权的汽车经销商将收上来的该品牌二手车进行一系列检测、维修之后，使该车成为经品牌认证的车辆，可以给予一定的质量担保和品质保证，这一过程统称为认证。目前，认证方案项目一般包括：合格的质量要求、严格的检测标准、质量改进保证、过户保证以及比照新车销售推出的送货方案，一些大公司开展的认证还包括提供与新车一样利率的购车贷款。通过认证，顾客和经销商双方都从中得到了实惠。首先顾客购买二手车的心态更加趋于平和，相应地，经销商也实现了认证车辆的溢价销售。其次，顾客不会遇到车刚到手就发生故障的情况，经销商也不必再面对恼怒顾客的投诉。如上汽通用的二手车认证有 106 项检验项目，一汽大众的二手车认证有 138 项检测项目等，通过筛选的二手车，经过整修，再进行检测，全部合格后才能获得公司的认证书。经认证的二手车出售后能获得一定时间的质量保证，在质保期间，如果车辆出现质量问题，客户可以在全国联网的品牌专业维修店获得免费修理和零配件更换。

二、办理车辆转移登记

1. 办理车辆转移登记的重要性

二手车交易后必须办理相关的证明文件和必要手续，根据买卖双方的住所是否在同一车辆管理所管辖区内，机动车产权转移登记手续可分为同一车辆管理所管辖区内的所有权转移登记（即同城转移登记）和不同车辆管理所管辖区的所有权转移登记（即异地转移登记）两种方式。

二手车同城转移登记手续应当在原车辆注册登记所在地公安交通管理部门办理。需要进行异地转移登记的，由车辆原属地公安交通管理部门办理车辆迁出手续，在接收地公安交通管理部门办理车辆迁入手续。

2. 办理转移登记所需手续

办理二手车同城交易和所有权转移登记时，根据买卖双方身份不同、二手车交易类型不同，办理转移登记时所需的手续和证件也不同，常见类型及条件见表 5－1。

表 5－1　常见类型及条件

序号	类型	所需条件
1	产权由个人转移给个人	（1）卖方个人身份证原件及复印件。 （2）买方个人身份证原件及复印件。 （3）车辆原始购置发票或交易发票原件及复印件。 （4）过户车辆的机动车登记证书原件及复印件。 （5）过户车辆的机动车行驶证原件及复印件。 （6）二手车买卖合同。 （7）外地户口需持暂住证。 （8）过户车辆到场。
2	产权由个人转移给单位	（1）卖方个人身份证原件及复印件。 （2）买方单位法人代码证原件及复印件（须在年检有效期之内）。 （3）车辆原始购置发票或上次交易过户发票原件及复印件。 （4）过户车辆的机动车登记证书原件及复印件。 （5）过户车辆的机动车行驶证原件及复印件。 （6）二手车买卖合同。 （7）过户车辆到场。

续表

序号	类型	所需条件
3	产权单位转移给个人	（1）卖方单位法人代码证原件及复印件（须在年检有效期之内）。 （2）买方个人身份证原件及复印件。 （3）车辆原始购置发票或交易发票原件及复印件（或财务证明信）。 （4）卖方单位必须按实际成交价给买方开具成交发票（需复印）。 （5）过户车辆的机动车登记证书原件及复印件。 （6）过户车辆的机动车行驶证原件及复印件。 （7）二手车买卖合同。 （8）过户车辆到场。
4	产权由单位转移给单位	（1）卖方单位法人代码证原件及复印件（须在年检有效期之内）。 （2）买方单位法人代码证原件及复印件（须在年检有效期之内）。 （3）车辆原始购置发票或交易发票原件及复印件（或财务证明信）。 （4）卖方单位必须按实际成交价给买方开具成交发票（需复印）。 （5）过户车辆的机动车登记证书原件及复印件。 （6）过户车辆的机动车行驶证原件及复印件。 （7）二手车买卖合同。 （8）过户车辆到场。

三、二手车交易合同

1. 二手车交易合同类型

二手车交易合同是指二手车经营公司、经纪公司与法人、其他组织和自然人相互之间为实现二手车交易的目的，明确相互权利义务关系所订立的协议。订立交易合同时必须遵守合法原则、平等互利原则、协商一致原则。

二手车交易合同按当事人在合同中处于出让、受让或居间中介等不同情况，可分为二手车买卖合同、二手车居间合同及置换合同 3 种。

2. 交易合同的一般内容

二手车交易合同中需要注明合同的主体、客体，履行期限、地点和方式，违约责任事项，合同变更和解除事项，纠纷处理方式以及其他条款内容等。

（1）主体。

二手车交易合同的主体是指为了实现二手车交易目的，以自己名义签订交易合同，享有合同权利、承担合同义务的组织和个人。

（2）客体。

二手车交易合同的标的是被交易的二手车。在合同中必须注明客体的数量和质量，以及履行期限、地点和方式。

（3）违约责任。

违约责任是指交易合同一方或双方当事人由于自己的过错造成合同不能履行或不能完

全履行，依照法律或合同约定必须承受的法律制裁。

1）违约责任的性质。一般有等价补偿和违约惩罚。凡是已给对方当事人造成财产损失的，就应当承担补偿责任，即为等价补偿。合同当事人违反合同的，无论这种违约是否已经给对方当事人造成财产损失，都要依照法律规定或合同约定，承担相应的违约责任，即为违约惩罚。

2）承担违约责任的条件。要有违约行为，要追究违约责任，必须有合同当事人不履行或不完全履行的违约行为。它可分为作为违约和不作为违约。

过错是指当事人违约行为主观上出于故意或过失。故意是指当事人应当预见自己的行为会产生一定的不良后果，但仍用积极的不作为或者消极的不作为希望或放任这种后果的发生。过失是指当事人对自己行为的不良后果应当预见或能够预见到，而由于疏忽大意没有预见到或虽已预见到但轻信可以避免，以致产生不良后果。

3）承担违约责任的方式。违约金是指合同当事人因过错不履行或不适当履行合同，依据法律规定或合同约定，支付给对方一定数额的货币。

赔偿金是指合同当事人一方过错违约给另一方当事人造成损失超过违约金数额时，由违约方当事人支付给对方当事人的一定数额的补偿货币。

继续履行是指合同违约方支付违约金、赔偿金后，应对方的要求，在对方指定或双方约定的期限内，继续完成没有履行的那部分合同义务。违约方在支付了违约金、赔偿金后，合同关系尚未终止，违约方有义务继续按约履行，最终实现合同目的。

（4）交易合同的变更和解除。

1）交易合同的变更，通常是指依法成立的交易合同尚未履行或未完全履行之前，当事人就其内容进行修改和补充而达成的协议。

交易合同的变更必须以有效成立的合同为对象，凡未成立或无效的合同，不存在变更问题。交易合同的变更是在原合同的基础上，达成一个或几个新的合同作为修正，以新协议代替原协议。所以，变更作为一种法律行为，使原合同的权利义务关系消灭，产生新的权利义务关系。

2）交易合同的解除，是指交易合同订立后，没有履行或没有完全履行以前，当事人依法提前终止合同。

允许变更或解除合同的条件是当事人双方经协商同意，并且不因此损害国家利益和社会公共利益；或者由于不可抗力致使合同的全部义务不能履行；或者由于另一方在合同约定的期限内没有履行合同。

（5）合同纠纷处理方式。

合同纠纷指合同当事人之间因对合同的履行状况及不履行的后果所发生的争议。我国合同纠纷的解决方式一般有协商解决、调解解决、仲裁和诉讼 4 种。

技能训练

建议学校根据实际情况，组织学生到二手车交易市场实地参观二手车交易流程，返校后完成实习报告。

任务二　二手车收售价确定

任务导入

明先生有一辆 2016 款大众宝来，车况较好，全车车漆无划痕，不需要维修，想在 4S 店置换一款大众迈腾 2.0 车。

问题：如果你是该 4S 店二手车部门评估师，如何确定该车收购价及销售价？

相关知识

一、二手车的收购定价

1. 影响收购价格的因素

二手车收购价格的确定是指被收购车辆手续齐全的前提下对车辆实体价格的确定。二手车收购价格的高低直接影响二手车经营者的利益，只有充分了解影响收购价格的因素，才能确定二手车的收购价，避免二手车收购风险。

（1）充分考虑车辆的二手车总体价值，即车辆实体的产品价格和各项手续的价格。

1）车辆实体的产品价格。除了用鉴定估价的方法评估车辆实体的产品价格外，还应根据经验结合目前市场行情综合评定。主要评定的项目包括：车身外观整齐程度、漆面质量如何等静态检查项目，以及发动机怠速声音、尾气排放情况等动态检查项目。另外，配置、装饰、改装等项目也很重要，包括有无 ABS、助力装置、真皮座椅、电动门窗、中控防盗锁、CD 音响等；有效的改装包括动力改装、悬架系统改装、音响改装、座椅及车内装饰改装等。

2）各项手续的价格。各项手续的价格主要包括：登记证、原始购车发票或交易过户票、行驶证、购置税本、车船使用费证明、车辆保险合同等。如果收购车辆的证件和规费凭证不全，就会影响收购价格，因为代办手续不但要耗费人工成本，而且可能造成转籍过户中意想不到的麻烦和许多难以解决的后续问题。

（2）了解二手车收购后应支出的费用。二手车收购除了支付车辆产品的货币以外，从收购到售出时限内，还要支出的费用有：保险费、日常维护费、停车费、收购支出的货币利息和其他管理费等。

（3）了解市场宏观环境的变化。要注意国家宏观政策、国家和地方法规的变化因素以及这些影响导致的车辆经济性贬值。如某车辆燃油消耗量较高，在实行公路养路费的环境中收购该车辆不会引起足够的注意。如果该车刚刚收购后不久，国家改征燃油附加税，则这辆车便会因为油耗量高、附加费用高而难以销售。很明显，收购这辆车不仅不能给公司带来经济效益，反而可能带来损失。

（4）了解市场微观环境的变化。这里所说的市场微观环境，主要指新车价格的变动以及新车型的上市对收购价格的影响。例如，千里马轿车降价后，旧车的保值率就降低了。另外，新款车型问世会挤压旧车型，旧车型的价格自然受影响。

（5）从经营的需要出发，不盲目收购。二手车经营者应根据库存车辆的多少提高或降低收购价格。例如，本期库存车辆减少、货源紧张时，应适当提高车辆收购价格，以补充货源，保证库存的稳定；反之，库存车辆多时，则应降低收购价格。另外一种情况是，某一车型出现断档情况，该车型的收购价格会提高。如某公司本期二手桑塔纳轿车销售一空，便会马上提高桑塔纳车型的收购价格；反之，如果某公司本期二手桑塔纳轿车销路不畅，库存积压显著，那么应降低桑塔纳轿车的收购价格，同时，库存桑塔纳轿车的销售价格也会降低。

（6）维护品牌知名度，做好售后服务。不同品牌的二手车，由于其品牌知名度和售后服务质量的不同，也会影响收购价格的制定。像一汽、上汽、东风、广本等，都是国内颇具实力的企业，其产品具有很高的品牌知名度，技术相对成熟，维修服务体系也很健全，二手车收购定价可以适当提高。

2. 收购定价方法及应用

二手车收购价格的确定是根据其特定的目的，在二手车鉴定评估价格的基础上，充分考虑市场的供求关系，对评估的价格做快速变现的特殊处理。按不同的原则有不同的方法。

（1）二手车收购价格的确定方法。

1）以现行市价法及重置成本法来确定收购价格。

由现行市价法、重置成本法对二手车进行鉴定估算产生的客观价格，再根据快速变现原则，估定一个折扣率，并以此确定二手车收购价格。如运用重置成本法估算某机动车辆价格为 10 万元，据市场销售情况，估定折扣率为 20%可出售，则该车辆收购价格为 8 万元。

2）以清算价值法来确定收购价格。

清算价值的特点是企业（或个人）由于破产或其他原因，要求在一定期限内将车辆变现，在企业清算之日预期出卖车辆可收回的快速变现价值。具体来说主要根据二手车技术状况，运用现行市价法估算其正常价格，再根据处置情况和变现要求，乘以一个折扣率，最后确定评估价格。

以清算价值的方法确定收购价格，由于顾客要求快速转卖变现，因此其收购估价大大低于二手车市场成交的同类型车辆的公平市价，一般来说也低于车辆现时状态客观的价格。

3）以快速折旧法来确定收购价。

根据车辆的价格，计算折旧额来确定收购价格。年折旧额的计算方法建议采用以下两种：年份数求和法和双倍余额递减折旧法。

（2）收购价方法的应用。

1）运用重置成本法。

运用重置成本法对二手车进行鉴定估价，然后根据快速变现的原则，估定一个折扣率，将被收购车辆的估算价格乘以 1 减折扣率的差，即得二手车的收购价格，用数学式表示为：

收购价格＝评估价格×(100%－折扣率)

折扣率是指车辆能够当即出售的清算价值与现行市场价值之比值。它的确定是经营者对市场销售情况的充分调查和了解凭经验估算的。

例如：某机动车辆运用重置成本法估算价格为 3 万元，根据市场销售情况，估定折扣率为 20%可当即出售，则该车辆收购价格为 2.4 万元。

2）运用现行市价法。

运用现行市价法确定二手车评估价格，根据市场销售情况确定折扣率，再根据上述办法计算收购价格，表达式同上式。

3）运用快速折旧法。

首先计算出二手车折旧总额或折旧率，然后确定重置成本全价及车辆需要维修换件的总费用，根据市场销售情况确定折扣率。二手车收购价数学式表示为：

公式一：

二手车收购估价＝(重置成本全价－折旧总额－维修费)×(100%－折扣率)

公式二：

二手车收购估价=[重置成本全价×(100%－折旧率)－维修费]×(100%－折扣率)

例如：某4S店二手车部门于2019年5月收购一辆新款捷达轿车，该车2017年5月注册登记，车辆使用年限为15年，评估师运用快速折旧法确定该车收购价。该车折旧率为24.9%，由于该车市场销售情况比较好，折扣率定10%，重置成本为7.5万元，车况较好，维修费忽略不计，该车收购估价=［重置成本全价×(100%－折旧率)－维修费]×(100%－折扣率)=［7.5×(100%－24.9%)－0]×(100%－10%)=5.069 25（万元)。

3. 收购技巧与风险防范

不论是个人购买二手车，还是开展二手车经营业务，都要详细了解即将收购的车辆及相关业务，为提高效益，有必要掌握收购技巧，提升风险防范意识。

（1）二手车收购技巧。

1）了解待购车辆的手续是否合法，转让人是否合法，车辆来历是否合法，包括机动车行驶证、卖方的身份证、机动车牌号等。机动车行驶证是机动车取得合法行驶权的凭证，是车辆的登记证明。每一辆在路上行驶的车都会在当地车管所进行登记注册，必要的时候可以致电车管所进行核实。通过检查卖方的身份证可以判定卖方是否对所卖机动车拥有使用权和支配权。看机动车牌号，主要看有无涂抹、更改的痕迹，应与行驶证上登记的号牌一致。车架号也应该与行驶证上登记的号码一致，车架号通常被刻在车身某个部位，检查其是否有更改的痕迹，以防盗抢车辆被购进，降低经营风险。

2）了解车辆转让原因。

3）查询未处理的违法记录。目前，市场上有的待售二手车存在交通违法记录未处理的情况，购买了此类车，就要为前任车主的交通违法行为埋单。可上网查询车辆是否有未处理的违法记录。

4）了解当期该款新车的市场售价。如果该车型停产，可参考其他同档次的新车的市场售价。

5）了解车辆保险的详细情况及剩余保期的长短。保险越全、保额越高、剩余保期越长，二手车价格通常越高。

6）了解车船税费缴付情况。

7）了解安全技术检验日期。新近检验合格的二手车，价格通常较高。

8）了解车辆配置。配置高且多的二手车，价格相对较高。

9）了解市场的保有量。市场保有量大，说明该车型比较走俏，至少维修起来比较方便，因此价格相对较高。

10）了解厂家信誉。如果一个厂家频繁地因为各种问题召回车辆，会导致信誉度下降，价格也会随之下降。

11）了解本地市场该车型现实价格。了解相关二手车网站的报价，了解待售车辆剩余的使用年限，确定相应收购价格。

12）认真检查车辆技术状况，发现车辆存在的问题，为收购价格谈判准备素材。

同一年限的车，技术状况不同，价格差异会很大。如一辆 6 万元左右的车，可以有 1～1.5 万元的差异。在收购二手车时，要做到认真观察、仔细检测，特别是车辆手续、来源、技术状况等不能有大的问题。

（2）风险防范措施。

1）了解新车型及新技术的应用。新车型大量应用了新技术，技术含量的提高会促使老车型贬值甚至被淘汰。从国内市场看，新车型投放速度明显加快，技术含量和配置也越来越高，如转向助力、安全气囊、ABS＋EBD、电子防盗、CD 音响都已成了标准配置。以一汽捷达为例，捷达自在国内生产以来经历了多次改款，虽然该车的生产平台未变，但是早期的捷达与现在的捷达在外观和配置上已不可同日而语。因此，二手车市场在收购旧车时应以最新款车的技术装备和价格作为参照，否则会给二手车收购带来一定的风险。

2）了解车市频繁降价的原因。在新车市场频繁降价、优惠促销的环境下，二手车经纪公司面临着很大的风险，出现损失只能自己承担。所以，在二手车收购中多是以某一款车目前在新车市场的开票价格来计算，而不会去考虑消费者买车时的价格。如果某一款车最近有降价的可能，二手车公司要考虑新车降价的风险，开价往往要比正常的收购价还要低一些。如果某一款车刚降完价，那么收购价就会稳定一段时期。为了减少车辆频繁降价的风险，规范市场、稳定价格成为当务之急。另外，采用二手车代卖的方式，一方面可从中收取一定的交易费，另一方面可以降低风险。

3）了解车龄与折旧速度的关系。从实际行情看，使用期限在 3 年以内的车辆折旧最高。使用 3 年的车辆往往要折旧到 40%～50%，其后几年进入相对稳定的低折旧期，接近 10 年时折旧又开始加快。所以，3 年以内的车的收购定价要考虑车辆的大幅折旧因素的影响。

4）了解排放标准对车辆价格的影响。汽车排放标准提高也加速了在用车辆的折旧和淘汰。越来越严格的排放标准将使老旧车型加速淘汰。因此，在确定二手车收购价格时应考虑车辆排放标准提高的影响。

5）准确掌握车辆技术状况。有的车虽然只开了两三年，但是机件的磨损已很严重，操作感较差。而有的车虽已开了五六年，但发动机的状况依然良好，各机件操作顺畅。不同的技术状况自然会影响二手车的收购价格。

6）了解车辆品牌知名度的影响。知名品牌的汽车因其市场保有量大、质量可靠而深受消费者的青睐。这些品牌的汽车在新车市场售价较为稳定，口碑好，所以在二手车市场认同率较高，贬值的程度自然要低于其他品牌。而一些知名度不高的品牌，市场的认同率低，贬值的程度也就高，在确定二手车收购价格时，应予以考虑。

7）了解车辆库存的影响。若二手车销售顺畅，求大于供，二手车经纪公司的库存急剧减少，商家为了保持正常的经营运转，维持一定的库存，可适当抬高收购价格。反之，在二手车销售低迷时，商家的库存积压，流通不畅，供大于求，商家的主要问题是消化库存，这个时期应压低收购价格，规避由于库存积压所带来的风险。

8）准确鉴定出二手车是否能合法收购。要防止收购偷盗车、伪劣拼装车，要防止收购伪造手续凭证、伪造车辆档案的车辆。一旦出现失误，不仅给公司带来风险和损失，更重要的是在社会上造成不良影响，从而损害公司的公众形象。

9）要密切关注国家有关二手车的政策与法规的变化。要能够根据已有的和即将颁布的国家有关二手车的政策与法规预测二手车价格的变动趋势，及时调整二手车的收购价格，使收购二手车的风险降到最低。

二、二手车销售定价

1. 影响销售价格的因素

二手车经营企业在确定销售价格时，不但要考虑产品成本、市场需求和竞争形势等因素，同时还要研究国家政策法规。二手车销售价格直接影响二手车经营者的利益，只有充分了解影响销售价格的因素，才能使二手车经营企业即获取最大利润，又能占领市场。

（1）成本因素。

产品成本是定价的基础和最低界限，二手车的销售价格如果不能保证成本，企业的经营活动就难以维持。二手车流通企业在确定销售价格时应分析价值、需求量、成本、销量、利润之间的关系，正确地估算成本，以作为定价的依据。另外，定价时还应考虑收购车辆的总成本费用。

（2）供求关系。

在市场经济中，产品的价格由买卖双方的相互作用来决定，以市场供求为前提，所以决定价格的基本因素有两个，即供给与需求。若供大于求，价格会下降；若供小于求，价格则会上升，这就是市场供求规律。供求关系是确定产品价格的一个重要前提。

对于二手车来说，其需求弹性较强，即二手车价格的上升（或下降）会引起需求量较大幅度的减少（增加）。因此，在二手车销售定价时，应该把价格定低一些，以薄利多销达到增加盈利、服务顾客的目的。

（3）竞争状况。

在产品供不应求时，企业可以自由地选择定价方式；而在供大于求时，竞争必然随之加剧。定价方式的选择只能被动地根据市场竞争的需要来进行。为了稳定维持自己的市场份额，二手车的销售定价要考虑本地区同行业竞争对手的定价状况，根据自己的市场地位和定价的目标，选择与竞争对手相同的价格，甚至低于竞争对手的价格进行定价。

（4）国家政策法令。

任何国家和地区对物价都实行适度的管理，只是在控制程度、范围、方式等方面存在着一定的差异，完全放开和完全控制的情况是没有的。一般而言，国家可以通过物价部门直接对企业定价进行干预，也可以通过财政、税收手段对企业定价实行间接影响。

2. 二手车销售定价目标

二手车销售定价的目标是指二手车流通企业通过制定价值水平，凭借价值产生的效用来达到预期目的。企业在定价以前，必须根据自身的内部和外部环境，制定出既不违背国家的方针政策，又能协调企业其他经营目标的价格。企业定价目标类型较多，二手车流通企业要根据所确立的市场观念和市场微观、宏观环境，确定销售定价目标。企业销售定价目标主要有两大类，即获取利润目标和占领市场目标。

（1）获取利润目标。

利润是考核和分析二手车流通企业营销好坏的一项综合性指标，是二手车流通企业最主要的资金来源。以利润为定价目标有 3 种具体形式：预期收益、最大利润和合理利润。

1）获取预期收益目标。预期收益目标是指二手车流通企业以预期利润（包括预交税金）为定价基点，并以利润加上商品的完全成本构成价格出售商品，从而获取预期收益的一种定价目标。预期收益目标有长期和短期之分，大多数企业都采用长期目标。预期收益高低的确定，应当考虑商品的质量与功能、同期的银行利率、消费者对价格的反应以及企业在同类企业中的地位和在市场竞争中的实力等因素。预期收益定得过高，企业会处于市场竞争的不利地位；定得过低，又会影响企业投资的回收。一般情况下，预期收益适中，则有可能获得长期稳定的收益。

2）获取最大利润目标。最大利润目标是指二手车流通企业在一定时期内，综合考虑各种因素后，以总收入减去总成本的最大差额为基点确定单位商品的价格，以取得最大利润的一种定价目标。最大利润是企业在一定时期内可能并准备实现的最大利润总额，而不是单位商品的最高价格，最高价格不一定能获取最大利润。当企业的产品在市场上处于绝对有利地位时，往往采取这种定价目标，它能够使企业在短期内获得高额利润。最大利润一般应以长期的总利润为目标，在个别时期，甚至允许以低于成本的价格出售，以便招徕顾客。

3）获取合理利润目标。合理利润目标是指二手车流通企业在补偿正常情况下的社会平均成本的基础上，适当地加上一定的利润作为商品价格，以获取正常情况下合理利润的一种定价目标。企业在自身力量不足、不能实行最大利润目标或预期收益目标时，往往采取这一定价目标。这种定价目标以稳定市场价格、避免不必要的竞争、获取长期利润为前提，因而商品价格适中，顾客乐于接受，政府积极鼓励。

（2）占领市场目标。

以市场占有率为定价目标是一种志存高远的选择方式。市场占有率是指一定时期内某二手车流通企业的销售量占当地细分市场销售总量的份额。市场占有率高意味着企业的竞争能力较强，说明企业对消费信息把握得较准确、充分。资料表明，企业利润与市场占有率正向相关，因而提高市场占有率是增加企业利润的有效途径。

由于企业所处的市场营销环境不同，自身条件与营销目标不同，企业定价目标也大相径庭。因此，二手车流通企业应在综合考虑市场环境、自身实力及经营目标的基础上，将利润目标和占领市场目标结合起来，兼顾企业的眼前利益与长远利益，来确定适当的定价目标。

3. 销售定价思路及方法

由于成本、需求和竞争是影响企业定价的最基本因素，产品成本决定了价格的最低限，产品本身的特点决定了需求状况，从而确定了价格的最高限。竞争者产品与价格又为定价提供了参考的基点，也因此形成了以成本、需求、竞争为导向的 3 个基本定价思路。思路是二手车流通企业采用什么定价方法的前提，为了在目标市场实现定价目标，给产品制定基本价格和浮动范围的技术思路。

（1）成本导向定价法。

成本导向定价法就是以产品总成本为基数，加上一定比例的利润，从而形成产品的单位销售价格。目前，成本导向定价法是二手车经营企业广泛采用的一种方法。

1）总成本。二手车总成本由固定成本费用、固定成本费用摊销率、变动成本费用组成。

固定成本费用是指在既定的经营目标内，不随收购车辆的变化而变动的成本费用。如分摊在这一经营项目的固定资产的折旧、管理费等项支出。

固定成本费用摊销率是指单位收购价值所包含的固定成本费用，即固定成本费用与收购车辆总价之比。

变动成本费用指收购车辆随收购价格和其他费用而相应变动的费用，主要包括车辆实体的价值、运输费、保险费、日常维护费、维修翻新费、资金占用的利息等。

2）利润。投资利润根据企业的投资总额、预期销量和投资回收期等因素来确定。在产品供不应求的情况下，或产品需求的价值弹性很小的细分市场中，利润具有一定的应用价值。

3）边际成本。边际成本是指每增加或减少单位产品成本所引起的总成本的增加或减少。采用边际成本定价法时，以单位产品的边际成本作为定价依据和可接受价格的最低界限。在价格高于边际成本的情况下，企业出售产品的收入除完全补偿变动成本外，尚可用来补偿一部分固定成本，甚至可能提供利润。在竞争激烈的市场中具有极大的定价灵活性，对于有效地应对竞争、开拓新市场、调节需求的季节差异、形成最优产品组合，可以发挥巨大的作用。

例如：某4S店收购一辆捷达CIF轿车，收购价格为4.40万元，预计3个月内完成销售。现在需要确定其销售价格。

(1) 固定成本费用摊销率的确定。按该4S店的固定成本构成情况分析，分摊在二手车销售环节的固定成本摊销率为1%。

(2) 变动成本的确定。

1) 该车收购价格为4.40万元。

2) 收购车辆时的运输费用合计为65元。

3) 从收购日起到预计的销售日，分摊在该车上的日常维护费用约400元。

4) 该车收购后，维修翻新费用合计3 200元。

5) 车辆存放期间，银行的活期存款利率为0.36%。

二手车的变动成本＝(收购价格＋运输费用＋维护费用＋维修翻新费用)×(1＋利率)

＝(44 000＋65＋400＋3 200)×(1＋0.36%)

＝47 837(元)

二手车的总成本费用＝收购价格×固定成本费用摊销率＋变动成本

＝44 000×1%＋47 837＝48 277(元)

(3) 确定销售价值。按成本加成定价法，本车型属于大众车型，市场保有量较大，且销售情况平稳。根据销售时日的市场行情，一般成本加成率在6%左右。因此该车的销售价格为：

二手车销售价格＝该车总成本×(1＋成本加成率)＝48 277×(1＋6%)

＝51 174(元)

(4) 综合分析。该4S店目前处于比较稳定的经营时期，二手车经销状况也比较稳定，故应以获取合理利润为目标，所以成本加成率不做调整，即仍取6%。该车不准备采用折扣定价策略，而上述计算结果中有精确的尾数，即采用尾数定价策略，也不再作调整。故该二手车的最终销售价格确定为51 174元。

（2）需求导向定价法。

需求导向定价是以消费者的认知价值、需求强度及对价格的承受能力为依据，以市场占有率、品牌形象和最终利润为目标，真正按照有效需求来定价。需求导向定价法又称顾客导向定价法，是二手车流通企业根据市场需求状况和消费者的不同反应分别确定产品价格的一种定价方式。其特点是：平均成本相同的同一产品的价格随需求变化而变化，一般是以该产品的历史价格为基础，根据市场需求变化情况，在一定的幅度内变动，因此，同一商品可以按两种或两种以上价格销售。这种差价可以因顾客的购买能力、对产品的需求情况、产品的型号和式样以及时间、地点等因素的不同而采用不同的形式。

（3）竞争导向定价法。

竞争导向定价是以企业所处的行业地位和竞争定位而制定价格的一种方法，是二手车流通企业根据市场竞争状况确定商品价值的一种定价方式。其特点是：价格与成本和需求不发生直接关系。它主要以竞争对手的价格为基础，并与竞争品价格保持一定的比例。即竞争品价格未变，即使产品成本或市场需求变动了，也应维持原价；竞争品价格变动，即使产品成本和市场需求未变，也要相应调整价格。

4. 销价调整策略与销售技巧

（1）销售定价策略。

二手车销售定价策略是指二手车流通企业根据市场中不同变化因素对二手车价格的影响程度采用不同的定价方法，制定出适合市场变化的二手车销售价格，进而实现定价目标的企业营销战术。为了实现定价目标，二手车流通企业还需要考虑国家的政策、用户的要求、产品的性价比、品牌价值及服务水平，应用各种灵活的定价战术对基本价格进行调整，同时将价格策略和其他营销策略结合起来，如针对不同消费心理的心理定价和让利促销时的各种折扣定价等，以确定最终的具体价格。

1）阶段定价策略。根据产品寿命周期各阶段不同的市场特征而采用不同的定价目标和对策。投入期以打开市场为主，成长期以获取目标利润为主，成熟期以保持市场份额、利润总量最大为主，衰退期以回笼资金为主。另外，还要兼顾不同时期的市场行情，相应修改销售价格。

2）心理定价策略。不同的消费者有不同的消费心理，有的着重经济实惠、物美价廉，有的注重名牌产品，有的注重产品的文化情感含量，有的追赶消费潮流。心理定价策略就是在补偿成本的基础上，按不同的需求心理确定价值水平和变价幅度。如尾数定价策略就是企业针对消费者的求廉心理，在二手车定价时有意定一个与整数有一定差额的价格，这是一种具有强烈刺激作用的心理定价策略。价格尾数的微小差别，能够明显影响消费者的购买行为，会给消费者一种经过精确计算的、最低价格的心理感觉，如某品牌的二手车标价 69 998 元，给人以便宜的感觉，认为只要不到 7 万元就能买一台质量不错的品牌二手车。

3）折扣定价策略。二手车流通企业在市场营销活动中，一般按照确定的目录价格或标价出售商品。但随着企业内外部环境的变化，为了促进销售者、顾客更多地销售和购买本企业的产品，往往根据交易数量、付款方式等条件的不同，在价格上给销售者和顾客一定的减让，这种生产者给销售者或消费者的一定程度的价格减让就是折扣。灵活运用折扣策略，可以鼓励需求、刺激购买，有利于企业搞活经营，提高经济效益。

（2）销售技巧。

不论是私人卖方、开展二手车经营业务的品牌汽车经销商、二手车专营店还是驻二手车市场的商家，都要对自己的车辆心中有数，对自己车辆的优势、劣势、独特的卖点要了然于胸。只有对车辆有一个客观、正确的评价，才能更好地与买家沟通；只有价格公道、合理，才容易成交。为了提高成交率，销售人员应当做到以下几点：

1）了解当期该款新车的市场售价（指在产车，若停产就要参考其他同档次的新车的市场售价）。

2）了解车辆保险的详细情况及剩余保险期的长短。保险越全、保额越高、剩余保期越长的二手车售价通常越高。

3）了解车船税费缴付情况。

4）了解安全技术检验日期。新近检验合格的二手车，价格通常较高。

5）了解车辆配置。配置高且多的二手车，价格相对较高。

6）了解市场的保有量。市场保有量大，说明该车型比较走俏，至少维修起来比较方便，因此价格相对较高。

7）了解厂家信誉。如果一个厂家频繁地因为各种问题召回车辆，会导致信誉度下降，价格也会随之下降。

8）了解本地市场该车型现实价格，了解相关二手车网站的报价。

9）了解待售车辆剩余的使用年限，以及车辆本身的技术状况，综合考虑后确定出售价格。

三、典型案例分析

某捷达轿车被二手车经销商收购后，又由经销商完成销售。经销商收购和销售的整个过程介绍如下。

1. 车辆信息及技术状况信息

车辆原始情况及鉴定情况汇总见表 5－2。

表 5-2　二手车鉴定估价登记表

<table>
<tr><td>车主</td><td>张××</td><td>所有权性质</td><td>私</td><td>联系电话</td><td colspan="2">××××××××</td></tr>
<tr><td>住址</td><td>沈阳市</td><td>经办人</td><td>李××</td><td>联系电话</td><td colspan="2">××××××××</td></tr>
<tr><td rowspan="3">原始情况</td><td>车辆名称</td><td>一汽捷达</td><td>型号</td><td>167GOD</td><td>生产厂家</td><td></td></tr>
<tr><td>结构特点</td><td>普通</td><td>发动机型号</td><td>ARCO12O7</td><td>车架号</td><td></td></tr>
<tr><td>载质量/座位数/排量</td><td>1.6L</td><td>燃料种类</td><td colspan="3">汽油</td></tr>
<tr><td rowspan="7">使用情况</td><td>初次登记日期</td><td>2015 年 8 月</td><td>牌照号</td><td>辽 A××××</td><td>车籍</td><td></td></tr>
<tr><td>已使用年限</td><td>4 年</td><td>累计行驶里程</td><td>8.1 万 km</td><td>工作性质</td><td></td></tr>
<tr><td rowspan="2">大修次数</td><td>发动机</td><td>/（次）</td><td rowspan="2">工作条件</td><td colspan="2" rowspan="2">一般</td></tr>
<tr><td>整车</td><td>/（次）</td></tr>
<tr><td>维修情况</td><td>好</td><td>现时状态</td><td colspan="3">在用</td></tr>
<tr><td>事故情况</td><td colspan="5">无</td></tr>
<tr><td>现时技术状况</td><td colspan="5">离合器有打滑现象，变速器挂挡有异响，转向系统低速有摆振现象，转向不灵敏</td></tr>
<tr><td rowspan="2">手续情况</td><td>证件</td><td colspan="5">养路费黄牌
标识遗失</td></tr>
<tr><td>税费</td><td colspan="5">齐全、有效</td></tr>
<tr><td colspan="2">车主报价/元</td><td>67 000</td><td>重置价/元</td><td>120 000</td><td>初估价/元</td><td>待定</td></tr>
</table>

2. 确定收购价

（1）评估该车现实价格。

根据登记表得知，该型号的现行市场购置价为 120 000 元，规定使用年限 15 年，残值忽略不计，现分别以年份数求和法和余额递减折旧法计算，结果见表 5-3 和表 5-4。

表 5-3　用年份数求和法计算折旧额

年　　数	递减系数	年折旧额/元	累计折旧额/元
2015 年 8 月—2016 年 7 月	15/120	15 000	15 000
2016 年 8 月—2017 年 7 月	14/120	14 000	29 000
2017 年 8 月—2018 年 7 月	13/120	13 000	42 000
2018 年 8 月—2019 年 7 月	12/120	12 000	54 000

表 5-4　用双倍余额递减法计算折旧额

年　数	年折旧额/元	累计折旧额/元
2015 年 8 月—2016 年 7 月	16 000	16 000
2016 年 8 月—2017 年 7 月	13 867	29 867
2017 年 8 月—2018 年 7 月	12 018	41 885
2018 年 8 月—2019 年 7 月	10 415	52 300

由于车辆已使用 4 年，用年份数求和法和双倍余额递减法计算折旧额分别为 54 000 元和 52 300 元。

（2）技术状况鉴定。

离合器有打滑现象，变速器挂挡有异响，维修费需 700 元；转向系统低速有摆振现象，转向不灵敏，维修费需 1 550 元；牌照遗失需声明补办的费用 100 元。上述费用合计为：700＋1 550＋100＝2 350（元）。

（3）确定收购价格。

根据前述收购价格计算公式，确定收购价格如下：

用年份数求和法计算收购价格为：120 000－54 000－2 350＝63 650（元）。

用双倍余额递减法计算收购价格为：120 000－52 300－2 350＝65 350（元）。

根据收购价格评估，与车主协商后，确定收购价格为 65 000 元。

3. 确定销售价

（1）固定成本费用摊销率的确定。

按当地经销商店铺的固定成本分析，分摊的固定成本摊销率为 1%。

（2）变动成本的确定。

1）该车实体收购价为 6.50 万元（含维修翻新费）。

2）收购车辆时的运输费用合计为 100 元。

3）从收购日起到预计的销售日，分摊在该车上的日常维护费用约 400 元。

4）车辆存放期间，银行的活期存款利率为 0.36%。

二手车的变动成本＝(收购价格＋运输费用＋维护费用)×(1＋利率)
＝(65 000＋100＋400)×(1＋0.36%)＝65 736(元)

二手车的总成本费用＝收购价格×固定成本费用摊销率＋变动成本
＝65 000×1%＋65 736＝66 386(元)

（3）确定销售价值。

按成本加成定价法，本车型属于大众车型，市场保有量较大，且销售情况平稳。根据销售时日的市场行情，一般成本加成率在5%左右。因此该车的销售价格为：

二手车销售价值＝该车总成本×(1＋成本加成率)

＝66 386×(1＋5%)＝69 705(元)

(4) 确定最终价格。

经销商目前处于比较稳定的经营时期，二手车销售状况也比较稳定，故应以获取合理利润为目标，所以成本加成率不做调整，即仍取5%。不准备采用折扣定价策略，故该二手车的最终销售价确定为69 705元。

技能训练

学校根据实际情况，组织学生到二手车交易市场或4S店二手车部门实地参观，根据当地二手车交易情况，拟定车型及相关信息，参照案例完成二手车收购定价和销售定价分析报告。

项目总结

1. 二手车交易有直接交易、中介经营、二手车置换等类型。根据二手车买卖双方身份不同，二手车交易有个人对个人交易、个人对单位交易、单位对个人交易和单位对单位交易等。

2. 机动车产权转移登记手续可分为同一车辆管理所管辖区内的所有权转移登记（即同城转移登记）和不同车辆管理所管辖区的所有权转移登记（即异地转移登记）两种方式。

3. 二手车的收购定价的影响因素有车辆的总体价格、二手车收购后应支出的费用、市场宏观环境的变化、市场微观环境的变化、经营的需要、品牌知名度和维修服务条件等。

4. 二手车收购价格一般通过现行市价法、重置成本法确定；通过清算价值的方法确定；通过快速折旧的方法确定。

5. 二手车销售定价的影响因素有成本因素、供求关系、竞争状况和国家政策法规等。

思考与练习

一、选择题

(1) 二手车买卖合同发生争议，(　　) 不属于正确的解决方式。

A. 仲裁　　B. 单方处理　　C. 协商　　D. 诉讼

(2) 原车辆为运营车，交易后改为私家车，其规定使用年限按（　　）执行。

A. 私家车规定的使用年限　　B. 另行规定一个使用年限

C. 营运车辆的规定使用年限　　D. 按折中方案

（3）二手车评估时，应查验车辆行驶证副页的检验栏是否盖有检验专用章及填注的（　　）。

A. 日期是否在有效期内　　B. 文字是否正确

C. 签字是否有效　　D. 数字是否清晰

（4）以下（　　）情况是允许过户的。

A. 已达到报废年限的机动车

B. 法院等部门查封、财产抵押及“被盗抢”机动车

C. 逾期未参加定期检验的机动车

D. 机关事业单位所有的机动车

（5）以下（　　）不属于二手车交易过程中发生的费用。

A. 车辆检测费　　B. 车辆购置税　　C. 车辆评估费　　D. 经营手续费

（6）根据《二手车流通管理办法》的规定，二手车交易类型有多种，但不包括（　　）。

A. 直接交易　　B. 中介经营　　C. 整车置换　　D. 总成置换

（7）二手车收购价格的确定方法有多种，但通常不采用（　　）。

A. 以现行市价法来确定收购价格　　B. 以等速折旧法来确定收购价格

C. 以重置成本法来确定收购价格　　D. 以清算价值法来确定收购价格

（8）二手车经销商以利润为目标确定销售价格的形式有多种，但不包括（　　）。

A. 延迟质保　　B. 预期收益　　C. 最大利润　　D. 合理利润

（9）关于二手车经销商常用的定价和营销策略方法，以下选项中不正确的是（　　）。

A. 阶段定价　　B. 心理定价　　C. 折扣定价　　D. 以上都不正确

（10）成本导向定价法是二手车经营企业常用的方法，但（　　）不是该方法考虑的因素。

A. 总成本　　B. 保险　　C. 利润　　D. 边际成本

二、判断题

（1）人民法院出具的判决书、裁定书、调解书可以作为二手车来历凭证。（　　）

（2）购买人取得二手车交易发票、机动车行驶证与机动车登记证书，就完成了车辆的所有权转移。（　　）

（3）机动车行驶证是由公安车辆管理机关依法对机动车辆注册登记核发的证件，是机动车取得合法行驶资格的法定证件。（　　）

(4) 二手车交易评估完全采取自愿原则，但属于国有资产的车辆，应当按照国家有关规定进行鉴定评估。(   )

(5) 按照相关法规，所有在道路上行驶的车辆都必须缴纳机动车交通事故责任强制保险费。(   )

(6) 按照相关法规，机动车交通事故责任强制保险实行全国统一保险保单条款、全国统一基础保险费率、全国统一责任限额。(   )

(7) 按照相关法规，没有办理机动车交通事故责任强制保险的二手车也可以交易。(   )

(8) 二手车收购价格应在被收购车辆手续齐全的前提下确定。(   )

(9) 二手车企业确定销售价格一般以企业获取利润或个人获利为目标。(   )

(10) 因交易合同双方的过错造成合同不能履行或不能完全履行的称为违约合同。(   )

三、简答题

(1) 简要说明二手车交易的种类和特点。

(2) 简要说明二手车直接交易流程。

(3) 影响二手车收购价格的因素有哪些?

(4) 影响二手车销售价格的因素有哪些?

(5) 办理二手车过户需要哪些手续?

(6) 简单分析销售价格调整策略。

(7) 简单分析二手车销售定价的思路和方法。

(8) 如何防范二手车收购风险?

(9) 二手车收购和销售有哪些技巧?

(10) 简单分析二手车置换服务的特点。

项目六

事故车鉴定评估

教学目标

通过本项目的学习，对常见碰撞事故车、水损车、火灾车，以及调表车、套牌车等应具备一定的鉴定能力，减小车辆收购风险。

能力要求

1. 会进行碰撞事故车的鉴定。
2. 会进行水损事故车的鉴定。
3. 会进行火灾事故车的鉴定。
4. 会进行事故车贬值确定。

项目导图

本项目设置 4 个学习任务，各个任务内容及相关知识学习导图如下：

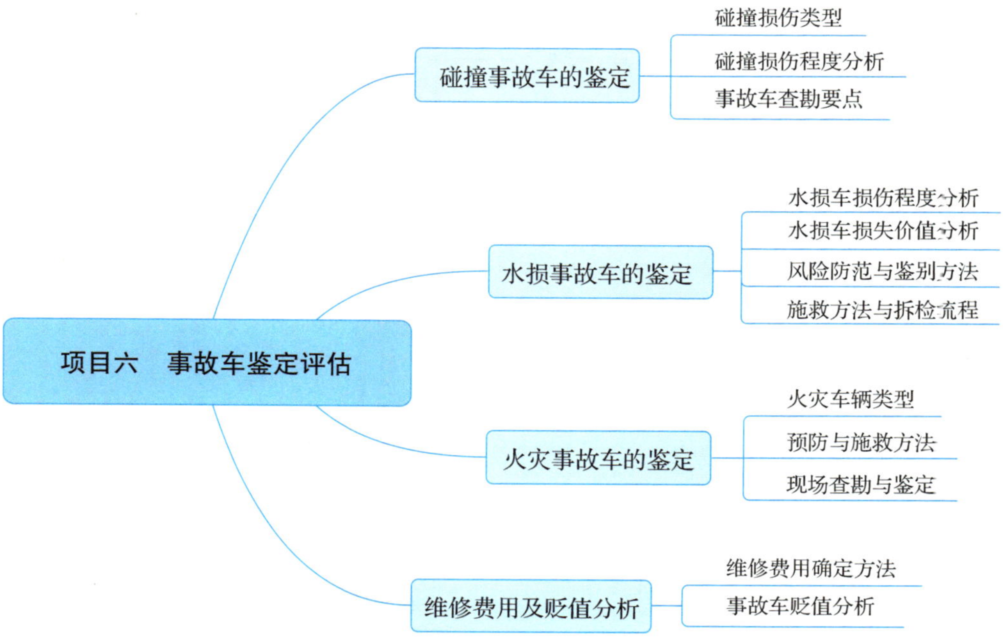

任务一　碰撞事故车的鉴定

任务导入

河南某旧机动车鉴定评估有限公司于2014年1月16日接受郑州市××区人民法院委托，对豫A-XX大众牌客车有无发生交通事故或改装（发动机、车架、前操作台、里程表、外漆与内饰）进行鉴定。鉴定结果：发动机进气道有拆装，电脑检测仪检测有故障码；车身左侧有事故修复痕迹；前操作台未发现异常；里程表未发现调整记录；左前翼子板、左前门、左后门、左后翼子板重新做漆，漆面有麻点、流痕，局部腻子较厚；内饰有拆装痕迹，内顶有折叠，左侧安全气帘已爆出。

问题：该车是否发生过碰撞事故？说出你的理由。

相关知识

汽车碰撞后的损伤非常复杂，损伤程度与受力大小、方向、障碍物的类型、接触面积等很多因素有关。只有对车辆在发生碰撞时的受力情况进行科学的分析，才能准确地把握车辆的损伤形式、部位，确定具体损伤程度。《二手车鉴定评估技术规范》中，对于车辆外观检查部位，判别车辆是否为事故车，已经有明确的要求，在项目二中有详细叙述。本任务只对碰撞事故车损伤类型、损伤原因及主要损伤部位的识别进行介绍。

一、碰撞损伤类型

汽车碰撞损伤是指汽车与汽车或汽车与物体之间发生碰撞，从而造成车辆损坏、被撞物损坏甚至人员伤亡等各种损失。对于不同的车身结构，在同一碰撞事故中，其损伤部位、程度也不同。汽车碰撞损伤可以按碰撞损伤行为分类，也可以按车身损伤结果分类。

1. 按碰撞损伤行为不同分类

按碰撞损伤行为不同可分为直接损伤和间接损伤两种，直接损伤也称一次损伤，间接损伤也称二次损伤。一、二次损伤标志如图6-1所示。

（1）直接损伤。

直接损伤是指汽车碰撞直接接触点的车身一次损伤。由于车辆结构、碰撞力和角度以及其他因素的差异，损伤区域是多种多样的，例如翼子板变形和开裂以及零件破碎等可见

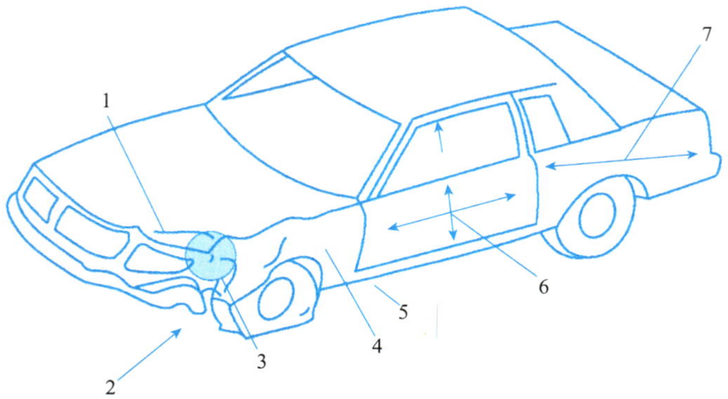

图 6-1　一、二次损伤标志

1—漆面裂痕；2—碰撞力作用方向；3—碰撞位置；4—构件吸能变形；
5—开焊；6—车门及车窗变形；7—后部变形

的、不需要测量的损伤，以及车灯损伤。通常在完成所有间接损伤的修理后，采用对车身填料的方法对直接损伤进行修理，由于钣金件非常薄，能对其所做的修理是非常有限的。

（2）间接损伤。

间接损伤是指发生在直接损伤区域之外，并离碰撞点有一段距离的损伤。间接损伤是在碰撞力向后传递过程中形成的，即碰撞力从冲击区域延伸到车身连接区，并且碰撞能量在向毗邻板件移动的过程中被吸收，如车门变形等。间接损伤也可由动力传动系和后桥的惯性力造成。由于车辆因碰撞突然停止，机械零部件的惯性力全部作用到固定点和支撑构件上，使毗邻金属件可能发生皱曲、撕裂或开焊等现象。

间接损伤程度取决于碰撞力的大小和作用方向，以及吸收碰撞能的各个结构件的强度。间接损伤不容易被发觉，常见的有钣金件皱曲、漆面开裂和伸展、钣金件缝隙错位、接口撕裂、开焊等。事故车检查时，须重点检查悬架、车桥、发动机和变速器的固定点是否有错位或裂开等异常现象。

承载式车身的汽车发生碰撞时，造成的间接损伤往往不易被发现。承载式车身是由金属板件连接而成，当汽车发生碰撞时，冲击力会以碰撞点为中心向外扩散，即冲击波在车身结构件上产生二次损伤，如图 6-2 所示。当受到撞击时，车身的折皱将吸收碰撞能量，随着冲击力不断传递，碰撞能量逐渐被吸收，直到碰撞能量全部被吸收，冲击力才停止传播。

为了控制汽车碰撞时发生的二次损伤变形，提供给乘客一个安全的乘坐空间。采用承载式车身的汽车在汽车前部和后部都有碰撞防护区域，这些防护区域在规定的碰撞限度下能够起到吸收能量的作用，如图 6-3 所示。前部碰撞能量由车身前部和防护区域吸收，尾部碰撞能量由车身尾部和防护区域吸收，侧面冲击由车门槛板、顶部纵梁、B 柱和车门吸收。

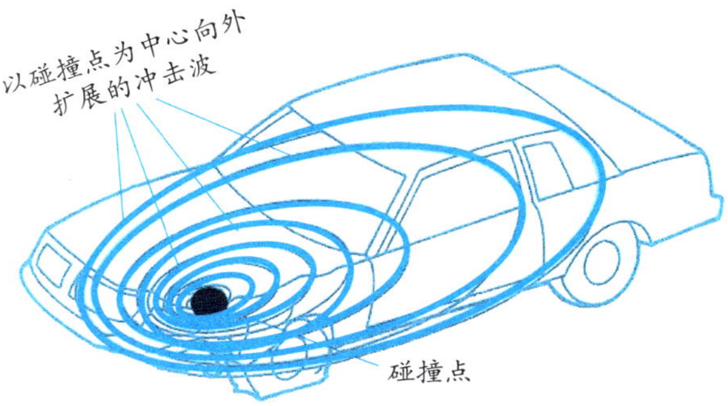

图 6-2 以碰撞点为中心向外扩散的冲击波

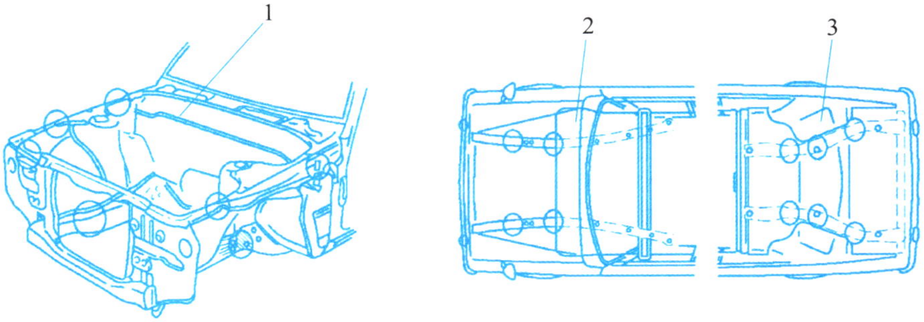

图 6-3 承载式车身的汽车前后部碰撞防护区域

1—车身前纵梁及挡泥板吸能区域；2—车身前部纵梁吸能区域；3—车身尾部纵梁吸能区域

2. 按车身损伤结果不同分类

按车身损伤结果不同可分为侧弯、凹陷、折皱或压溃、菱形损伤和扭曲等，如图 6-4 所示。对于非承载式车架的侧弯、菱形损伤、扭曲等变形维修较为困难，校正车架前需将车架上的货箱、驾驶室等相连部件拆下。

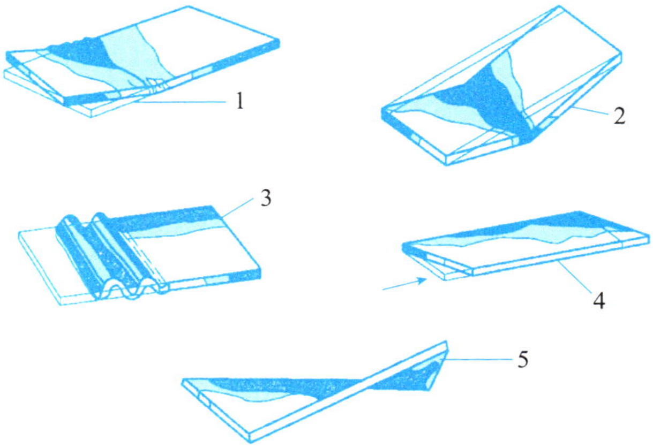

图 6-4 汽车车架和车身的碰撞损伤类型

1—侧弯；2—凹陷；3—折皱或压溃；4—菱形损伤；5—扭曲

（1）侧弯损伤。

侧弯损伤是指汽车前部、汽车中部或汽车后部在冲击力的作用下，偏离原来的行驶方向发生的碰撞损伤。侧弯损伤常见的现象：在冲击力作用下的钣金件将出现一边伸长、一边缩短的情况。

（2）凹陷损伤。

凹陷损伤是指由于正面碰撞或追尾碰撞引起的零件表面凹陷，可能发生在汽车的一侧或两侧。这是交通事故中常见的碰撞损伤类型。

（3）折皱或压溃损伤。

折皱损伤就是微小的弯曲，汽车发生正面碰撞或追尾碰撞时，非承载式汽车车架或承载式车身纵梁上会产生类似损伤。当损伤件弯曲超过 90°时应换新件，当损伤件弯曲小于 90°时可以修理，但必须满足设计强度。

（4）菱形损伤。

菱形损伤是指一辆汽车的一侧向前或向后发生位移，使车架或车身不再是方形的。由于汽车碰撞多发生在前部或尾部的一角，因此容易造成发动机室罩和车尾行李箱盖位移。

（5）扭曲损伤。

扭曲损伤是指汽车的一角比正常时高，而另一角比正常时低的损伤情况。非承载式车身发生扭曲时，是指车架的一端垂直向上变形，而另一端垂直向下变形。承载式车身发生扭曲时，是指车身前部和后部发生相反的凹陷。扭曲一般有车架扭曲和车身扭曲，它们的修理方法和修理工时不同，车身扭曲的维修相对困难，费用较高。

二、碰撞损伤程度分析

1. 碰撞位置不同

在汽车碰撞过程中，不同方向的碰撞冲击力造成的损伤不同。例如，在一次汽车碰撞过程中，冲击力以垂直和侧向角度撞击汽车的右前翼子板，冲击合力可以分解成为两个分力：水平分力和侧向分力，如图 6－5 所示。这两个分力都被汽车零部件所吸收。水平分力使汽车右前翼子板变形方向指向发动机室罩中心。侧向分力使汽车的右前翼子板向后变形。这些分力的大小及对汽车造成的损伤与碰撞角度有关。水平分力通过散热器框架传递给左侧翼子板及纵梁，间接造成左侧翼子板、纵梁变形。所以说，正确的受力分析对做好车损评估至关重要。

冲击力造成的损伤程度取决于冲击力与汽车质心相对应的方向。如果冲击力的方向并不是沿着汽车的质心方向，如图 6－6（a）所示，一部分冲击力将形成使汽车绕着质心旋转的力矩，地面与轮胎的摩擦消耗了大量能量，从而减小冲击力对汽车零部件的损伤，损伤程度较轻。

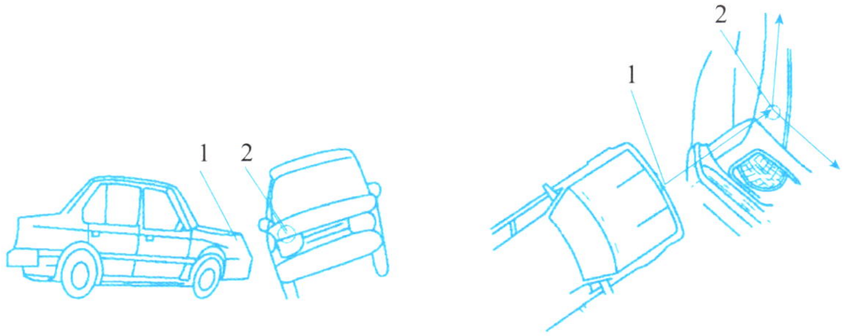

（a）车身碰撞侧视图　　（b）车身碰撞俯视图

图 6-5 车身碰撞受力分析

1—左车碰撞点；2—右车碰撞点

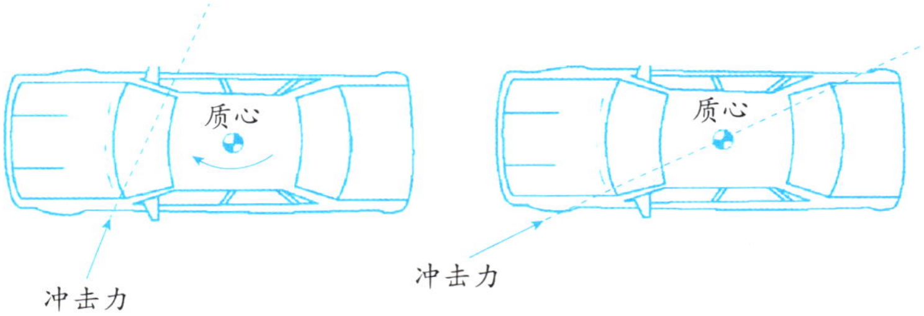

（a）冲击力不指向质心　　（b）冲击力指向质心

图 6-6 损伤程度与冲击力方向

如果冲击力指向汽车的质心，如图 6-6（b）所示，汽车不会旋转，大部分能量将被汽车零件所吸收，造成的损伤非常严重。

2. 碰撞接触面积不同

汽车以相同的速度碰撞不同类型的障碍物，损伤的程度也不同。如果撞击到一面墙，如图 6-7（a）所示，撞击的面积较大，损伤程度较小；如果撞击到电线杆等，如图 6-7（b）所示，接触面积小，保险杠、发动机室罩、散热器等都会发生严重变形，使发动机向后移动，甚至冲击到后悬架等，碰撞损伤的程度很严重。

3. 碰撞冲击力不同

现代汽车车身上有许多焊接缝，这些焊接缝可以作为汽车结构的刚性连接点。这些刚性连接点将冲击力传递给整个汽车上与之连接的钣金件和汽车零部件，这样就降低了汽车的结构变形。

冲击力在承载式车身结构上的分布和传递分析如图 6-8 所示，当汽车前角受到一个力 F_0 作用，经过吸能元件吸收能量，冲击力减到 F_1 并传递到相邻部件，该金属件将发生变形，力继续减小到 F_2，冲击力继续传递并分解成两个或几个 F_3，冲击力传递给之后的连接件使其变性，F_3 继续减弱分解为几个 F_4 再次减小，继续传递到汽车顶盖，使其金属轻微变形，直到几乎不再有冲击力，也不再发生变形。在 F_0 到 F_4 的传递过程中，经过的刚性连接点、结构件、钣金件都可以吸收能量而变形，碰撞能量大部分都被变形零部件所吸收。

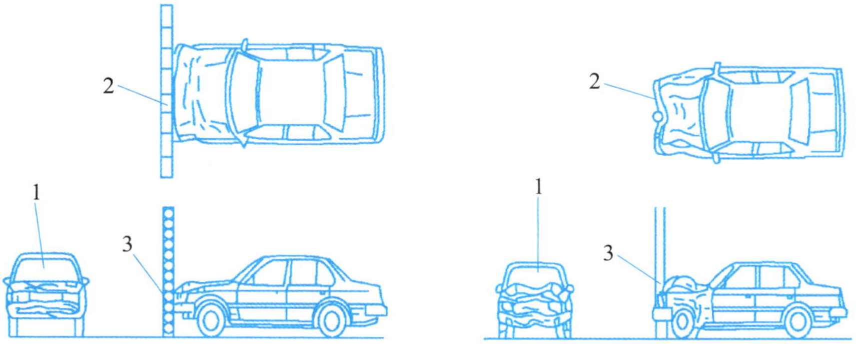

（a）碰撞接触面积大　　（b）碰撞接触面积小

图 6－7　损伤程度与碰撞接触面积

1—事故车；2—俯视图；3—侧视图

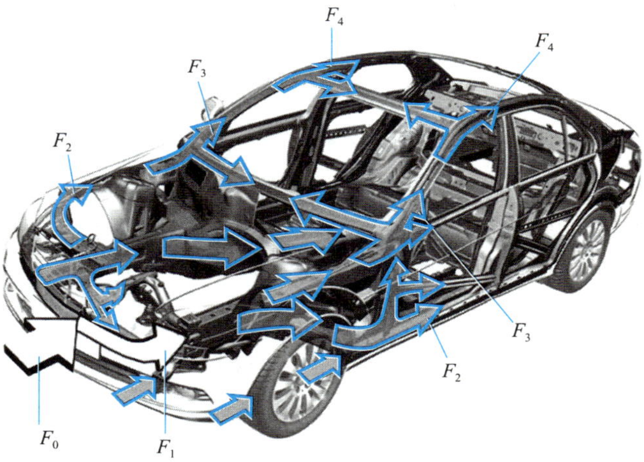

图 6－8　冲击力在承载式车身结构上的分布和传递

三、事故车查勘要点

按照碰撞方向和事故所导致的后果，可将车辆事故分为正面碰撞、侧面碰撞、尾部碰撞和翻车等类型。以轿车为例的常见碰撞事故及其损坏情况见表 6－1。检查车辆外观时参照《二手车鉴定评估技术规范》中所示车体部位，判别车辆是否发生过碰撞、火烧，确定车体结构是完好无损或者有事故痕迹；使用漆面厚度检测设备对车体结构部件进行检测；使用车辆结构尺寸检测工具或设备检测车体左右对称性。对车体状态进行缺陷描述；任何一个检查项目存在变形、扭曲、更换、烧焊、褶皱缺陷，则该车判定为事故车。事故车的车辆技术鉴定和价值评估不在《二手车鉴定评估技术规范》的范围之内。

表 6-1 常见碰撞事故及其损坏情况

碰撞形态	碰撞方向	碰撞后果	车辆的主要变形和损坏部位
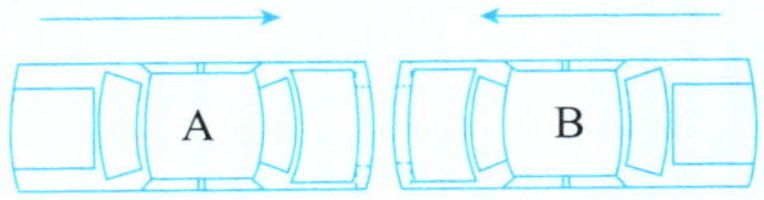	两车正面碰撞	A、B两车前部受损	保险杠面罩及保险杠、格栅、两侧前照灯、空调电磁扇、空调冷凝器、发动机水箱及其支架等，严重时损坏部位会扩大至发动机舱盖、翼子板、纵梁、前悬架机构，甚至导致气囊膨开。
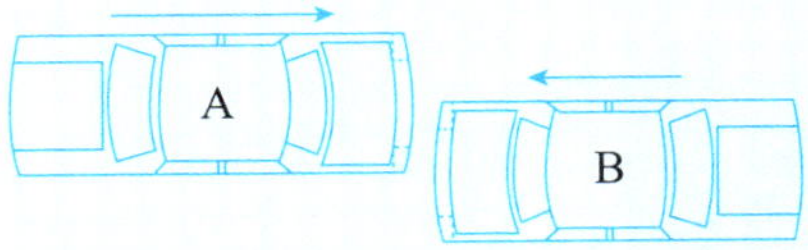	两车正面一侧碰撞	A、B两车前部的一侧受损	保险杠面罩及保险杠、格栅、一侧前照灯、一侧翼子板受损。严重时损坏部位会扩大到空调冷凝器、发动机水箱及其支架、发动机舱盖、一侧纵梁、一侧悬架机构、一侧气囊膨开。
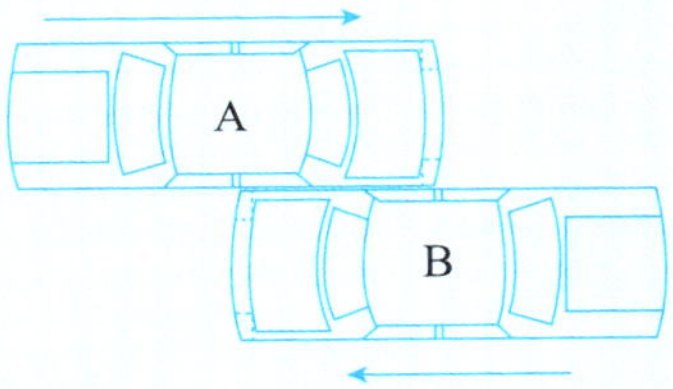	两车正面一侧刮碰	A、B两车均为正面一侧面受损	一侧的后视镜、前后门、前后翼子板刮伤。严重时前风窗破碎和框架变形，一侧包角、前门立柱、前照灯等损坏。
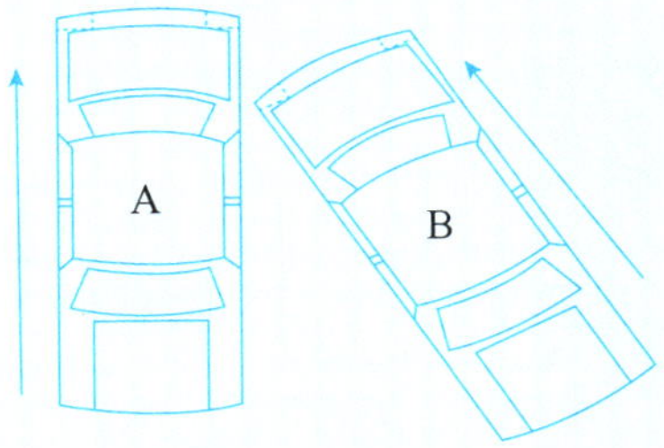	斜角侧面碰撞发动机舱位置	A车为侧面碰撞受损，B车为前部碰撞受损	A车一侧前翼子板、前悬架机构、侧面转向灯等损坏。严重时一侧前翼子板报废，发动机舱盖翘曲变形、前门立柱变形、发动机移位等。 B车前保险杠面罩及转角部位、前翼子板、一侧前照灯等损坏。严重时一侧翼子板严重损坏，并会导致一侧前悬架、轮胎、空调冷凝器、干燥器、高压管、发动机水箱及其支架等部件受损，气囊膨开、发动机舱盖变形。
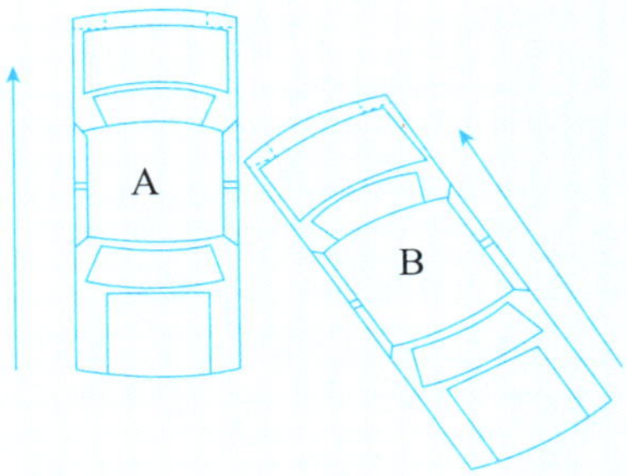	两车斜角侧面碰撞前门位置	A车为侧面碰撞受损，B车为前部碰撞受损	A车前门、前柱、中柱、后门轻微变形、门窗玻璃破损。严重时损坏程度会扩大至仪表板、门槛板、车顶板、一侧翼子板和一侧前悬架机构。 B车前保险杠面罩及转角部位、前翼子板、一侧前照灯等损坏。严重时损坏范围会扩大至空调冷凝器、干燥器、发动机水箱及其支架、高压管、发动机舱盖等部件，气囊膨开。

续表

碰撞形态	碰撞方向	碰撞后果	车辆的主要变形和损坏部位
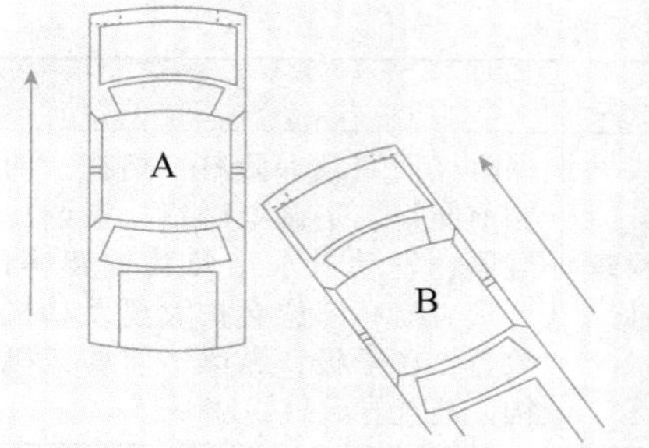	两车斜角侧面碰撞后门位置	A车为侧面碰撞受损，B车为前部碰撞受损	A车后门、中柱变形，门窗玻璃破损。严重时前后门不能开启，后侧围变形，前后门框、门槛板变形等。 B车前保险杠面罩及转角部位、前翼子板、一侧前照灯等损坏。严重时损坏范围会扩大至一侧前悬架、一侧翼子板、空调冷凝器、干燥器、高压管、发动机水箱及其支架、发动机舱盖等部件，气囊膨开。
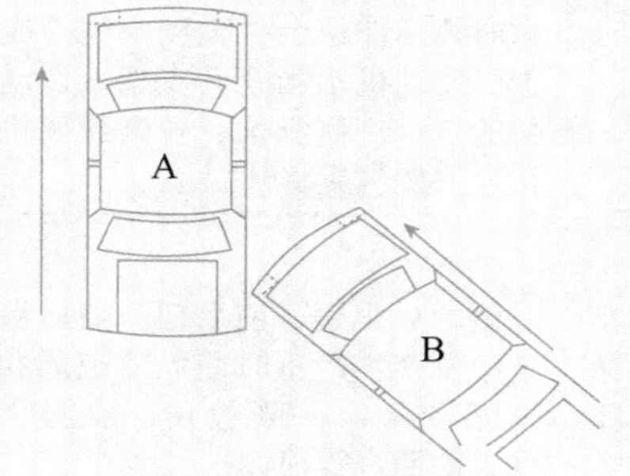	两车斜角侧面碰撞行李箱位置	A车为侧面碰撞受损，B车为前部碰撞受损	A车后侧围变形。严重时后侧围板严重损坏，后门框、后窗框、后柱、后轮及后悬架等部件受损，行李箱盖变形等。 B车前保险杠面罩及转角部位、前翼子板、一侧前照灯等损坏。严重时一侧前悬架和一侧翼子板严重损坏，空调冷凝器、干燥器、高压管、发动机水箱及其支架、发动机舱盖等部件受损，气囊膨开。
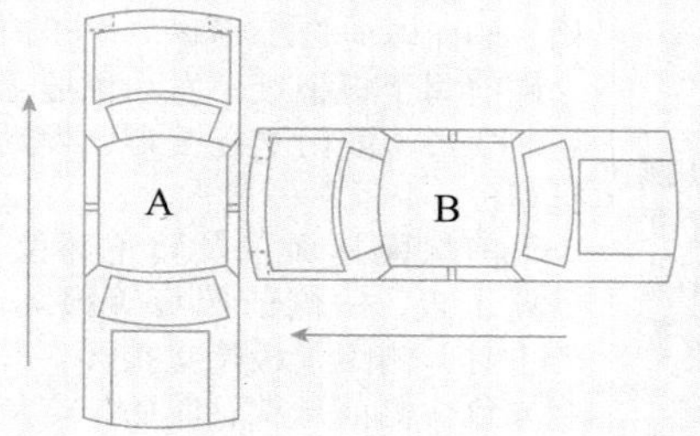	两车垂直角度碰撞	A车为侧面受损，B车为正面受损	A车中柱呈凹陷变形，前后车门框及门槛板变形，前后车门翘曲变形。严重时损坏会扩大至车底板、车顶板，甚至车身整体变形、轴距缩短、门窗玻璃破碎等。 B车保险杠面罩及保险杠、格栅、两侧前照灯损坏等。严重时损坏范围会扩大至发动机水箱及其支架、空调冷凝器、高压管、发动机舱盖、翼子板、纵梁等，甚至发动机后移，气囊膨开。
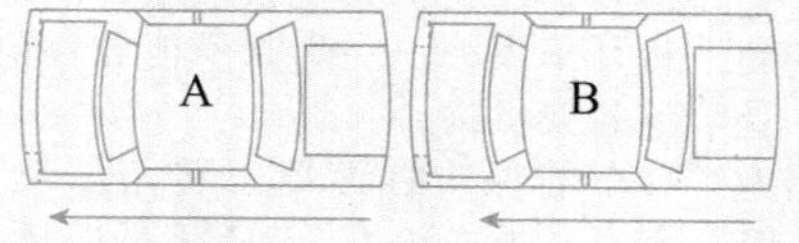	两车正面追尾碰撞	A车为后部碰撞受损，B车为前部碰撞受损	A车后保险杠面罩及保险杠，后车身板、行李箱盖等变形，两侧尾灯损坏。严重时会导致两侧围板变形、行李箱底板变形、后悬架机构位置变形等。 B车保险杠面罩及保险杠、格栅、两侧前照灯损坏等。严重时会导致发动机水箱及其支架、空调冷凝器和相关部件损坏。发动机舱盖、翼子板变形，发动机后移，纵梁损坏等。

续表

碰撞形态	碰撞方向	碰撞后果	车辆的主要变形和损坏部位
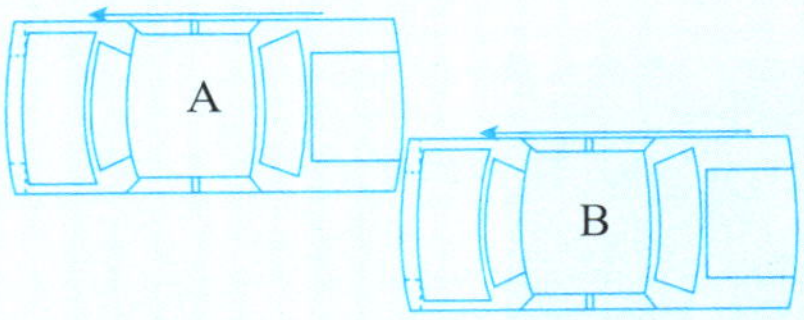	两车正面一侧追尾碰撞	A车为尾部一侧受损，B车为前部一侧受损	A车尾部一侧保险杠面罩及保险杠、一侧尾灯、侧围板变形。严重时损坏范围会扩大至行李箱盖、行李箱底板等。 B车保险杠面罩及保险杠、格栅、一侧前照灯、翼子板损坏。严重时会导致水箱及其支架、空调冷凝器、发动机舱盖、一侧翼子板和悬架机构损坏，甚至一侧气囊膨开。
	翻车，汽车顶部全面触地	易造成车身整体变形，局部严重损坏	顶板横梁、纵梁变形，顶板塌陷，车身前柱、中柱、后柱均会变形，门玻璃破碎等。翻滚过程中可能会造成车身侧面损坏，如车门、翼子板、后侧围板等。严重时会使整体车身变形。
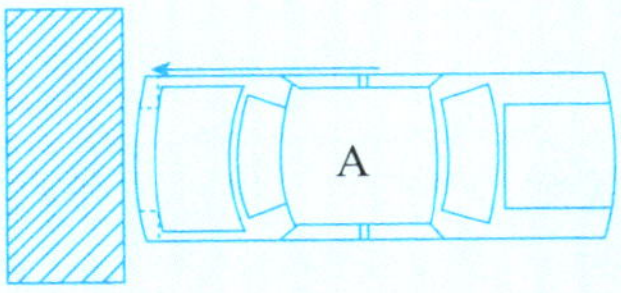	汽车正面与面积较大的物体碰撞	碰撞面积较大，损坏程度相对小一些	保险杠面罩及保险杠、格栅、两侧翼子板轻微变形。严重时两侧翼子板会严重变形，前照灯、空调冷凝器、发动机水箱及其支架、发动机舱盖甚至车门、风窗、纵梁会损坏，气囊会膨开。
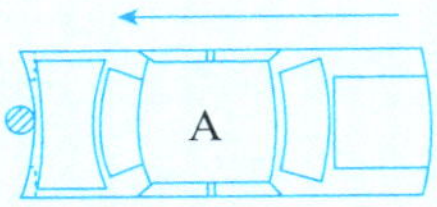	汽车正面与面积较小的物体碰撞	碰撞面积较小，损坏程度相对大一些	保险杠面罩及保险杠、格栅、空调冷凝器、发动机水箱及其支架、发动机舱盖损坏。严重时两侧翼子板严重变形，甚至扩大到前悬架机构、后悬架机构受损。

车辆在不同的事故中受到的损伤是不一样的。因此，了解车辆事故类型对事故勘察和车辆估损具有重要意义。碰撞事故有双方事故或单方事故，也可能为多方事故，或者多车连环相撞等。现场查勘时要搞清楚事故的前因后果，尽量获取更多的事故现场信息和车辆信息，必要时可借助科学的测量手段，准确鉴定碰撞事故车损伤程度。

1. 正面碰撞损伤查勘

汽车正面碰撞的事故很多，即使一个小小的追尾，保险杠也会向后移动，中度正面碰撞会使保险杠支架、散热器框架、前翼子板、前纵梁弯曲。如果冲击力再大，前翼子板将接触前车门，前纵梁在前悬架横梁处产生折皱损伤，如图 6－9 所示。

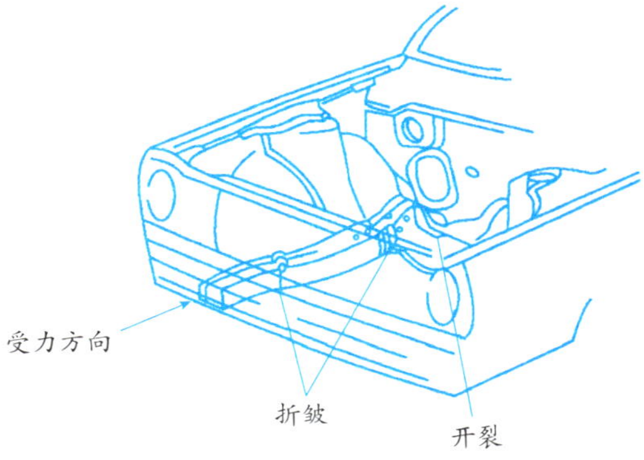

图 6－9　承载式车身的汽车发生折皱和断裂

如果冲击力非常大，车身A柱（特别是汽车前门上部铰链安装部分）将会弯曲，这将引起前车门脱落、前纵梁折皱、前悬架横梁弯曲、仪表板和车身底板弯曲并吸收能量，如图6－10所示。

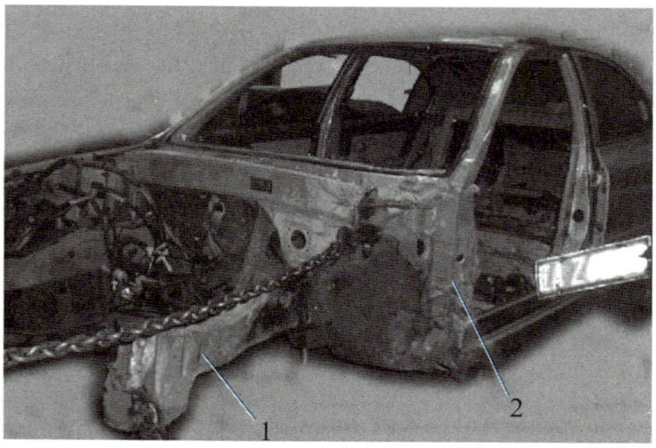

图6－10　车身前纵梁、A柱损伤图

1—前纵梁损伤；2—A柱损伤

如果是以一定角度发生的正面碰撞，纵深将以前横梁的接触点为轴，向侧面和垂直方向弯曲。因为左右纵梁是通过横梁连接的，汽车碰撞的冲击力从碰撞接触点通过前横梁传递到汽车另一侧纵梁上引起变形。查勘重点包括以下内容：

（1）前保险杠及吸能装置。检查保险杠是否有打磨、焊接、喷漆的迹象，判断保险杠是否有凹陷、刮伤、裂纹、穿孔等损伤，如图6－11所示。检查保险杠与前照灯、翼子板等零件的配合间隙是否均匀，进而判别是否发生过事故。

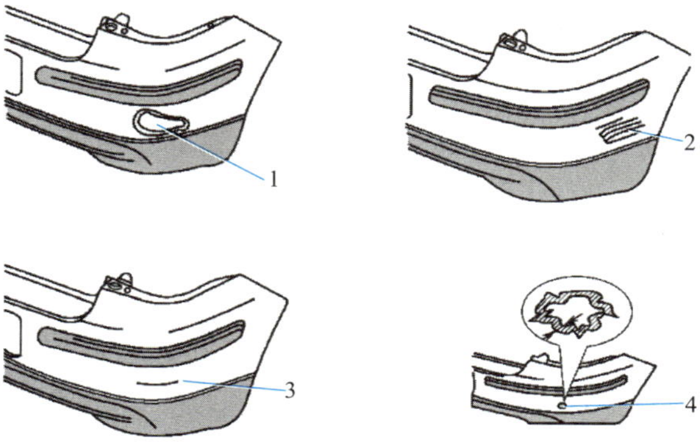

图6－11　保险杠轻微损伤

1—凹陷；2—刮伤；3—裂纹；4—穿孔

重点检查吸能器的固定轴和固定板是否弯曲，橡胶垫是否撕裂或被更换。当固定轴出现弯曲或者橡胶垫脱离安装位置时，就必须更换吸能器。

（2）散热器支架。散热器支架一般焊接在前翼子板和前横梁上构成车辆前板。在一些非承载式车身结构的车辆中，散热器支架用螺栓固定在翼子板、车轮罩和车架总成上，除了提供前部钣金件的支承外，也支撑散热器以及相关冷却系统零部件。重点检查散热器支架是否经过维修，检查散热器支架两端的密封剂是否完好，标牌是否完好。如果密封剂、漆面有维修痕迹，意味该车前部有过碰撞损伤。

（3）发动机室罩。检查发动机室罩与两侧翼子板之间的缝隙是否均匀，检查内、外板及外部边缘减振胶是否均匀。如果密封剂、漆面有维修痕迹，意味该车发动机室罩有过碰撞损伤。

（4）前翼子板。检查翼子板紧固螺钉是否有维修过的痕迹，检查其表面腰线是否规整。用手指轻轻敲击表面，判别是否有打磨迹象。如果声音浑厚为进行过打磨、喷漆。

（5）前纵梁。前纵梁是前部最重要的结构件，影响乘客的安全性及关键部件的安装尺寸。若发生碰撞出现弯曲，以拉伸校正为主。经拉伸后如严重开裂应进行更换。重点检查前纵梁是否有钣金、喷漆迹象。

2. 侧面碰撞损伤查勘

（1）检查车门。

汽车侧面受到碰撞时，常常会导致车门、车身中柱，甚至车身底板发生弯曲变形。检查车门时要多次开关车门，如果发出“嘭、嘭”的声音，说明车门密封良好；检查车门与车身的配合间隙，如果间隙较大，说明该车门曾受损。检查玻璃的年份标签是否和车身生产年份一致。如果右后车门玻璃年份与 17 位编码年份不一致，说明该车出过较大事故，玻璃曾经更换过。

（2）检查前围板及仪表板。

现代汽车的前围板和仪表板通常焊接在前底板、左右车门槛板和前门铰链立柱上。在采用承载式车身的车辆上，轮罩（挡泥板）和前纵梁也焊接在前围板上，所以应重点检查车辆 A 柱侧面及前围板是否有损伤；检查车辆的前围板和仪表板原厂接缝处是否有拆卸或更换痕迹，检查仪表台是否松动，位置是否正确。

（3）检查 A、B 柱。

A 柱是指前门铰链立柱和风窗玻璃立柱的统称，包括内、外板件。内、外板件焊接在一起形成牢固紧凑的结构。B 柱又叫中柱，B 柱通常由内板件和外板件组成，焊接在车门槛板、底板和顶盖纵梁上，形成一个紧凑的结构。B 柱不仅为车顶盖提供支撑，而且为前门提供门锁接触面，又作为后门门柱。重点检查 A、B 柱是否变形，是否有过切割、焊接更换痕迹，如果有，说明该车发生过严重事故。A、B 柱检查如图 6-12 所示。

（4）检查车门槛板。

车门槛板通常由内、外板件组成，是承载式车身重要的结构组成部分。在一些车辆上，外板件被直接焊接在底板上。它为驾驶室底板提供支撑。承载式车身的车辆的车门槛板由高强度钢板制成，其两侧经电镀处理，以提高抗腐蚀能力。重点检查车门槛板是否变形、焊接或更换，若有，说明该车发生过严重碰撞事故。门槛板检查如图 6－13 所示。

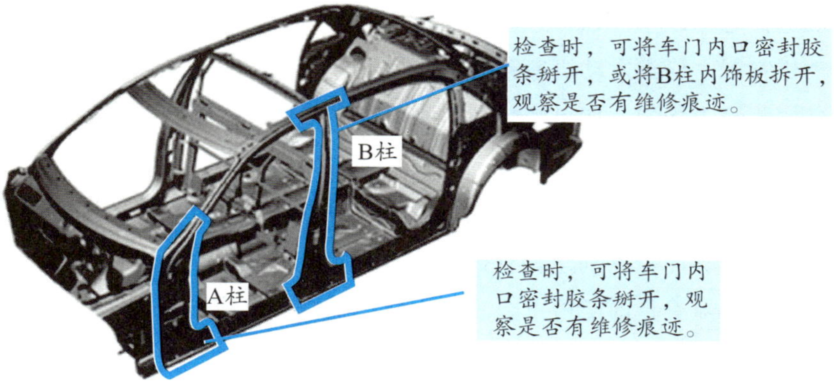

图 6－12　检查 A、B 柱

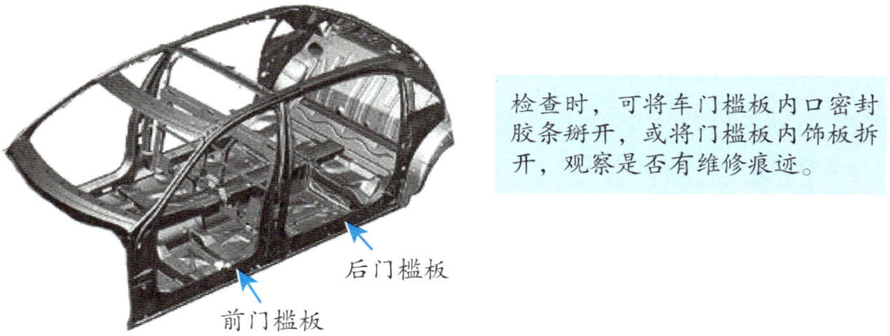

图 6－13　检查车门槛板

（5）检查车顶。

车顶包括前后横梁、侧边纵梁和一大块金属板，作用是将车身顶部围住，其组成如图 6－14 所示。重点检查车顶钣金件是否变形、切割或更换，若有，说明该车发生过严重翻车事故。

3. 后面碰撞损伤查勘

汽车后面受到碰撞时，如果碰撞冲击力较小，后保险杠、后围板、车尾行李箱盖和车身底板会变形；如果碰撞冲击力较大，后翼子板、后纵梁等将会压溃。检查时注意行李箱配合间隙是否均

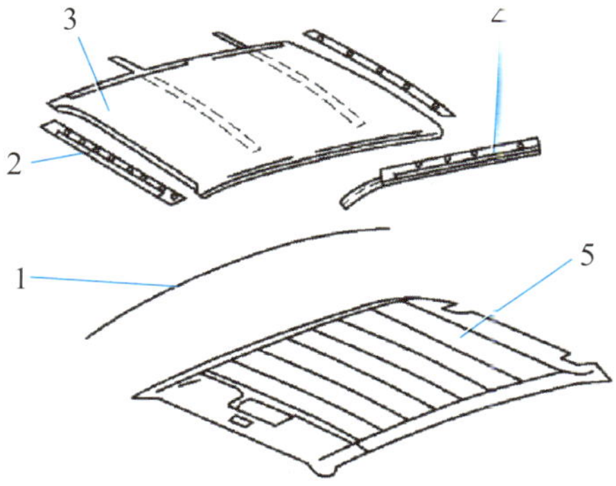

图 6－14　车顶一般组成

1—落水槽；2—车顶横梁；3—车顶；4—车顶边梁；5—内衬板

匀，打开行李箱检查备胎坑是否有维修痕迹、打开后叶子板内衬板，检查后叶子板是否有钣金痕迹，注意行李箱胶是否有维修痕迹。

技能训练

根据学校实际情况，为学生提供一辆碰撞事故车，让学生亲自完成鉴定过程，并填写事故车相关信息记录表。

<table>
<tr><td rowspan="4">车辆基本信息</td><td>厂牌型号</td><td colspan="2"></td><td>牌照号码</td><td></td></tr>
<tr><td>发动机号</td><td colspan="2"></td><td>VIN 码</td><td></td></tr>
<tr><td>出厂日期</td><td colspan="2">年　月　日</td><td>表征里程</td><td>万公里</td></tr>
<tr><td>品牌名称</td><td></td><td>□国产　□进口</td><td>车身颜色</td><td></td></tr>
<tr><td rowspan="7">鉴定过程</td><td>鉴定顺序</td><td colspan="4">鉴定部件名称及损伤情况描述（要求写出所有损伤部件）</td></tr>
<tr><td>前面检查</td><td colspan="4"></td></tr>
<tr><td>左侧检查</td><td colspan="4"></td></tr>
<tr><td>右侧检查</td><td colspan="4"></td></tr>
<tr><td>后面检查</td><td colspan="4"></td></tr>
<tr><td>车内检查</td><td colspan="4"></td></tr>
<tr><td>上下检查</td><td colspan="4"></td></tr>
<tr><td rowspan="2">鉴定结果</td><td colspan="5">□事故车　□非事故车</td></tr>
<tr><td colspan="5">□正面碰撞　□侧面碰撞　□后面碰撞　□其他事故</td></tr>
<tr><td>鉴定人</td><td colspan="2"></td><td colspan="3">鉴定日期：　年　月　日</td></tr>
<tr><td>指导教师评语</td><td colspan="5"></td></tr>
</table>

任务二　水损事故车的鉴定

任务导入

河南某旧机动车鉴定评估有限公司于 2017 年 4 月 19 日接受司法评估委托，对豫 A-XX 大众牌车辆是否泡水进行鉴定。经查勘发现：车内地毯下部出现发霉现象；翼子板内衬有污水线；离合器压盘有锈蚀，锈蚀分界线清晰且与翼子板内衬污水线高度一致。

问题：该车是否为水损车？说出你的理由。

相关知识

对于水损事故车，即使经过了维修，车辆的电器部件的故障率也会陡然增加。车辆在水淹后外观上没有太大变化，但操作或维修不当致使发动机损坏、电控系统损坏的情形很常见。浸泡数日的汽车不但维修费用很高，而且以后还会经常出现许多故障。因此，要准确鉴别水损车，这样才能对水损车的维修及损失做出准确评估。

一、水损车损伤程度分析

机动车辆涉水行驶、落水或被水淹造成的车辆损失，是根据水淹高度和水淹时间确定损失等级的，一般是以水淹高度为主、以水淹时间为辅来确定。保险公司对投保车辆的损失等级进行损失评估和理赔。下面以轿车为例介绍水淹高度和水淹时间的定级方法。

1. 水淹高度定级

轿车涉水或水淹后，会造成不同程度的损伤。通常，水淹高度不同，损伤程度则不同，轿车水淹高度对应的损伤等级如图 6－15 所示，车辆可能损失的部件见表 6－2。

图 6－15　水淹高度对应的损伤等级

表 6－2　不同水淹高度可能损失的部件

损伤程度	水淹情况	车辆可能的损失情况
第 1 级	制动盘和制动毂下沿以上，车身地板以下，乘员仓未进水	有可能造成制动盘和制动毂生锈。
第 2 级	车身地板以上，乘员仓进水，而水面在驾驶员座椅坐垫以下	除造成 1 级损失外，还会造成：（1）四轮轴承、全车悬挂下部连接处、车身地板损伤或因脱胶进水而锈蚀；（2）配有 ABS 的汽车的轮速传感器的磁通量传感失准；（3）少数汽车将一些控制模块置于地板上的凹槽内（如帕萨特 B5），会造成模块损毁。
第 3 级	乘员仓进水，而水面在驾驶员座椅坐垫以上，仪表工作台以下	除造成 2 级损失外，还会造成：（1）座椅、坐垫、座套、部分内饰潮湿和污染；（2）超过 24 小时的，桃木内饰板会分层开裂，车门电机、变速器、主减速器、差速器、部分控制模块、启动机、行李箱中的 CD 换片机、音响功放进水。

续表

损伤程度	水淹情况	车辆可能的损失情况
第 4 级	乘员仓进水，水面在仪表工作台中部	除造成 3 级损失外，还会造成：(1) 发动机、蓄电池、各种继电器、保险丝盒进水；(2) 仪表台中部音响控制设备、喇叭、CD 机、空调控制面板受损；(3) 所有控制模块、大部分座椅及内饰受损。
第 5 级	乘员仓进水，水面在仪表工作台面以上、顶棚以下	除造成 4 级损失外，还会造成：(1) 发动机、离合器、变速器、后桥严重进水；(2) 全部电器装置、绝大部分内饰、车架大部分受损。
第 6 级	水面超过车顶，汽车被淹没顶部	汽车所有零部件都受损。

2. 水淹时间定级

车辆水淹时间越长，损伤程度越大。水淹时间对应的损伤程度见表 6－3。

表 6－3　水淹时间对应的损伤程度

损伤程度	水淹时间
第 1 级	H≤1h
第 2 级	1h<H≤4h
第 3 级	4h<H≤12h
第 4 级	12h<H≤24h
第 5 级	24h<H≤48h
第 6 级	H>48h

二、水损车损失价值分析

通常，保险公司用损失率代表损失程度，不同保险公司规定的损失率略有不同。在评估车辆损失时，具体体现在损失额和贬值上，车辆损失额取决于车辆市值和损失率，而贬值则无法确定。

1. 损失率

损失率是指损失总值占保险总额的百分比，且损失级别不同，损失率也不同。不同损伤程度对应的损失率见表 6－4。

表 6－4　不同损伤程度对应的损失率

损伤程度	损失率（各保险公司略有不同）
第 1 级	通常不计损失
第 2 级	0.5%～2.5%
第 3 级	1.0%～5.0%

续表

损伤程度	损失率（各保险公司略有不同）
第 4 级	3.0%～15.0%
第 5 级	10%～30%
第 6 级	25%～60%

2. 损失额

损失额是指一次水损事故中，损失部件维修或更换的总额，且损失级别不同，其损失额也不同。一辆保险金额为 10 万元的保险车辆发生水灾损失后，对应各个损失级别的定损金额见表 6－5。

表 6－5　不同损伤程度对应的定损金额

损伤程度	定损金额＝保险金额×损失率
第 1 级	通常不计损失
第 2 级	100 000×(0.5%～2.5%)＝500 元～2 500 元
第 3 级	100 000×(1.0%～5%)＝1 000 元～5 000 元
第 4 级	100 000×(3.0%～15%)＝3 000 元～15 000 元
第 5 级	100 000×(10%～30%)＝10 000 元～30 000 元
第 6 级	100 000×(25%～60%)＝25 000 元～60 000 元

三、风险防范与鉴别方法

对于普通消费者，判别水损车是很难的事情。如果不幸从个人处购买到水损车，很难通过合同约定进行索赔。消费者购买二手车时，除了可寻求专业人士陪同外，选择有信誉的商家也很重要，另外，在购买合同上须注明“非水损车”等条款。

1. 规避风险方法

（1）签订买卖合同。目前，部分省份的市场监督管理部门推荐使用的二手车买卖合同上，包含交易二手车是否为事故车一项，如泡水、严重撞击、火烧、发动机改动等都属必须申报之列。合同还规定了违约责任，如果经销商隐瞒交易二手车为事故车，消费者不但有权终止买卖，还可以要求经销商赔偿相关损失。如果合同未涉及该内容，应附加相应条款。

（2）选择信誉好的商家。目前，二手车市场活跃着一些个人经纪，这些经纪在二手车市场临时租赁一个小摊位。车主在发现车辆出现质量问题后，想要求索赔，对方早已人去楼空。因此，购买二手车时，要选择有规模的商家，降低购买到问题车的风险。

（3）警惕特价车诱惑。消费者对于商家的“便宜车”，应多加警惕，避免购买到问题车。

2. 水损车鉴别方法

（1）检查车辆死角是否存有淤泥或大面积生锈。

（2）检查内饰是否有变色迹象；检查地毯是否变色、变硬。

（3）检查电器是否大部分功能失灵。

（4）检查电线是否龟裂变色，线束插头是否锈蚀，线束内是否有泥沙。

（5）检查驾驶舱、行李箱、空调风道内是否有霉味。

（6）将安全带完全拉出，仔细检查是否有染色或褪色等水损痕迹。

（7）检查行李箱是否有水迹和污泥，检查随车配件、物品是否生锈。比如备胎较新但钢轮毂出现锈蚀，则该车可判定为水损车。

（8）检查转向柱是否锈蚀严重。

（9）检查内饰、座椅螺丝等是否有大量拆装痕迹。

（10）检查真皮座椅的手感是否发硬。

（11）检查控制键回弹是否有卡滞迹象。

（12）检查空调蒸发器等零件的纸质商标是否有泡水痕迹。

（13）检查仪表台支架是否有锈蚀痕迹。

（14）检查点烟器插口是否锈蚀。

（15）检查发动机缸体是否有腐蚀痕迹。

四、施救方法与拆检流程

为了避免机动车辆涉水后损失扩大，应及时采取一些补救措施。施救要快，即要科学合理、及时地对受损车辆进行施救。拆检要快，即受损车辆进厂后，尽快拆检，根据水淹高度对有可能损失的部件进行拆检，不得让车辆处于停厂待修状态。

1. 施救方法

（1）迅速安排施救，力争在较短时间内将车辆运至维修地点。对于大规模水灾造成的集中性出险，受灾地区施救力量不能满足需要的，应请求上级公司或邻近公司予以支援，调动各方力量协作施救，并根据修理厂的维修力量对受损车辆进行分流。

（2）一般应采用硬牵引方式拖车。前驱动车辆可将汽车前轮托起后进行牵引；后驱动车辆应将变速器置于空挡、将前轮托起后进行牵引；严禁用软牵引方式拖车。

（3）自动变速器车辆、全时四驱车辆必须采取背车方式进行施救。

（4）车辆拖出水域后，应及时把电瓶的负极线拆下，使全车处于断电状态。

2. 拆检流程

（1）清洗车辆。

将车身外部清洁干净。

（2）拆检电器元件。

要按照水淹高度确定有可能损失的电器部件，进行分类拆检，拆检方法见表 6－6。

表 6－6　电器部件拆检方法

项目	拆检方法
电脑板及电控元件	电脑板及电控元件位于控制台内部，一般难以进水，其主要受损特征是脏污和受潮，将外层污渍清洗后，应拆卸外盖并用高压空气吹干线路板水渍，防止线路板氧化。
总成线及灯具、各类继电器、传感器、接插件	传感器插头水浸后会发绿，可先用 75 度工业无水酒精擦洗，并用刷子刷，再用高压空气吹干。 线束插头若为镀铜的，要先用 75 度工业无水酒精擦洗，并用刷子刷，再用高压空气风吹干。
安全气囊及电机	对气囊进行风干，电脑板和显示灯恢复后，车辆能自行检测气囊是否恢复正常。气囊损失鉴定可放在最后的试车阶段。
汽车照明装置	标准封闭式、卤钨封闭式灯具进水后，灯芯部分不受影响，插接点会出现锈蚀，清洁干净即可；半封闭式、无封闭式灯具进水后，内部会出现污渍，插接点会出现锈蚀，一般需要更换。

（3）拆检机械部件。

1）判断发动机是否进水。检查机油尺上润滑油的颜色、液面高度是否正常，机油尺上是否有附着物，打开油底壳或缸盖查看机油是否异常，观看曲柄连杆机构、缸壁等是否有锈蚀痕迹。若确认发动机已经进水，则要将发动机进行分解，不能带水点火。汽油喷射系统的电子器件会因受潮而造成绝缘降低，容易发生短路，需烘干；水损车的点火系各电器相关元件绝缘电阻下降、漏电或短路，容易导致点火系统失效。

2）变速器分手动和自动两种：手动变速器进水后，需将其分解、清洗、添加油液；自动变速器进水后，电子部分会受损失效，需进行更换。

3）传动系统、制动系统浸水后，需将其拆解、清洗、更换油液、保养。

（4）拆检内饰及座椅。

1）塑料、乙烯树脂、皮革、纤维织物和毛织物零部件，浸水后需清洗干净。

2）车内装饰件浸水后需清洗干净。

技能训练

根据学校实际情况为学生提供一辆水损事故车，让学生亲自完成鉴定过程，并填写事故车相关信息记录表。

<table>
<tr><td rowspan="4">车辆基本信息</td><td>厂牌型号</td><td colspan="2"></td><td>牌照号码</td><td></td></tr>
<tr><td>发动机号</td><td colspan="2"></td><td>VIN 码</td><td></td></tr>
<tr><td>出厂日期</td><td colspan="2">年 月 日</td><td>表征里程</td><td>万公里</td></tr>
<tr><td>品牌名称</td><td></td><td>□国产 □进口</td><td>车身颜色</td><td></td></tr>
<tr><td rowspan="7">鉴定过程</td><td>鉴定顺序</td><td colspan="4">鉴定部件名称及损伤情况描述（要求写出所有损伤部件）</td></tr>
<tr><td>前面检查</td><td colspan="4"></td></tr>
<tr><td>左侧检查</td><td colspan="4"></td></tr>
<tr><td>右侧检查</td><td colspan="4"></td></tr>
<tr><td>后面检查</td><td colspan="4"></td></tr>
<tr><td>车内检查</td><td colspan="4"></td></tr>
<tr><td>上下检查</td><td colspan="4"></td></tr>
<tr><td rowspan="2">鉴定结果</td><td colspan="5">□事故车 □非事故车</td></tr>
<tr><td colspan="5">□一级损伤 □二级损伤 □三级损伤 □四级损伤 □五级损伤 □六级损伤</td></tr>
<tr><td>鉴定人</td><td colspan="2"></td><td colspan="3">鉴定日期： 年 月 日</td></tr>
<tr><td>指导教师评语</td><td colspan="5"></td></tr>
</table>

任务三 火灾事故车的鉴定

任务导入

河南某旧机动车鉴定评估有限公司于 2015 年 12 月 16 日接受郑州市××县人民法院委托，对豫 A-XX 长安牌轿车发生自燃的原因进行鉴定。经过宏观分析和金相分析给出结论，该轿车烧蚀起火部位为发动机左侧靠后位置；根据对起火部位的燃烧特征和电线熔痕的金相组织分析，该车的损毁（失火）原因为发动机舱内线束短路所致。

问题：哪些情况能引发车辆着火？如何鉴别车辆着火原因？

汽车火灾损失令人触目惊心，无论是什么原因导致的起火燃烧，都会使车主及周围的人措手不及。即使扑救及时，汽车也会被烧得满目疮痍；如扑救不及时，整个汽车转眼之间就会烧毁。若在行驶中起火，还会给驾乘者造成严重的人身伤害。车辆过火后，车身板件因高温退火导致强度大大降低，二手车贬值也很大，所以火灾车鉴定技能是二手车鉴定评估人员应掌握的重要技能之一。

相关知识

一、火灾车辆类型

按照起火原因，汽车火灾可以分为自燃、引燃、碰撞起火、雷击和爆炸 5 种类型。

1. 汽车自燃

自燃是指在没有外界火源的情况下，由本车电器设备、油电路、机械系统等故障起火引发的燃烧，或所载货物起火引发的燃烧。汽车自燃的可能原因有以下几个方面：

（1）油路故障引起火灾。

1）燃油系统泄漏引燃汽车。油箱里的燃油经管路到气缸，这一过程要经过很多管件连接处，这些连接处是易泄漏点，如油箱泄漏，油管裂纹或褶皱，汽油滤清器接头连接不好，喷油器密封圈老化等均可造成燃油泄漏，泄漏的燃油蒸汽若遇到火源，便会造成汽车着火。

2）发动机机油泄漏引燃汽车。如发动机机油滤清器漏油，或曲轴密封处机油渗漏后附着在发动机部件表面，形成油污。机油虽然不属于易燃液体，但长期受热老化，闪点会降低，车辆行驶过程中，当机油温度接近其闪点时，若遇火源也极易引燃。

（2）电器及线路故障引起火灾。

1）漏电引发火灾。汽车上有很多电器设备，发动机工作时，点火线圈自身温度很高，有可能使高压线绝缘老化、龟裂，导致高压漏电；另外，高压线脱落引起跳火也是高压漏电的一种常见形式。由于高压漏电是对准某一特定部件持续进行的，必然引发漏电处的温度升高，遇到油泥等可燃物就会引发火灾。定期清洁发动机可有效预防此类火灾的发生。汽油车容易漏电的部位主要有火花塞和蓄电池，新能源汽车容易漏电的部位是电池、高压线路及开关等。

2）低压线路老化、过载或磨损搭铁等造成漏电引起燃烧。线路磨损部位会产生大量的热能，如果与易燃物接触，便会导致起火。

3）私自改装电路，造成线路用电负荷加大。如加装高档音响、通信设备、电动门窗和空调等，如未对整车线路布置进行分析及功率复核，火灾在所难免。

4）接触电阻过大引起电路着火。汽车的电气线路繁杂，连接着车辆的各个部件。车辆振动可能造成导线连接部位松动，导致接触不良，接触电阻过大便会使导线接触点发热，热量积累到一定程度就会将导线表皮烤焦，甚至起火。如蓄电池电源线与启动机的连接螺钉，若连接松动，极易引发发动机火灾。

5）违规加大熔丝容量引起电路着火。若随意加大熔丝容量，或用铜线代替熔丝，当线路短路时，熔丝无法断开，容易引发火灾。

（3）机械系统引起火灾。

汽车长时间超载运行时，一些机械部件将处于过度疲劳和过热状态，一旦超过疲劳极限，就有可能发生自燃。

1）制动系统工作时，制动蹄片上的摩擦片与制动鼓或制动盘之间的摩擦产生大量的热。如果汽车超载行驶，频繁的制动会使产生的热量更多，聚集的热量就会将润滑脂或制动液点燃。

2）轮胎过热起火。当轮胎气压不足或超载使用时，易摩擦生热，轮胎侧面会聚积大量的热而造成自燃。所以，轮胎起火常见于超载的货车。

（4）其他原因。

1）排气管上的三元催化转化器温度很高，且安装位置较低。如果停车时恰巧将其停在麦秆等易燃物附近，易将其引燃，进而引燃汽车。

2）夏季，如果将汽车长时间停放在太阳下暴晒，会将某些人习惯性放置在前风窗玻璃下的一次性打火机晒爆，如果车内恰巧有火花（如点燃的香烟、正在工作的电器设备产生的电火花等），就会引燃车内的饰品。

3）采用柴油发动机的汽车，有时冬季会出现供油管路挂蜡的现象。为了解决问题，某些人会在油箱外用明火烘烤，极易引起火灾。

2. 车外火源引燃汽车

汽车因其自身以外的火源引发的燃烧，简称引燃。如建筑物起火引燃、周边可燃物起火引燃、其他车辆起火引燃、被人为纵火烧毁等，都属于汽车被引燃的范畴。

将车停靠在可燃物附近，一旦可燃物着火，就会引燃车辆的轮胎、底盘上的油污或塑料保险杠等，进而造成车辆燃烧。汽车上的火源（如排气管放出的火星）、热源也易引燃这些可燃物而延烧到车辆。

3. 碰撞起火

碰撞起火是指汽车碰撞时，引起输油管路、油箱破裂，燃油溢出，接触到撞击后电源短路火花、金属摩擦撞击火花、发动机高温热表面等引起火灾。汽车发生追尾或迎面撞击时，由于不具备起火的条件，一般情况下不会起火。只有当撞击后引起易燃物（如汽油/柴油）泄漏且与火源接触时，才会导致起火。

（1）汽车发生严重的正面碰撞后，造成散热器后移，有可能使油管破裂，此时发动机尚处于运转状态，一旦高压线因脱落或漏电引起跳火，发生火灾的可能性就很大。

（2）当汽车因碰撞或其他原因，发生翻滚倾覆时，极易造成燃油泄漏，一旦接触电火花或摩擦产生的火花，就会引起火灾和爆炸。

4. 雷击引燃汽车

由于雷击造成汽车电器起火的现象，称雷击引燃汽车。在雷雨天气里，露天停放的汽车有可能遭遇雷击，因为雷击的电压非常高，完全可以将流淌着雨水的车体与地面之间构成回路，从而将汽车上的某些电气设备击穿（如车用电脑），甚至会引起汽车起火。

5. 爆炸引燃汽车

车内违规搭载的爆炸物品（如雷管、炸药、鞭炮）极易引起爆炸及火灾。

二、预防与施救方法

1. 预防车辆着火

（1）多留意车辆的电路、油路。电线老化要更换，油路漏油要修补，不可带“病”上路。行驶过程中，如闻到异味（尤其是焦臭味）或有烟，要立即停车检查，找出原因。

（2）行车途中不要吸烟。

（3）不要把车辆当仓库，尤其不能存放易燃易爆物品和自污染物品。夏天最好将车停在阴凉处或车库里，以免高温引起火灾。

2. 车辆着火施救方法

（1）停驶车辆着火。

当停驶车辆着火时，切不可惊慌失措，应掌握火情，冷静、果断地采取措施，最大限度地降低火灾造成的人员伤亡和财产损失。

（2）行驶中车辆着火。

1）行驶中车辆着火，应尽快驶离行车道，将汽车停在远离易燃易爆物品、人群、其他车辆、建筑物及树木的空旷地带。

2）人员应迅速撤离汽车，并立即报警。

（3）正确控制火势和灭火。

1）若发动机着火，应迅速停车并熄火，尽量不打开发动机罩，从散热器及车底侧进行灭火。

2）厢式货车或篷式挂车着火，特别是货物中含有危险品时，不可打开货厢门灭火，防止进入氧气而导致火势迅速蔓延。

3）灭火时，应明确着火物的性质，以选择合适的灭火介质。水可以用于熄灭木材、纸张、布匹和轮胎等起火，但不可用水去熄灭燃油引起的火灾，以防加剧火情。

4）燃油系统着火时，应立即切断油源，并用灭火器或其他器具灭火。若无灭火器，可用沙土或棉被、篷布、工作服等覆盖灭火。

5）若是酒精型防冻液起火，可迅速用水冲浇着火部位，以稀释酒精防冻液的浓度，从而使火势减弱而熄灭。

6）救火时，应脱掉化纤衣服，注意保护裸露的皮肤，不要用嘴呼吸或大声呼喊，以免烟火灼伤上呼吸道。

7）灭火时，人要站在上风处，以借助风势将灭火器泡沫吹向火源，同时防止浓烟及火苗对人员造成伤害。灭火务必完全彻底，没有火苗或火焰并不意味着火已完全熄灭，应继续灭火，直到燃烧物冷却为止。

三、现场查勘与鉴定

1. 车辆火灾查勘

（1）车辆火灾损伤程度。

根据车体燃烧程度分为整体燃烧和部分燃烧。整体燃烧是指机舱内部线路、电器、发动机、仪表台、内饰、座椅烧损，机械件壳烧损，车体金属件脱碳，表面漆层大面积烧损的现象。部分燃烧是指机舱内部线路、发动机附件、部分电器线路、塑料件等部分烧损，可通过修理恢复其用途和功能。

由于火灾车的车身强度有很大下降，故障率很高，其价值影响很大。因此，车主通常将发生过火灾的车辆进行简单维修后再出售。

（2）车辆火灾查勘方法。

1）闻气味，查内饰。检查车内有无刺鼻气味或烧焦的味道，检查内饰、地板有无过火痕迹，漆面是否完好。当车内有烧焦的气味，或有过度的香水或除臭剂等气味时，应警惕车辆可能出现过火灾事故。

2）检查保险丝盒。检查发动机舱内的保险丝盒和驾驶舱内的保险丝盒是否有更换或火烧熏黑的痕迹。

3）检查线束情况。检查发动机舱和车身线束是否有更换、局部地方是否有火烧痕迹。如有更换，则检查线束接口是否与新线束一致，有无瘤状、熏黑痕迹。

4）检查外观。检查车身外观、车门和前后翼子板外表面油漆是否有起伏状痕迹，车身油漆颜色和光泽是否均匀，周边胶条是否粘有油漆。观察防火墙有无火烧或熏黑痕迹。检查车身密封胶是否有高温熔化流淌的痕迹。

5）检查发动机舱内电器件是否有大量更换迹象；是否有新近喷漆痕迹；是否有熏黑的痕迹。检查驾驶室内饰及行李箱内饰是否有清理或大量更换痕迹。

2. 火灾现场痕迹提取与鉴定

火灾现场勘验过程中发现对火灾事实有证明作用的痕迹、物品以及可以排除某种起火原因的痕迹、物品，都应及时固定、提取，以便准确鉴定和评估车辆损失。提取电气痕迹及相关物品时，依据《火灾现场查勘规则》中的规定进行。

（1）提取金属短路熔痕时，应注意查找对应点，在距离熔痕 10cm 处截取。导体、金属构件等不足 10cm 时，应整体提取。

（2）提取导体接触不良痕迹时，应重点检查电线接头、电缆接头、铜铝接头、电器设备、仪表、接线盒和插头、插座等，并按有关要求提取。

（3）提取短路迸溅熔痕时，采用筛选法和水洗法。提取时注意保留金属构件、导线表面的熔珠。

（4）提取金属熔融痕迹时，应对其所在位置和有关情况进行说明。

（5）提取绝缘放电痕迹时，应将导体和绝缘层一并提取，绝缘已经炭化的尽量完整提取。

（6）提取过负荷痕迹时，应在靠近火场边缘截取未被火烧的导线 2～5m。

3. 火灾车辆损失评估

车辆起火燃烧后，其损失评估的难度较大。如果火被及时扑灭，可能只导致局部损失，损失的程度和范围也较小，只要参照相关部件的市场价格，并考虑相应的工时费，即可确定损失金额。

车辆发生火灾事故，其起火原因可分为自燃、引燃、碰撞起火、爆炸、雷击等。根据《机动车辆损失保险条款》保险责任部分条款的规定，车辆发生火灾、爆炸事故属于保险赔偿范围，但不包括因违反车辆安全操作规程和车辆本身漏油、漏电或所载货物等原因引起的火灾而造成的损失。

技能训练

根据学校实际情况为学生提供一辆事故车，让学生亲自完成鉴定过程，并填写事故车相关信息记录表。

车辆基本信息	厂牌型号			牌照号码	
	发动机号			VIN 码	
	出厂日期	年　月　日		表征里程	万公里
	品牌名称		□国产　□进口	车身颜色	
鉴定过程	鉴定顺序	鉴定部件名称及损伤情况描述（要求写出所有损伤部件）			
	前面检查				
	左侧检查				
	右侧检查				
	后面检查				
	车内检查				
	上下检查				
	其他检查				

续表

鉴定结果	□事故车 □非事故车	
	□汽车自燃 □ 碰撞 □外部火源引燃 □雷击引燃 □爆炸引燃	
鉴定人		鉴定日期： 年 月 日
指导教师评语		

任务四 维修费用及贬值分析

任务导入

河南某旧机动车鉴定评估有限公司 2018 年 7 月 14 日接受××中级人民法院的委托，对豫 F-790XXX 号车辆维修费用及贬值情况进行评估鉴定。经现场查勘，该车左前部严重受损，左前门严重撕裂、折叠变形，左前翼子板及右前门变形，左前立柱变形、凹陷等。需要维修更换的部件有：左前大灯、后视镜、左前翼子板三角饰板、左前门三角玻璃饰板、玻璃外压条、左前翼子板、前门内饰板、左前门升降器、左前门把手（含锁芯）、左前锁块（带中控）、左前门升降开关外饰框、左前门喇叭、左前门限位器、左前门合页、门锁开关拉线、左前门玻璃槽、左前门密封条、左前门、前门玻璃、左前门槛压条等。

问题：该车维修费用为多少元？贬值为多少元？

相关知识

事故车辆修复费用包括事故损失部分维修工时费、事故损失部分需更换的配件费（包含管理费）和残值。对于同一款汽车零件来说，因为各地采购途径不同，零件价格可能略有差异，但总体差异不大；各地的维修工时费的标准差异较大。

一、事故车维修费用确定方法

1. 维修工时费的组成

维修工时费一般包括事故相关部件拆装工时费、钣金修复工时费（包括辅助材料费）、机电维修工时费（含外加工费）、喷漆费（包含原材料费）等。

（1）拆装工时费。

拆装工时费是指事故损伤部件的拆装工时费，包含损伤部件的更换工时费，及相关部件的拆装工时费，即为完成损伤部件的拆装作业，必须拆装某些并没有损伤的零部件或总成，因此而发生的工时费。如严重变形的前纵梁需要校正时，必须拆装发动机、副梁等相关零件而需要的工时费，应该计算在内。在对被评估汽车拆装项目的确定有疑问时，可查阅相关的维修手册和零部件目录。拆装工时费标准可参考当地交通主管部门关于拆装工时费的相关标准，也可以查阅汽车制造厂规定的工时定额。

（2）钣金修复工时费。

钣金工时费的估算是定损工作的难点，根据多家维修站的报价统计，书末附录列举了各档次车型发生事故后，钣金修复的每一项的最高限额。每个价位的车只列举一个车型，鉴定时可以参考该表所列举金额，结合当地维修行情，根据车辆损伤程度，得出具体的钣金修复金额。另外，在修复事故较严重的车辆时，很多钣金工作都是起连带作用的，在定损时应考虑车辆的整体钣金金额，不要进行重复的定价。如车门、车顶维修时，应包含内饰及附件拆装工时费；后侧翼子板重大变形维修与更换时，应包含拆装后风窗玻璃工时费。

为了准确估算钣金修复工时费，应充分考虑各种影响因素，如零件价格差异、损伤位置、维修设备差异等。零件的价格决定着零件修理工时的上限，不同的汽车的同名零件价格差距甚远，从而造成修理工时差距非常大。损伤位置不同则钣金工时也不同，如平面部位钣金与车身腰线或棱角部位的钣金，需要的工时是不同的，通常，平面部件的钣金工时少些，工时费就会低些。另外，维修设备的差异也会造成维修费的不同。

（3）机电维修工时费。

机电维修工时费包括机修和电器维修零部件拆装工时费、仪器诊断工时费，还包括相关辅料费用、管理费用。估算公式：工时费＝工时定额×工时单价＋外加工费。

1）机电维修工时定额。机电维修工时定额的确定，应以当地的《汽车维修工时定额标准》为基准，结合评估人员的理论知识和实践经验，考虑本地实际情况灵活掌握。一般项目确定原则见表 6－7。

2）工时单价。工时单价指维修事故车辆时单位工作时间产生的维修成本费用、税金和利润之和。工时单价随地区等级变化，一般以二类地区价格为基础。在二类地区营业的一类维修企业最高限价为 80 元/h，二类维修企业最高限价为 60 元/h，三类维修企业最高限价为 40 元/h。

3）外加工费。如曲轴的变形校正及磨削、缸筒维修、断螺钉的取出及加工等，大多在专业的维修公司进行，核算时要考虑外加工费。凡是已含在维修工时定额范围内的外加工费，不得另行列项，重复收费。

表 6－7 机电维修工时定额确定原则

项目	典型项目维修工时确定原则
机修工时	①独立式前悬架只有在事故损坏需更换上、下悬架、拉杆等相关附件时，需进行电脑前轮定位调整（注意：不是四轮定位）； ②制动器只有拆装或更换油管路零件时，才需系统排气； ③吊装发动机工时，包含拆装与发动机相连的散热系统、变速器及传动系统工时； ④发动机只有更换气缸体时，才可按大修工时计算； ⑤更换新气缸盖时，需计算铰削气门座和研磨气门工时、气门导管拆装工时。
电器维修工时	①更换前照灯包含调整灯光工时； ②空调系统中，更换任何涉及制冷剂泄漏零件时，需计算查漏、抽真空、加制冷剂工时； ③更换电控系统电脑、部分传感器时，需要用诊断仪进行检测或匹配，即应包含仪器诊断工时。
其他附加工时	①辅助材料费，如消耗材料费、电工焊接材料费； ②管理费，如利润、税金等。

（4）喷漆费。

不同地区的车身喷漆费用计算方法不同，有以面积乘以单价计算的方法，也有以常见覆盖件单件计算的方法。喷漆费应包含喷漆需要的原子灰、漆料、油料、辅助添加剂等材料费。

1）喷漆面积的确定。局部喷漆范围以最小范围喷漆为原则（即以该部位最近的接缝、明显棱边为断缝收边），如翼子板腰线上部损伤以腰线以上的面积计算，而不是整个翼子板全喷面积。

2）喷漆单价的确定。常见的面漆大多以进口或合资品牌为主，如杜邦、新劲、PPG等。面漆的种类与名称繁多，但大致可归结为喷漆和磁漆。漆种的鉴别也较为简单，可直接通过电脑分析原车加油口盖判断汽车原面漆的种类；也可以现场用蘸有硝基漆稀释剂（香蕉水）的白布摩擦漆膜，观察漆膜的溶解度。如果漆膜溶解，并在白布上留下印迹，则是喷漆，反之则为磁漆。如果是磁漆，再用砂纸在损伤部位的漆面轻轻打磨几下，鉴别是否漆了透明漆层；如果砂纸磨出白灰，就是透明漆层；如果砂纸磨出颜色，就是单级有色漆层。最后借光线的变化，直接观察颜色有无变化，如果有变化，则为变色漆。汽车面漆分四类：硝基喷漆、单涂层烤漆、双涂层烤漆、变色烤漆。

虽然不同地区喷漆费用计算方法不同，但单位面积的涂饰费用基本相同。结合沈阳市4S店的定价标准列出的各漆种收费参考价格见表 6－8。

表 6-8　各漆种收费参考价格

项　　目	轿车喷漆单价/元					客车喷漆单价/元		货车喷漆单价/元	
	微型	普通型	中级	中高级	高级	普通	豪华	车厢	驾驶室
硝基喷漆/m^2						100		50	100
单涂层烤漆/m^2	200	250	300	400	500	200	300		200
双涂层烤漆/m^2	300	350	400	500	600		450		
变色烤漆/m^2			550	650	750				

3）常见覆盖件的喷漆费。在实际定损工作中，常以覆盖件单件计算方法确定喷漆费用。不同维修厂相同车型的覆盖件的喷漆费用略有不同，定损时可以根据定损车辆的类型、价位选择合适的喷漆标准。对上有车身划痕险的车辆进行全车喷漆时，应在不同修理厂对应的金额基础上适当下调（7%左右）。

2. 更换配件费的确定

配件费计算公式：

配件费＝配件进货价×(1＋管理费比例%)－残值

配件进货价以该配件的市场零售价为准。配件管理费是指维修企业因更换配件，在采购过程中发生的采购、装卸、运输、保管、损耗等费用以及维修企业应得的利润和出具发票应缴的税金而给出的综合性补偿费用。配件管理费应综合考虑维修厂技术类别、专修车型来确定。

按照维修行业惯例和废旧物资市场行情估算出的车辆遭受损失后的残余部分的价值，称为残值。

3. 事故车残值确定

事故车残值的计算要考虑很多因素，主要包括车辆的品牌、损伤程度、损伤部位等。事故车残值计算公式：

事故车残值＝重置成本价×成新率×事故折扣率－维修费

二、事故车贬值分析

车辆贬值反映在价值上的损失，即车辆贬损。尤其是重大事故造成车辆严重损坏后，即使经过修复，虽然外观上修复如新，但并不可能完全恢复到车辆原有状态，即该车在使用寿命、安全性能、舒适性、驾驶操控性等方面仍会受到不良影响，因此导致车辆的功能、价值等方面的贬损。事故车价值贬损与损失程度、损伤部位、维修质量等因素有关。

1. 车辆贬值损失的认定条件

（1）维修后车辆外观美观度及使用性能下降。

外观美观度的降低指事故车辆经过维修后，对车辆外观造成的损伤。车辆使用性能下降是车辆使用价值贬损的主要因素，主要包括车辆结构件本身的物理性改变及机件之间在整体配合上的缺陷。车辆覆盖件变形后，修复时若配件未更换，而是通过加温、焊接、加压、拉伸、敲击等外力加工方式恢复，金属机件通常会改变原有金属结构、预应力分配方向等，导致正常使用寿命缩短或加速老化折旧；对于车身结构件，如采用切割、焊接方式修理，可能导致车身结构尺寸变化，行驶时加剧振动、加速轮胎磨损等。这种车辆使用价值的贬损，在事故发生后就客观存在，是现有财产价值的实际减少，不因车辆是否出卖而改变，不应看作因交易而产生的间接损失。

（2）车辆贬值程度。

虽然依法应遵循完全赔偿的损害赔偿原则，但并不意味着一切损害均能获得赔偿，“损害”本身在法律上需要具有一定的条件。所谓损害的可补救性，是指损害在法律上被认为具有救济的可能性和必要性时，才能够获得侵权责任法的救济，它要求损害必须达到一定的程度。

判断车辆维修后的损害达到何种程度，可以根据车辆的维修对车辆使用年限、安全性的影响，车辆的受损部件、整车的安全性、车辆的操控性、舒适度的受损程度等来判断。同时，要考察车辆经过维修后的恢复程度。即使车辆的主要部件受损，但是经过更换，与原有新配件无异，就不能认为存在使用价值的贬损。如果车辆仅发生刮擦、轻微碰撞等，并没有导致车辆结构件如纵梁、ABC 柱、水箱支架、前后减震器上支座等受损；或经过维修后仅造成外观上的瑕疵、噪声的增加等，就不能被认为损害达到了一定量，不能被认为对车辆使用造成影响。

（3）事故车辆的交易价值是否受损。

在市场交易中，人们会因车辆系曾出过事故而给出更低的购买价格，对于车主来讲，这种价格差就是车辆的贬值损失。当然，法律上所救济的损害需要具有确定性，即损害事实是一个确定的事实，而不是臆想的、虚构的，尚未发生的现象。如果车辆不进入交易市场，因交易而带来的贬值损失就属于尚未发生的现象，车主不能获得赔偿；相反，如果正处于交易过程中的车辆受损，那么即使经过维修，仍会影响车辆的交易价格，应获得赔偿。比如，位于汽车专卖店或运输途中的新车，对于车辆销售方来讲，车辆确系用于交易而非使用的，如果车辆发生事故，会造成价值降低，这种价值的降低是确定要发生的，不确定的只是贬值的具体金额。贬值损失金额的确定，可委托具有车辆评估资质的专业机构进行评估。

2. 事故车贬值测算方法

（1）假设交易分析测算法。

假设在市场交易条件比较充分的情况下，受损车辆经修复后即通过拍卖或变卖，综合分析其可成交价值与车辆发生事故前的可变现价值的差异，从而测算鉴定标的贬值损失价值。此方法实质是一种市场比较法的综合运用。

1）根据鉴定标的现有资料，采用市场比较法，分析测算鉴定标的在事故发生前即基准日前的可变现价值。

2）综合确定鉴定标的贬值损失系数。一般来说，旧机动车如果发生过交通事故，即使修复，但因其安全、使用等性能受到不同程度的影响，其拍卖或变卖时的贬值损失系数一般为原车受损前可变现价值的 10%至 30%（有的甚至达到或超过 50%，因车辆自身、受损部位、修复程度等因素而异）。根据鉴定标的的购买时间、车辆档次、车辆使用性质、受损前的成新状况（特别是标的在本次受损之前是否曾发生过交通事故）及修理厂家、修理水平等情况，参照以上所述的市场交易惯例，并结合估价人员的经验，综合分析确定鉴定标的的贬值损失系数。

3）根据鉴定标的事故前的可变现价值和鉴定标的修复后的贬值损失系数计算鉴定标的贬值损失价值。用公式表示如下：

$$P=P_1\times r$$

式中：P——鉴定标的贬值损失价值；

P_1——鉴定标的基准日前的可变现价值；

r——鉴定标的贬值损失系数；

（2）修理项目分析测算法。

根据受损车辆的修理方案（指科学的修理方案），分类逐项分析修理项目，结合车辆修理费用总额并参照汽车行业的通行做法，结合受损车辆使用性质、行驶里程、车辆在事故前使用维修保养状况等相关因素，确定以算术平均法或加权平均法来计算车辆贬值损失价值。

（3）车辆贬值鉴定注意事项。

1）充分考虑影响事故车辆贬值的因素。因为受损车辆在被损前的使用保养状况一般不易被了解，以及修理后的实际影响究竟如何难以把握，所以分析测算鉴定标的贬值损失系数时主观成分比较多，在很大程度上依赖于价值鉴定人员对现有资料的综合分析能力及估价经验。

2）鉴定人员一定要客观公正，使用科学方法。事故车辆贬值损失价值鉴定一般是民事案件的涉案财产委托鉴定业务，由于牵涉到双方当事人的利益，因此，价值鉴定结论的客观公正显得尤其重要。价值鉴定人员在鉴定过程中的每一环节务必认真谨慎，对参数的确定要尽可能充分说明理由，对于车辆修理方案是否科学，应借助于有关专家或行家的分析。

3）充分了解受损车辆在事故前的真实状况。价值鉴定报告一定要以鉴定标的在基准日前正常使用为前提条件；同时，由于修理厂家的水平直接影响受损车辆的恢复程度，故价值鉴定报告要以事故车辆根据科学的修理方案修理后，应该达到技术上能够达到的程度为假设前提，即修理厂家修理方案的不科学或修理不到位对车辆贬值的影响。

4）鉴定人员要尽可能收集二手车市场交易行情的基础资料，仔细分析车辆各种成交价格之间的因果关系，为交通事故车辆贬值损失价值鉴定逐步建立和完善资料数据库。

3. 事故车贬值鉴定流程

通常情况下，事故车即便经过修理，也不可能将操纵性、舒适性、安全性完全恢复到被撞以前的状态，所以，事故车辆经过修理后，大都会贬值。

车辆贬值额的大小与车辆的购买年限、使用情况、车辆自身价值、车辆损坏程度等因素有着直接的关系。一般而言，使用时间较短的车辆，较昂贵的车辆在被撞后的贬值程度可能会比其他车辆更明显。对于购买时间较长、使用强度较大的车辆，碰撞不太严重的车辆，也会产生贬值，但由于需花费较多时间和精力，通常不进行贬值鉴定。

车辆贬值鉴定流程：法院出具鉴定委托书→提供受损车辆修理清单复印件、车辆受损照片→提供车辆行驶证复印件→告知车辆减值损失的鉴定方法→同意鉴定的，进行车辆现场勘查→出具鉴定结论。

技能训练

学生对已经完成的 3 份事故车（碰撞事故车、水损车、火灾车）鉴定单进行维修费用的确定，学生可通过网上查询或其他方式给出事故车维修总费用。实训单样式如下，表格中的数量可以根据实际情况进行增减。

车辆信息	VIN码				
碰撞事故车维修费用确定过程	零部件费用合计：				
	序号	名称	数量	单价	总价
	1				
	2				
	3				
	4				
	工时费用合计：				
	序号	名称	数量	单价	总价
	1				
	2				
	喷漆费用合计：				
	序号	名称	数量	单价	总价
	1				
	其他费用合计：				
	序号	名称	数量	单价	总价
	1				
	总费合计：				
车辆信息	VIN码				
水损车维修费用确定过程	零部件费用合计：				
	序号	名称	数量	单价	总价
	1				
	2				
	工时费用合计：				
	序号	名称	数量	单价	总价
	1				
	2				
	喷漆费用合计：				
	序号	名称	数量	单价	总价
	1				
	其他费用合计：				
	序号				
	1				
	总费合计：				

续表

<table>
<tr><td>车辆信息</td><td>VIN 码</td><td colspan="4"></td></tr>
<tr><td rowspan="17">火灾车维修费用确定过程</td><td colspan="5">零部件费用合计：</td></tr>
<tr><td>序号</td><td>名称</td><td>数量</td><td>单价</td><td>总价</td></tr>
<tr><td>1</td><td></td><td></td><td></td><td></td></tr>
<tr><td>2</td><td></td><td></td><td></td><td></td></tr>
<tr><td colspan="5">工时费用合计：</td></tr>
<tr><td>序号</td><td>名称</td><td>数量</td><td>单价</td><td>总价</td></tr>
<tr><td>1</td><td></td><td></td><td></td><td></td></tr>
<tr><td colspan="5">喷漆费用合计：</td></tr>
<tr><td>序号</td><td>名称</td><td>数量</td><td>单价</td><td>总价</td></tr>
<tr><td>1</td><td></td><td></td><td></td><td></td></tr>
<tr><td colspan="5">其他费用合计：</td></tr>
<tr><td>序号</td><td>名称</td><td>数量</td><td>单价</td><td>总价</td></tr>
<tr><td>1</td><td></td><td></td><td></td><td></td></tr>
<tr><td colspan="5">总费合计：</td></tr>
<tr><td>保价人</td><td colspan="2"></td><td colspan="3">日期： 年 月 日</td></tr>
<tr><td>指导教师评语</td><td colspan="5"></td></tr>
</table>

项目总结

1. 按碰撞损伤行为不同，汽车碰撞损伤可分为直接损伤和间接损伤两种。直接损伤是指汽车碰撞直接接触点的车身一次损伤；间接损伤是指发生在直接损伤区域之外，并离碰撞点有一段距离的损伤。

2. 按损伤原因不同，汽车损伤一般分为碰撞、水损和火灾 3 种，而碰撞损伤按碰撞位置不同又分为正面碰撞损伤、侧面碰撞损伤和后面碰撞损伤 3 种。

3. 汽车水损程度主要取决于水质、水淹时间、水淹高度等。

4. 汽车火灾按起火原因可分为自燃、引燃、碰撞起火、雷击和爆炸 5 种类型。引发汽车火灾的常见原因是车辆自身电器线路老化、过载、短路。

5. 车辆维修工时费一般包括事故相关部件拆装工时费、事故部分钣金修复工时费、事故相关的机电维修工时费、事故部分喷漆费等。

思考与练习

一、选择题

（1）车辆出现（　　）情况时，可以判定车辆发生过严重碰撞。

A. 前保险杠弯曲变形　　B. 更换过倒车镜

C. 车架大梁弯曲变形　　D. 前叶子板补过漆

（2）车辆在水淹后外观上没有太大变化，但在后期使用中（　　）故障率较高。

A. 电控系统　　B. 制动系统　　C. 转向系统　　D. 冷却系统

（3）火灾车不但车身强度下降很多，而且故障率也很高，这对其价值影响（　　）。

A. 很大　　B. 较小　　C. 很小　　D. 不一定

（4）车身喷漆费用计算方法各不相同，通常采用（　　）乘以单价的计算方法。

A. 面积　　B. 单价　　C. 钣金工时　　D. 漆料价值

（5）重大事故造成车辆严重损坏后，即使经过修复，虽然外观上修复如新，但（　　）完全恢复到车辆原有状态。

A. 并不能　　B. 能　　C. 可能　　D. 以上均可能

（6）下列选项中，（　　）不属于事故车辆拆装工时费。

A. 损伤部件的更换工时费　　B. 外加工工时费

C. 相关部件的拆装工时费　　D. 事故损伤部件拆装工时费

（7）事故车价值贬损与很多因素有关，但下列选项（　　）除外。

A. 损失程度　　B. 维修质量　　C. 损伤部位　　D. 保险额度

（8）除（　　）选项外，都是避免车辆着火的注意事项。

A. 多留意车辆的油电路

B. 行车途中不要吸烟

C. 车上不能存放易燃易爆物品

D. 车速不能超过道路规定行车速度

（9）当乘员仓进水，而水面在座椅坐垫以下时，对应的损伤级别为（　　）。

A. 一级　　B. 二级　　C. 三级　　D. 四级

（10）承载式车身前部和后部发生相反的凹陷变形时，称为（　　）损伤。

A. 折皱　　B. 扭曲　　C. 凹陷　　D. 侧弯

二、判断题

（1）被碰撞或撞击后，车架大梁弯曲、变形或断裂，修复后属于事故车。（　　）

(2) 水箱及水箱支架被撞损伤，修复或更换后不属于事故车。(　　)

(3) 车身后翼子板被碰撞，切割或更换后不属于事故车。(　　)

(4) 车辆涉水深度超过车轮半径，行驶过后就属于水损车。(　　)

(5) 整个车辆全部没入水中才叫灭顶车。(　　)

(6) 车辆水损程度一般与水质、水淹时间、水淹高度等因素有关。(　　)

(7) 侧弯损伤是指由于正面碰撞或追尾碰撞引起的零件表面凹陷。(　　)

(8) 车内违规搭载的爆炸物品（如雷管、炸药、鞭炮）极易引发爆炸及火灾。(　　)

(9) 购买二手车时，不但要选择信誉好的商家，还要签订买卖合同，这样能有效避免风险。(　　)

(10) 事故车的技术鉴定和价值评估属于《二手车鉴定评估技术规范》范畴。(　　)

三、简答题

(1) 简述车辆正面碰撞损伤查勘要点。

(2) 简述车辆侧面碰撞损伤查勘要点。

(3) 简述车辆后面碰撞损伤查勘要点。

(4) 举例说明直接损伤和间接损伤的区别。

(5) 哪些检查可以确认事故车辆?

(6) 简述事故车辆贬值测算方法。

(7) 简述事故车辆维修费用确定过程。

(8) 简述事故车贬值鉴定流程。

(9) 简述车辆着火的施救方法。

(10) 简述车辆被水淹的施救方法。

参考文献

[1] 杨洪庆，陈晓．汽车电器设备原理与检修一体化教程［M］．2 版．北京：机械工业出版社，2019.

[2] 陈甲仕．汽车钣金喷漆技术［M］．北京：机械工业出版社，2019.

[3] 明光星，刘国辉．二手车鉴定评估实用教程［M］．3 版．北京：机械工业出版社，2016.

[4] 明光星，李文才．事故车查勘定损实用教程［M］．北京：机械工业出版社，2012.

[5] 张永波．汽车故障诊断技术［M］．北京：北京邮电大学出版社，2013.

[6] 杨洪庆．汽车发动机电控技术［M］．2 版．北京：中国人民大学出版社，2012.

[7] 刘占峰，宋力，赵丹平．汽车空调［M］．北京：北京大学出版社，2011.

[8] 娄云，杨洪庆．汽车检测与诊断技术［M］．北京：北京大学出版社，2010.

[9] 明光星．汽车车损与定损［M］．北京：中国人民大学出版社，2009.

[10] 吴兴敏，惠有利．汽车检测与诊断技术［M］．2 版．北京：中国人民大学出版社，2011.

附录

附录一　常见零件维修价格表

常见钣金价格　　　　（单位：元）

项目		奔驰S320	宝马X5	奥迪A6	帕萨特	丰田4500	捷达04款	夏利三厢	奇瑞QQ	微型车系
校正车身	4S店价	9 000	7 000	2 000	1 750	2 500	1 200	1 000	1 000	800
	大修厂价	4 000	3 000	1 500	1 200	1 600	900	700	600	700
单侧前纵梁	4S店价	1 500	900	400	350	400	300	250	240	200
	大修厂价	800	600	350	300	350	260	150	150	150
发动机室盖	4S店价	3 000	2 000	400	400	400	300	200	240	150
	大修厂价	1 500	1 200	300	300	350	240	180	200	100
单侧前翼子板	4S店价	750	400	280	240	260	100	60	150	80
	大修厂价	400	300	250	200	240	80	50	120	50
散热器框架	4S店价	0	0	220	180	200	150	120	150	—
	大修厂价	0	0	200	130	180	100	100	100	—
前门	4S店价	720	450	300	240	260	180	150	150	150
	大修厂价	350	300	200	180	200	150	100	100	120
后门	4S店价	720	450	300	240	260	180	150	150	150
	大修厂价	350	300	200	180	200	150	100	100	120
大顶	4S店价	900	450	350	300	350	250	200	200	250
	大修厂价	300	300	300	200	300	200	150	150	200
行李箱盖	4S店价	1 000	600	420	400	450	300	200	300	300
	大修厂价	600	400	300	300	350	250	180	240	240

续表

项目		奔驰 S320	宝马 X5	奥迪 A6	帕萨特	丰田 4500	捷达 04 款	夏利 三厢	奇瑞 QQ	微型 车系
单侧后翼子板	4S 店价	1 000	500	400	400	400	260	200	150	150
	大修厂价	450	300	250	240	300	200	150	100	120
后纵梁行李箱地板	4S 店价	2 000	1200	550	450	550	450	320	350	350
	大修厂价	1 000	600	450	400	500	400	260	300	300
A 柱	4S 店价	700	400	200	200	200	150	120	150	100
	大修厂价	300	200	150	150	150	120	100	100	80
B 柱	4S 店价	800	500	300	240	300	200	150	150	140
	大修厂价	400	280	200	200	200	150	120	120	100
C 柱	4S 店价	700	400	200	180	200	150	120	150	100
	大修厂价	300	200	150	120	150	120	80	100	80

常见零部件拆装价格

（单位：元）

项目		奔驰 S320	宝马 X5	奥迪 A6	帕萨特	丰田 4500	捷达 04 款	夏利 三厢	奇瑞 QQ	微型 车系
全车拆装	4S 店价	5 500	4 300	3 000	2 000	3 500	1 850	1 500	1 400	1 350
	大修厂价	3 200	3 000	2 000	1 800	2 500	1 500	1 000	1 000	1 000
抬发动机变速器	4S 店价	1 600	1 250	550	500	550	50	350	320	250
	大修厂价	800	750	500	400	500	380	300	280	200
单侧前悬架	4S 店价	700	600	300	200	260	150	80	100	80
	大修厂价	300	280	150	120	150	80	50	50	50
后桥	4S 店价	600	450	300	250	300	200	100	120	100
	大修厂价	300	300	150	120	150	100	80	80	60
前保险杠/前照灯/散热器/冷凝器等	4S 店价	450	260	200	1800	200	150	100	120	100
	大修厂价	300	300	150	150	150	100	80	80	80
仪表台	4S 店价	600	450	300	200	300	200	150	150	100
	大修厂价	350	300	200	150	200	150	100	100	80
前风窗	4S 店价	800	400	300	200	300	150	50	50	50
	大修厂价	350	300	200	100	200	80	50	50	30
前门	4S 店价	480	300	180	120	150	100	80	80	50
	大修厂价	200	200	100	80	100	60	50	50	30

续表

项目		奔驰S320	宝马X5	奥迪A6	帕萨特	丰田4500	捷达04款	夏利三厢	奇瑞QQ	微型车系
后门	4S店价	400	280	150	100	120	80	60	50	40
	大修厂价	180	180	100	80	100	50	50	50	30
后翼子板	4S店价	700	500	400	300	400	280	180	150	150
	大修厂价	300	300	250	200	300	240	150	150	120
座椅（一个）	4S店价	250	200	150	100	100	80	50	50	40
	大修厂价	150	120	80	80	100	60	50	50	40
散热器框架	4S店价	600	160	100	100	200	150	100	100	80
	大修厂价	300	80	80	60	200	120	100	80	50
前纵梁（单侧）	4S店价	700	500	300	240	300	200	150	100	0
	大修厂价	300	280	200	200	200	150	120	100	0
车顶（天窗）	4S店价	400	300	200	150	200	100	50	50	50
	大修厂价	200	200	150	120	150	50	50	50	50

注：一、二类维修厂的全车喷漆价格可参考每项第二行价格。

附录二　二手车鉴定评估技术规范 GB/T 30323－2013（节选）

1　范围

本标准规定了二手车鉴定评估的术语和定义、企业（生产企业二手车业务、汽车经销商二手车部门、二手车市场、二手车经纪公司、二手车拍卖）要求、作业流程和方法等技术要求。

本标准适用于从事二手车（小、微型客车和大型轿车）鉴定评估的活动。从事其他二手车鉴定评估，以及其他涉及汽车鉴定评估的活动参照执行。

2　规范性引用文件

下列文件对于本文件的应用是必不可少的。凡是注日期的引用文件，仅注日期的版本适用于本文件。凡是不注明日期的引用文件，其最新版本（包括所有的修改单）适用于本文件。

3　术语和定义

下列术语和定义适用于本文件。

3.1

二手车　used car

从办理完毕注册登记手续到达到国家强制报废标准之前进行交易并转移所有权的汽车。

3.2

二手车鉴定评估　used car appraisal and evaluation

对二手车进行技术状况检测、鉴定，确定某一时点价值的过程。

3.2.1

二手车技术状况鉴定　technical condition of the used car appraisal

对车辆技术状况进行缺陷描述、等级评定。

3.2.2

二手车价值评估　used car valuation

根据二手车技术状况鉴定结果和鉴定评估目的，对目标车辆价值进行评估。价值评估方法主要包括现行市价法、重置成本法。

3.2.2.1

现行市价法　Current market price method

根据车辆技术状况按照市场现行价格计算出被评估车辆价值的方法。

3.2.2.2

重置成本法　Replacement cost method

按照相同车型市场现行价格重新购置一个全新状态的评估对象，用所需的全部成本减去评估对象的实体性、功能性和经济性陈旧贬值后的差额，以其作为评估对象现时价值的方法。

3.3

二手车鉴定评估机构　used car appraisal and evaluation mechanism

从事二手车鉴定评估经营活动的第三方服务机构。

3.4

二手车鉴定评估师　used car appraisal appraiser

依法取得二手车鉴定评估师国家职业资格的人员。

3.5

高级二手车鉴定评估师　advanced used car appraisal appraiser

依法取得高级二手车鉴定评估师国家职业资格的人员。

4　二手车鉴定评估机构条件和要求

4.1　场所

经营面积不少于 $200m^2$。

4.2　设施设备

4.2.1　具备汽车举升设备。

4.2.2　车辆故障信息读取设备、车辆结构尺寸检测工具或设备。

4.2.3　具备车辆外观缺陷测量工具、漆面厚度检测设备。

4.2.4　具备照明工具、照相机、螺丝刀、扳手等常用操作工具。

4.3　人员

具有 3 名以上二手车鉴定评估师，1 名以上高级二手车鉴定评估师。

4.4　其他

4.4.1　具备电脑等办公设施。

4.4.2　具备符合国家有关规定的消防设施。

5　二手车鉴定评估程序

5.1　二手车鉴定评估作业流程

二手车鉴定评估机构开展二手车鉴定评估经营活动按图 1 所示流程作业，并参照附件 A 填写《二手车鉴定评估作业表》。二手车经销、拍卖、经纪等企业开展业务涉及二手车鉴定评估活动的，参照图 1 有关内容和顺序作业，即查验可交易车辆—登记基本信息—判别事故车—鉴定技术状况，并参照附件 B 填写《二手车技术状况表》。

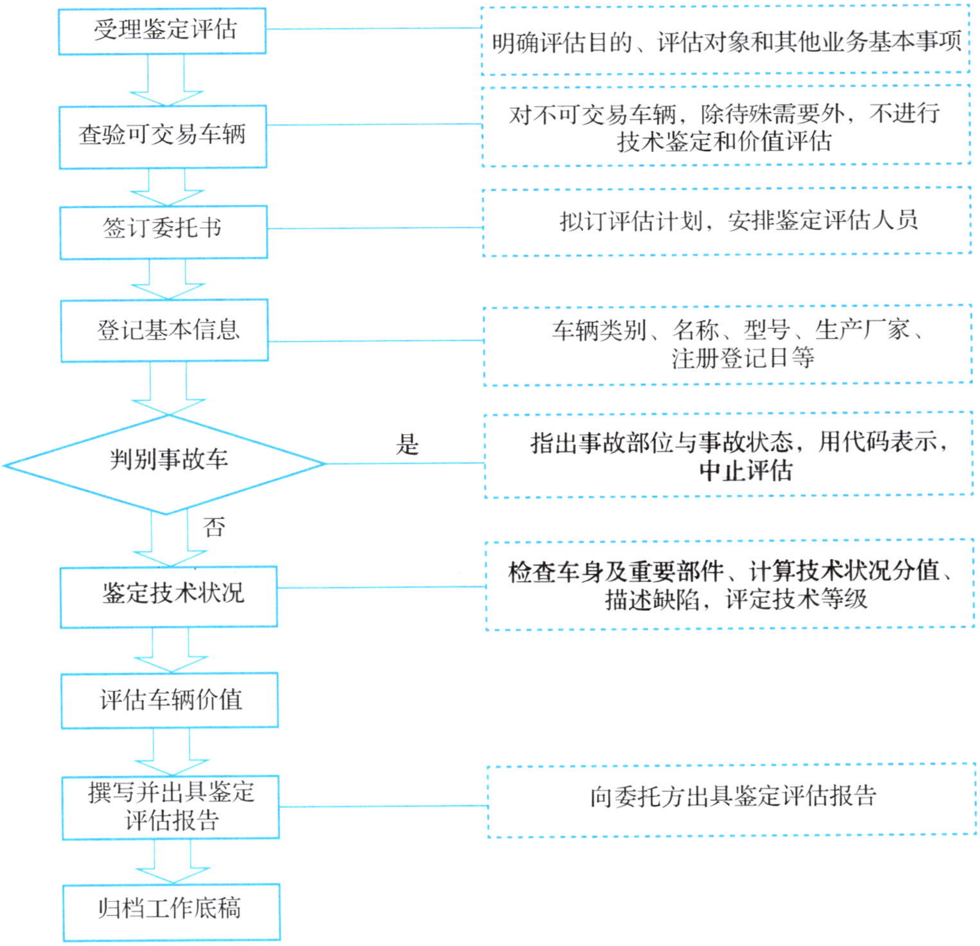

图 1　二手车鉴定评估作业流程

5.2　受理鉴定评估

了解委托方及其车辆的基本情况，明确委托方要求，主要包括委托方要求的评估目的、评估基准日、期望完成评估的时间等。

5.3　查验可交易车辆

5.3.1　查验机动车登记证书、行驶证、有效机动车安全技术检验合格标志、车辆购置税完税证明、车船使用税缴付凭证、车辆保险单等法定证明、凭证是否齐全，并按照表 1 检查所列项目是否全部判定为“是”。

5.3.2　如发现上述法定证明、凭证不全或表 1 检查项目任何一项判别为“N”的车辆，应告知委托方，不需继续进行技术鉴定和价值评估（司法机关委托等特殊要求的除外）。

5.3.3　发现法定证明、凭证不全，或者表 1 中第 1 项、第 4 项至第 8 项任意一项判别为“N”的车辆应及时报告公安机关等执法部门。

表 1　可交易车辆判别表

序号	检查项目	判别
1	是否达到国家强制报废标准	Y 否　N 是
2	是否为抵押期间或海关监管期间的车辆	Y 否　N 是
3	是否为人民法院、检察院、行政执法等部门依法查封、扣押期间的车辆	Y 否　N 是
4	是否为通过盗窃、抢劫、诈骗等违法犯罪手段获得的车辆	Y 否　N 是
5	发动机号与机动车登记证书登记号码是否一致，且无凿改痕迹	Y 是　N 否
6	车辆识别代号（VIN）或车架号码与机动车登记证书登记号码是否一致，且无凿改痕迹	Y 是　N 否
7	是否走私、非法拼组装车辆	Y 否　N 是
8	是否法律法规禁止经营的车辆	Y 否　N 是

5.4　签订委托书

对相关证照齐全、表 1 检查项目全部判别为“Y”的，或者司法机关委托等特殊要求的车辆，按附件 C 签署《二手车鉴定评估委托书》。

5.5　登记基本信息

5.5.1　登记车辆使用性质信息，明确营运与非营运车辆。

5.5.2　登记车辆基本情况信息，包括车辆类别、名称、型号、生产厂家、注册登记日期、表征行驶里程等。如果表征行驶里程与实际车况明显不符，应在《二手车鉴定评估报告》（参见附件 D）或《二手车技术状况表》（参见附件 B）有关技术缺陷描述时予以注明。

5.6　判别事故车

5.6.1　使用漆面厚度检测设备对车体结构部件进行检测；使用车辆结构尺寸检测工具或设备检测车体左右对称性（代码为 1）。

5.6.2　参照图 2 所示车体部位（代码为 2～13），按照表 2 要求检查车辆外观，判别车辆是否发生过碰撞、火烧，确定车体结构是完好无损或者有事故痕迹。

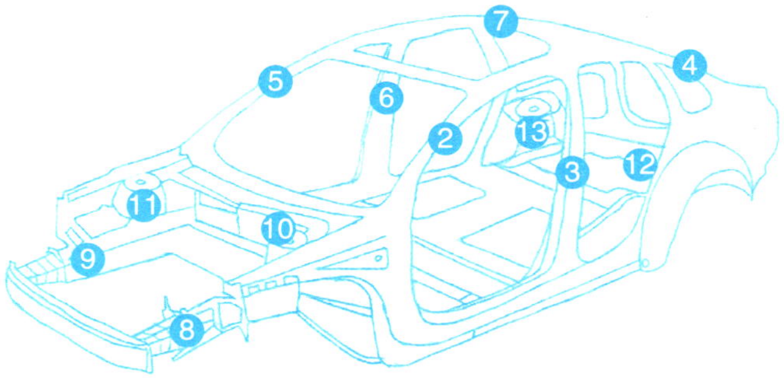

2　左A柱	6　右B柱	10　左前减震器悬挂部位
3　左B柱	7　右C柱	11　右前减震器悬挂部位
4　左C柱	8　左前纵梁	12　左后减震器悬挂部位
5　左A柱	9　右前纵梁	13　右后减震器悬挂部位

图 2　车体结构示意图

表 2　车体部位代码表

序号	检查项目或车体部位	序号	检查项目或车体部位
1	车体左右对称性	8	左前纵梁
2	左 A 柱	9	右前纵梁
3	左 B 柱	10	左前减震器悬挂部位
4	左 C 柱	11	右前减震器悬挂部位
5	右 A 柱	12	左后减震器悬挂部位
6	右 B 柱	13	右后减震器悬挂部位
7	右 C 柱		

5.6.3　根据表 2、表 3 对车体状态进行缺陷描述。即：车身部位代码＋状态。例：4SH，即：左 C 柱有烧焊痕迹。

5.6.4　当表 2 中任何一个检查项目存在表 3 中对应的缺陷时，则该车为事故车。

5.6.5　事故车的车辆技术鉴定和价值评估不在本规范的范围之内。

表 3　车辆缺陷状态描述对应表

代表字母	BX	NQ	GH	SH	ZZ
缺陷描述	变形	扭曲	更换	烧焊	褶皱

5.7　鉴定车辆技术状况

5.7.1　按照车身、发动机舱、驾驶舱、启动、路试、底盘等项目顺序检查车辆技术状况。

5.7.2　根据检查结果确定车辆技术状况的分值。总分值为各个鉴定项目分值累加，即鉴定总分=∑项目分值，满分 100 分。

5.7.3　根据鉴定分值，按照表 4 确定车辆对应的技术等级。

表 4　车辆技术状况等级分值对应表

技术状况等级	分值区间
一级	鉴定总分≥90
二级	60≤鉴定总分<90
三级	20≤鉴定总分<60
四级	鉴定总分<20
五级	事故车

5.8　评估车辆价值

5.8.1　估值方法选用原则：

a）一般情况下，推荐选用现行市价法；在无参照物、无法使用现行市价法的情况下，**选用重置成本法。**

b）根据车辆有关情况，确定估值方法，并对车辆价值进行估算。

5.8.2　**现行市价法的运用方法：**

a）评估价值为相同车型、配置和相同技术状况鉴定检测分值的车辆近期的交易价格；

b）如无参照，可从本区域近期的交易记录中调取相同车型、相近分值，或从相邻区域的成交记录中调取相同车型、相近分值的成交价格，并结合车辆技术状况鉴定分值加以修正。

5.8.3　重置成本法计算车辆价值：

a）当无任何参照体时使用重置成本法，见下式：

$$W=Re$$

式中：W——车辆评估价格；

R——更新重置成本；

e——综合成新率。

更新重置成本为相同型号、配置的新车在评估基准日的市场零售价格。

b）综合成新率计算方法，见下式：

$$e=y\alpha+t\beta$$

式中：e——综合成新率；

y——年限成新率；

t——技术鉴定成新率；

α——技术鉴定成新率系数；

β——年限成新率系数；

$$\alpha+\beta=1$$

$t\beta$——相当于实体性陈旧贬值与功能性陈旧贬值后，车辆剩余的价值率；

$y\alpha$——相当于经济性陈旧贬值后，车辆剩余的价值率。

c）年限成新率计算方法，见下式：

$$y=N/n$$

式中：y——年限成新率；

N——预计车辆剩余使用年限；

n——车辆使用年限（非营运乘用车使用年限 15 年，超过 15 年的按实际年限计算；营运车辆、有使用年限规定的车辆按实际要求计算）。

d）技术成新率计算方法，见下式：

$$t=X/100$$

式中：t——技术鉴定成新率；

X——车辆技术状况分值。

5.9　撰写及出具鉴定评估报告

5.9.1　根据车辆技术状况鉴定等级和价值评估结果等情况，按照附件 D 要求撰写《二手车鉴定评估报告》，做到内容完整、客观、准确，书写工整。

5.9.2　按委托书要求及时向客户出具《二手车鉴定评估报告》，并由鉴定评估人与复核人签章、鉴定评估机构加盖公章。

5.10　归档工作底稿

将《二手车鉴定评估报告》及其附件与工作底稿独立汇编成册，存档备查。档案保存一般不低于 5 年；鉴定评估目的涉及财产纠纷的，其档案至少应当保存 10 年；法律法规另有规定的，从其规定。

6　正常车辆技术状况鉴定有关要求

6.1　车身外观

6.1.1　车身外观部位及对应代码见图 3 和表 5。参照图 3，按照表 5、表 6 要求检查 26 个项目，程度为 1 的扣 0.5 分，每增加 1 个程度加扣 0.5 分。共计 20 分，扣完为止。轮胎部分需高于程度 4 的标准，不符合标准扣 1 分。

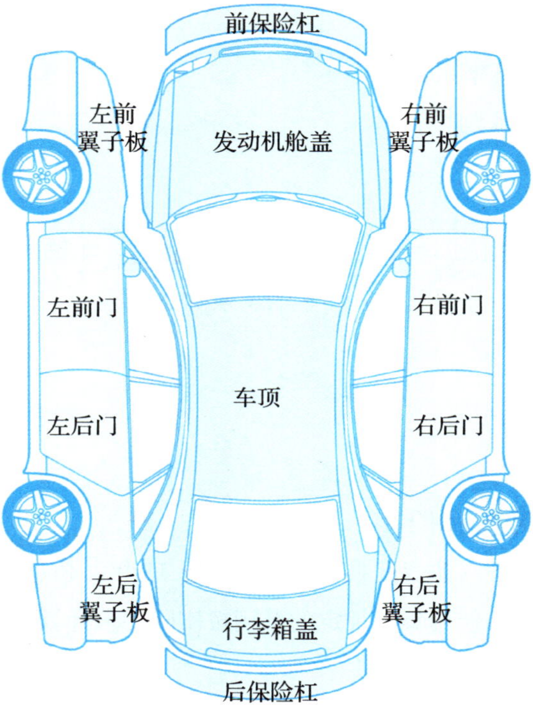

图 3　车身外观展开示意图

表 5　车身外观部位代码对应表

代码	部位	代码	部位
14	发动机舱盖表面	27	后保险杠
15	左前翼子板	28	左前轮
16	左后翼子板	29	左后轮
17	右前翼子板	30	右前轮
18	右后翼子板	31	右后轮

续表

代码	部位	代码	部位
19	左前车门	32	前大灯
20	右前车门	33	后尾灯
21	左后车门	34	前风窗玻璃
22	右后车门	35	后风窗玻璃
23	行李箱盖	36	四门风窗玻璃
24	行李箱内侧	37	左后视镜
25	车顶	38	右后视镜
26	前保险杠	39	轮胎

6.1.2 使用车辆外观缺陷测量工具与漆面厚度检测设备结合目测法对车身外观进行检测。

6.1.3 根据表 5、表 6 描述缺陷，车身外观项目的转义描述为：

车身部位代码＋状态＋程度。

例：21XS2 对应描述为：左后车门有锈蚀，面积为大于 100mm×100mm，小于或等于 200mm×300mm。

表 6 车身外观状态描述对应表

代码	HH	BX	XS	LW	AX	XF
描述	划痕	变形	锈蚀	裂纹	凹陷	修复痕迹

程度：1——面积小于或等于 100mm×100mm；

2——面积大于 100mm×100mm 并小于或等于 200mm×300mm；

3——面积大于 200mm×300mm；

4——轮胎花纹深度小于 1.6mm。

6.2 发动机舱

按表 7 要求检查 10 个项目（序号 40～49）。选择 A 不扣分，第 40 项选择 B 或 C 扣 15 分；第 41 项选择 B 或 C 扣 5 分；第 44 项选择 B 扣 2 分，选择 C 扣 4 分；其余各项选择 B 扣 1.5 分，选择 C 扣 3 分。共计 20 分，扣完为止。

如检查第 40 项时发现机油有冷却液混入、检查第 41 项时发现缸盖外有机油渗漏，则应在《二手车鉴定评估报告》或《二手车技术状况表》的技术状况缺陷描述中分别予以注明，并提示修复前不宜使用。

表7　发动机舱检查项目作业表

序号	检查项目	A	B	C
40	机油有无冷却液混入	无	轻微	严重
41	缸盖外是否有机油渗漏	无	轻微	严重
42	前翼子板内缘、水箱框架、横拉梁有无凹凸或修复痕迹	无	轻微	严重
43	散热器格栅有无破损	无	轻微	严重
44	蓄电池电极桩柱有无腐蚀	无	轻微	严重
45	蓄电池电解液有无渗漏、缺少	无	轻微	严重
46	发动机皮带有无老化	无	轻微	严重
47	油管、水管有无老化、裂痕	无	轻微	严重
48	线束有无老化、破损	无	轻微	严重
49	其他	只描述缺陷，不扣分		

6.3　驾驶舱

按表8要求检查15个项目（序号50～64）。选择A不扣分，第50项选择C扣1.5分；第51、52项选择C扣0.5分；其余项目选择C扣1分。共计10分，扣完为止。

如检查第60项时发现安全带结构不完整或者功能不正常，则应在《二手车鉴定评估报告》或《二手车技术状况表》的技术状况缺陷描述中予以注明，并提示修复或更换前不宜使用。

表8　驾驶舱检查项目作业表

序号	检查项目	A	C
50	车内是否无水泡痕迹	是	否
51	车内后视镜、座椅是否完整、无破损、功能正常	是	否
52	车内是否整洁、无异味	是	否
53	方向盘自由行程转角是否小于15度	是	否
54	车顶及周边内饰是否无破损、松动及裂缝和污迹	是	否
55	仪表台是否无划痕，配件是否无缺失	是	否
56	排挡把手柄及护罩是否完好、无破损	是	否
57	储物盒是否无裂痕，配件是否无缺失	是	否
58	天窗是否移动灵活、关闭正常	是	否
59	门窗密封条是否良好、无老化	是	否
60	安全带结构是否完整、功能是否正常	是	否

续表

序号	检查项目	A	C
61	驻车制动系统是否灵活有效	是	否
62	玻璃窗升降器、门窗工作是否正常	是	否
63	左、右后视镜折叠装置工作是否正常	是	否
64	其他	只描述缺陷，不扣分	

6.4 启动

按表 9 要求检查 10 个项目（序号 65～74）。选择 A 不扣分，第 65、66 项选择 C 扣 2 分；第 67 项选择 C 扣 1 分；第 68 至 71 项，选择 C 扣 0.5 分；第 72、73 项选择 C 扣 10 分。共计 20 分，扣完为止。

表 9 启动检查项目作业表

序号	检查项目	A	C
65	车辆启动是否顺畅（时间少于 5 秒，或一次启动）	是	否
66	仪表板指示灯显示是否正常，无故障报警	是	否
67	各类灯光和调节功能是否正常	是	否
68	泊车辅助系统工作是否正常	是	否
69	制动防抱死系统（ABS）工作是否正常	是	否
70	空调系统风量、方向调节、分区控制、自动控制、制冷工作是否正常	是	否
71	发动机在冷、热车条件下怠速运转是否稳定	是	否
72	怠速运转时发动机是否无异响，空挡状态下逐渐增加发动机转速，发动机声音过渡是否无异响	是	否
73	车辆排气是否无异常	是	否
74	其他	只描述缺陷，不扣分	

如检查第 66 项时发现仪表板指示灯显示异常或出现故障报警，则应查明原因，并在《二手车鉴定评估报告》或《二手车技术状况表》的技术状况缺陷描述中予以注明。

优先选用车辆故障信息读取设备对车辆技术状况进行检测。

6.5 路试

按表 10 要求检查 10 个项目（序号 75～84）。选择 A 不扣分，选择 C 扣 2 分。共计 15 分，扣完为止。

如果检查第 80 项时发现制动系统出现刹车距离长、跑偏等不正常现象，则应在《二手车鉴定评估报告》或《二手车技术状况表》的技术缺陷描述中予以注明，并提示修复前不宜使用。

表 10 路试检查项目作业表

序号	检查项目	A	C
75	发动机运转、加速是否正常	是	否
76	车辆启动前踩下制动踏板，保持 5～10s，踏板无向下移动的现象	是	否
77	踩住制动踏板启动发动机，踏板是否向下移动	是	否
78	行车制动系最大制动效能在踏板全行程的 4/5 以内达到	是	否
79	行驶是否无跑偏	是	否
80	制动系统工作是否正常有效、制动不跑偏	是	否
81	变速箱工作是否正常、无异响	是	否
82	行驶过程中车辆底盘部位是否无异响	是	否
83	行驶过程中车辆转向系统是否无异响	是	否
84	其他	只描述缺陷，不扣分	

6.6 底盘

按表 11 要求检查 8 个项目（序号 85～92）。选择 A 不扣分，第 85、86 项，选择 C 扣 4 分；第 87、88 项，选择 C 扣 3 分；第 89、90、91 项，选择 C 扣 2 分。共计 15 分，扣完为止。

表 11 底盘检查项目作业表

序号	检查项目	A	C
85	发动机油底壳是否无渗漏	是	否
86	变速箱体是否无渗漏	是	否
87	转向节臂球销是否无松动	是	否
88	三角臂球销是否无松动	是	否
89	传动轴十字轴是否无松旷	是	否
90	减震器是否无渗漏	是	否
91	减震弹簧是否无损坏	是	否
92	其他	只描述缺陷，不扣分	

6.7 功能性零部件

对表 12 所示部件功能进行检查（序号 93～113）。结构、功能坏损的，直接进行缺陷描述，不计分。

表 12　车辆功能性零部件项目表

序号	类别	零部件名称	序号	类别	零部件名称
93	车身外部件	发动机舱盖锁止	105	随车附件	备胎
94		发动机舱盖液压撑杆	106		千斤顶
95		后门/行李箱液压支撑杆	107		轮胎扳手及随车工具
96		各车门锁止	108		三角警示牌
97		前后雨刮器	109		灭火器
98		立柱密封胶条	110	其他	全套钥匙
99		排气管及消音器	111		遥控器及功能
100		车轮轮毂	112		喇叭高低音色
101	驾驶舱内部件	车内后视镜	113		玻璃加热功能
102		座椅调节及加热			
103		仪表板出风管道			
104		中央集控			

6.8　拍摄车辆照片

6.8.1　外观图片。分别从车辆左前部与右后部 45°角拍摄外观图片各 1 张。拍摄外观破损部位带标尺的正面图片 1 张。

6.8.2　驾驶舱图片。分别拍摄仪表台操纵杆、前排座椅、后排座椅左侧 45°角图片各 1 张，拍摄破损部位带标尺的正面图片 1 张。

6.8.3　拍摄发动机舱图片 1 张。

7　二手车鉴定评估机构经营管理

7.1　有规范的名称、组织机构、固定场所和章程，遵守国家有关法律、法规及行规行约，客观公正地开展二手车鉴定评估业务。

7.2　在经营场所明显位置悬挂二手车鉴定评估机构核准证书和营业执照等证照，公示二手车鉴定评估流程和收费标准。

7.3　二手车鉴定评估人员应严格遵守职业道德、职业操守和执业规范。

7.4　开展二手车鉴定评估活动应坚持客观、独立、公正、科学的原则，按照关联回避原则，回避与本机构、评估人有关联的当事人委托的鉴定评估业务。

7.5　建立内部培训考核制度，保证鉴定评估人员职业素质和鉴定评估工作质量。

7.6　建立和完善二手车鉴定评估档案制度，并根据评估对象及有关保密要求，合理确定适宜的建档内容、档案查阅范围和保管期限。

附件A　二手车鉴定评估作业表（示范文本）

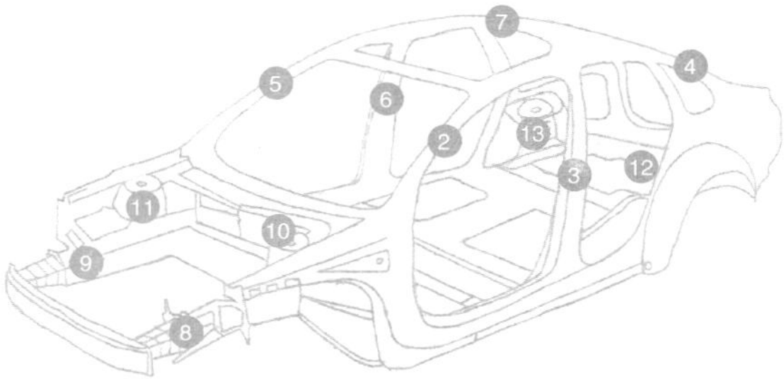

2　左A柱	6　右B柱	10　左前减震器悬挂部位	3　左B柱	7　右C柱	11　右前减震器悬挂部位
4　左C柱	8　左前纵梁	12　左后减震器悬挂部位	5　左A柱	9　右前纵梁	13　右后减震器悬挂部位

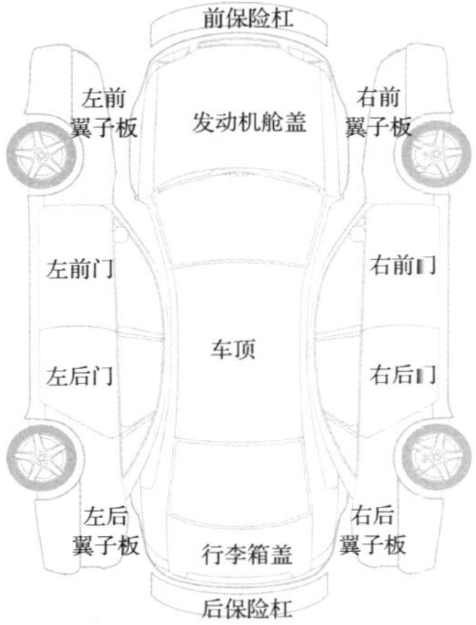

鉴定评估日　　年　月　日

<table>
<tr><td>厂牌型号</td><td colspan="2"></td><td rowspan="2">行驶里程</td><td>仪表</td><td>km</td></tr>
<tr><td>牌照号码</td><td colspan="2"></td><td>推定</td><td>km</td></tr>
<tr><td>VIN码</td><td colspan="2"></td><td colspan="2">车身颜色</td><td></td></tr>
<tr><td>发动机号</td><td colspan="2"></td><td colspan="2">车主姓名/名称</td><td></td></tr>
<tr><td rowspan="2">法人代码/
身份证号码</td><td rowspan="2"></td><td>首次登记日期</td><td colspan="3">使用性质</td></tr>
<tr><td>年　月　日</td><td colspan="3"></td></tr>
<tr><td>年检证明</td><td>□有（至__年__月）　□无</td><td>车船税证明</td><td colspan="3">□有（至__年__月）　□无</td></tr>
<tr><td>交强险</td><td>□有（至__年__月）　□无</td><td>购置税证书</td><td colspan="3">□有　□无</td></tr>
<tr><td>其他法定凭证、证明</td><td colspan="5">□号牌　□行驶证　□登记证书　□保险单　□其他</td></tr>
<tr><td>是否为事故车</td><td>□否　□是</td><td>损伤位置及损伤状况</td><td colspan="3"></td></tr>
<tr><td>车辆主要技术缺陷描述</td><td colspan="5"></td></tr>
<tr><td>总得分</td><td colspan="5"></td></tr>
<tr><td>技术等级</td><td colspan="5"></td></tr>
<tr><td>估价方法</td><td colspan="5"></td></tr>
<tr><td>参考价值</td><td colspan="5"></td></tr>
<tr><td>评估师（签章）</td><td colspan="5"></td></tr>
<tr><td>评估师证号</td><td colspan="5"></td></tr>
<tr><td>审核人（签章）</td><td colspan="5"></td></tr>
<tr><td colspan="6">二手车鉴定评估结论
评估单位名称（盖章）</td></tr>
</table>

附件 B 二手车技术状况表（示范文本）

<table>
<tr><td rowspan="10">车辆基本信息</td><td>厂牌型号</td><td colspan="2"></td><td colspan="2">牌照号码</td><td colspan="2"></td></tr>
<tr><td>发动机号</td><td colspan="2"></td><td colspan="2">VIN 码</td><td colspan="2"></td></tr>
<tr><td>注册登记日期</td><td colspan="2">年 月 日</td><td colspan="2">表征里程</td><td colspan="2">万 km</td></tr>
<tr><td>品牌名称</td><td></td><td>□国产 □进口</td><td colspan="2">车身颜色</td><td colspan="2"></td></tr>
<tr><td>年检证明</td><td colspan="2">□有（至__年__月）
□无</td><td colspan="2">购置税证书</td><td colspan="2">□有 □无</td></tr>
<tr><td>车船税证明</td><td colspan="2">□有（至__年__月）
□无</td><td colspan="2">交强险</td><td colspan="2">□有（至__年__月）
□无</td></tr>
<tr><td>使用性质</td><td colspan="6">□营运用车 □出租车 □公务用车 □家庭用车 □其他</td></tr>
<tr><td>其他法定
凭证、证明</td><td colspan="6">□机动车号牌 □机动车行驶证 □机动车登记证书 □第三者强制保险单 □其他</td></tr>
<tr><td>车主
名称/姓名</td><td colspan="3"></td><td colspan="2">企业法人证书代码/
身份证号码</td><td></td></tr>
<tr style="display:none"></tr>
<tr><td rowspan="4">重要
配置</td><td>燃料标号</td><td></td><td>排量</td><td></td><td>缸数</td><td colspan="2"></td></tr>
<tr><td>发动机功率</td><td></td><td>排放标准</td><td></td><td>变速器形式</td><td colspan="2"></td></tr>
<tr><td>安全气囊</td><td></td><td>驱动方式</td><td></td><td>ABS</td><td colspan="2">□有 □无</td></tr>
<tr><td>其他重要配置</td><td colspan="6"></td></tr>
<tr><td>是否为事故车</td><td>□是 □否</td><td colspan="2">损伤位置及损伤状况</td><td colspan="4"></td></tr>
<tr><td>鉴定结果</td><td>分值</td><td colspan="2"></td><td colspan="2">技术状况等级</td><td colspan="2"></td></tr>
<tr><td rowspan="7">车辆技术
状况鉴定
缺陷描述</td><td>鉴定科目</td><td colspan="2">鉴定结果（得分）</td><td colspan="4">缺陷描述</td></tr>
<tr><td>车身检查</td><td colspan="2"></td><td colspan="4"></td></tr>
<tr><td>发动机舱检查</td><td colspan="2"></td><td colspan="4"></td></tr>
<tr><td>驾驶舱检查</td><td colspan="2"></td><td colspan="4"></td></tr>
<tr><td>启动检查</td><td colspan="2"></td><td colspan="4"></td></tr>
<tr><td>路试检查</td><td colspan="2"></td><td colspan="4"></td></tr>
<tr><td>底盘检查</td><td colspan="2"></td><td colspan="4"></td></tr>
</table>

二手车鉴定评估师：________________ 鉴定单位：（盖章）________________

鉴定日期：______年______月______日

声明：

本二手车技术状况表所体现的鉴定结果仅为鉴定日期当日被鉴定车辆的技术状况表现与描述，若在当日内被鉴定车辆的市场价值或因交通事故等原因导致车辆的价值发生变化，对车辆鉴定结果产生明显影响时，本二手车技术状况表不作为参考依据。

注：本二手车技术状况表由二手车经销企业、拍卖企业、经纪企业使用，作为二手车交易合同的附件。车辆展卖期间，放置在驾驶室前风窗玻璃左下方，供消费者参阅。

附件 C　二手车鉴定评估委托书（示范文本）

委托书编号：________

委托方名称（姓名）：________________　鉴定评估机构名称：________________________

法人代码证（身份证）号：______________　法人代码证：__________________________

委托方地址：____________________　鉴定评估机构地址：__________________________

联系人：____________________

电话：______________

因 □交易 □典当 □拍卖 □置换 □抵押 □担保 □咨询 □司法裁决 □其他（须注明）需要，委托人与受托人达成委托关系，号牌号码为______________，车辆类型为________________，车架号（VIN 码）为________________的车辆进行技术状况鉴定并出具评估报告书，________年____月____日前完成。

委托评估车辆基本信息

<table>
<tr><td rowspan="7">车辆情况</td><td>厂牌型号</td><td colspan="2"></td><td colspan="2">用途</td><td>营运 □
非营运 □</td></tr>
<tr><td>总质量/座位/排量</td><td colspan="2"></td><td colspan="2">燃料种类</td><td></td></tr>
<tr><td>初次登记日期</td><td colspan="2">年　月　日</td><td colspan="2">车身颜色</td><td></td></tr>
<tr><td>已使用年限</td><td>年　个月</td><td colspan="3">累计行驶里程（万 km）</td><td></td></tr>
<tr><td>大修次数</td><td>发动机（次）</td><td colspan="2"></td><td>整车（次）</td><td></td></tr>
<tr><td>维修情况</td><td colspan="5"></td></tr>
<tr><td>事故情况</td><td colspan="5"></td></tr>
<tr><td>价值反映</td><td>购置日期</td><td colspan="2">年　月　日</td><td colspan="2">原始价值（元）</td><td></td></tr>
<tr><td colspan="7">备注：</td></tr>
</table>

委托方：（签字、盖章）

年　月　日

受托方：（签字、盖章）
（二手车鉴定评估机构盖章）
年　月　日

1. 委托方保证所提供的资料客观真实，并负法律责任。

3. 仅对车辆进行鉴定评估。

4. 评估依据：《机动车运行安全技术条件》《二手车鉴定评估技术规范》等。

5. 评估结论仅对本次委托有效，不做他用。

6. 鉴定评估人员与有关当事人没有利害关系。

7. 委托方如对评估结论有异议，可于收到《二手车鉴定评估报告》之日起 10 日内向受托方提出，受托方应给予解释。

附件 D　二手车鉴定评估报告（示范文本）

××××鉴定评估机构评报字（20　　年）第××号

一、绪言

________（鉴定评估机构）接受________的委托，根据国家有关评估及《二手车流通管理办法》和《二手车鉴定评估技术规范》的规定，本着客观、独立、公正、科学的原则，按照公认的评估方法，对牌号为__________的车辆进行了鉴定。本机构鉴定评估人员按照必要的程序，对委托鉴定评估的车辆进行了实地查勘与市场调查，并对其在______年______月______日所表现的市场价值做出了公允反映。

二、委托方信息

委托方：____________________　委托方联系人：____________________

联系电话：____________________　车主姓名/名称：（填写机动车登记证书所示的名称）

三、鉴定评估基准日______________年__________月__________日

四、鉴定评估车辆信息

厂牌型号：__________________________　牌照号码：______________________________

发动机号：__________________________　车辆识别代号/车架号：___________________

车身颜色：____________　表征里程：____________　注册登记日期：________________

年审检验合格有效期至：________年______月　交强险截至日期：______年______月

车船税截至日期：______年___月

是否查封、抵押车辆：□是　□否　车辆购置税（费）证：　□有　□无

机动车登记证书：　□有　□无　机动车行驶证：　□有　□无

未接受处理的交通违法记录：□有　□无

使用性质：□公务用车　□家庭用车　□营运用车　□出租车　□其他：__________

五、技术鉴定结果

技术状况缺陷描述：______________________________

____

重要配置及参数信息：______________________________

技术状况鉴定等级：______________ 等级描述：______________

六、价值评估

价值估算方法：□现行市价法□重置成本法□其他______________________

计算过程：______________________________

____

价值估算结果：车辆鉴定评估价值为人民币________元，金额大写：__________

七、特别事项说明[1]

八、鉴定评估报告法律效力

本鉴定评估结果可以作为作价参考依据。本项鉴定评估结论有效期为 90 天，自鉴定评估基准日至　　年　　月　　日止。

九、声明

（1）本鉴定评估机构对该鉴定评估报告承担法律责任；

（2）本报告所提供的车辆评估价值为评估基准日的价值；

（3）该鉴定评估报告的使用权归委托方所有，其鉴定评估结论仅供委托方为本项目鉴定评估目的使用和送交二手车鉴定评估主管机关审查使用，不适用于其他目的，否则本鉴定评估机构不承担相应法律责任；因使用本报告不当而产生的任何后果与签署本报告书的鉴定评估人员无关；

（4）本鉴定评估机构承诺，未经委托方许可，不将本报告的内容向他人提供或公开，否则本鉴定评估机构将承担相应法律责任。

附件：

一、二手车鉴定评估委托书

二、二手车鉴定评估作业表

三、车辆行驶证、机动车登记证书证复印件

四、被鉴定评估二手车照片（要求外观清晰，车辆牌照能够辨认）

二手车鉴定评估师(签字、盖章)　　　　复核人[2]（签字、盖章）

年　　月　　日　　　　（二手车鉴定评估机构盖章）

年　　月　　日

[1] 特别事项是指在已确定鉴定评估结果的前提下，鉴定评估人员认为需要说明在鉴定过程中已发现可能影响鉴定评估结论，但非鉴定评估人员执业水平和能力所能鉴定评估的有关事项以及其他问题。

[2] 复核人是指具有高级二手车鉴定评估师资格的人员。

备注：1. 本报告书和作业表一式三份，委托方二份，受托方一份；

2. 鉴定评估基准日即为《二手车鉴定评估委托书》签订的日期。

附录三 机动车强制报废标准规定

第一条 为保障道路交通安全、鼓励技术进步、加快建设资源节约型、环境友好型社会，根据《中华人民共和国道路交通安全法》及其实施条例、《中华人民共和国大气污染防治法》《中华人民共和国噪声污染防治法》，制定本规定。

第二条 根据机动车使用和安全技术、排放检验状况，国家对达到报废标准的机动车实施强制报废。

第三条 商务、公安、环境保护、发展改革等部门依据各自职责，负责报废机动车回收拆解监督管理、机动车强制报废标准执行有关工作。

第四条 已注册机动车有下列情形之一的应当强制报废，其所有人应当将机动车交售给报废机动车回收拆解企业，由报废机动车回收拆解企业按规定进行登记、拆解、销毁等处理，并将报废机动车登记证书、号牌、行驶证交公安机关交通管理部门注销：（一）达到本规定第五条规定使用年限的；（二）经修理和调整仍不符合机动车安全技术国家标准对在用车有关要求的；（三）经修理和调整或者采用控制技术后，向大气排放污染物或者噪声仍不符合国家标准对在用车有关要求的；（四）在检验有效期届满后连续 3 个机动车检验周期内未取得机动车检验合格标志的。

第五条 各类机动车使用年限分别如下：（一）小、微型出租客运汽车使用 8 年，中型出租客运汽车使用 10 年，大型出租客运汽车使用 12 年；（二）租赁载客汽车使用 15 年；（三）小型教练载客汽车使用 10 年，中型教练载客汽车使用 12 年，大型教练载客汽车使用 15 年；（四）公交客运汽车使用 13 年；（五）其他小、微型营运载客汽车使用 10 年，大、中型营运载客汽车使用 15 年；（六）专用校车使用 15 年；（七）大、中型非营运载客汽车（大型轿车除外）使用 20 年；（八）三轮汽车、装用单缸发动机的低速货车使用 9 年，装用多缸发动机的低速货车以及微型载货汽车使用 12 年，危险品运输载货汽车使用 10 年，其他载货汽车（包括半挂牵引车和全挂牵引车）使用 15 年；（九）有载货功能的专项作业车使用 15 年，无载货功能的专项作业车使用 30 年；（十）全挂车、危险品运输半挂车使用10年，集装箱半挂车20年，其他半挂车使用15年；（十一）正三轮摩托车使用12年，其他摩托车使用13年。对小、微型出租客运汽车（纯电动汽车除外）和摩托车，省、自治区、直辖市人民政府有关部门可结合本地实际情况，制定严于上述使用年限的规定，但小、微型出租客运汽车不得低于6年，正三轮摩托车不得低于10年，其他摩托车不得低于11年。小、微型非营运载客汽车、大型非营运轿车、轮式专用机械车无使用年限限制。机动车使用年限起始日期按照注册登记日期计算，但自出厂之日起超过2年未办理注册登记手续的，按照出厂日期计算。

第六条 变更使用性质或者转移登记的机动车应当按照下列有关要求确定使用年限和报废：（一）营运载客汽车与非营运载客汽车相互转换的，按照营运载客汽车的规定报废，但小、微型非营运载客汽车和大型非营运轿车转为营运载客汽车的，应按照本规定附件1所列公式核算累计使用年限，且不得超过15年；（二）不同类型的营运载客汽车相互转换，按照使用年限较严的规定报废；（三）小、微型出租客运汽车和摩托车需要转出登记所属地省、自治区、直辖市范围的，按照使用年限较严的规定报废；（四）危险品运输载货汽车、半挂车与其他载货汽车、半挂车相互转换的，按照危险品运输载货车、半挂车的规定报废。距本规定要求使用年限1年以内（含1年）的机动车，不得变更使用性质、转移所有权或者转出登记地所属地市级行政区域。

第七条 国家对达到一定行驶里程的机动车引导报废。达到下列行驶里程的机动车，其所有人可以将机动车交售给报废机动车回收拆解企业，由报废机动车回收拆解企业按规定进行登记、拆解、销毁等处理，并将报废的机动车登记证书、号牌、行驶证交公安机关交通管理部门注销：（一）小、微型出租客运汽车行驶60万千米，中型出租客运汽车行驶50万千米，大型出租客运汽车行驶60万千米；（二）租赁载客汽车行驶60万千米；（三）小型和中型教练载客汽车行驶50万千米，大型教练载客汽车行驶60万千米；（四）公交客运汽车行驶40万千米；（五）其他小、微型营运载客汽车行驶60万千米，中型营运载客汽车行驶50万千米，大型营运载客汽车行驶80万千米；（六）专用校车行驶40万千米；（七）小、微型非营运载客汽车和大型非营运轿车行驶60万千米，中型非营运载客汽车行驶50万千米，大型非营运载客汽车行驶60万千米；（八）微型载货汽车行驶50万千米，中、轻型载货汽车行驶60万千米，重型载货汽车（包括半挂牵引车和全挂牵引车）行驶70万千米，危险品运输载货汽车行驶40万千米，装用多缸发动机的低速货车行驶30万千米；（九）专项作业车、轮式专用机械车行驶50万千米；（十）正三轮摩托车行驶10万千米，其他摩托车行驶12万千米。

第八条 本规定所称机动车是指上道路行驶的汽车、挂车、摩托车和轮式专用机械车；非营运载客汽车是指个人或者单位不以获取利润为目的的自用载客汽车；危险品运输载货汽车是指专门用于运输剧毒化学品、爆炸品、放射性物品、腐蚀性物品等危险品的车辆；变更使用性质是指使用性质由营运转为非营运或者由非营运转为营运，小、微型出租、租赁、教练等不同类型的营运载客汽车之间的相互转换，以及危险品运输载货汽车转为其他载货汽车。本规定所称检验周期是指《中华人民共和国道路交通安全法实施条例》规定的机动车安全技术检验周期。

第九条 省、自治区、直辖市人民政府有关部门依据本规定第五条制定的小、微型出租客运汽车或者摩托车使用年限标准，应当及时向社会公布，并报国务院商务、公安、环境保护等部门备案。

第十条 上道路行驶拖拉机的报废标准规定另行制定。

第十一条 本规定自 2013 年 5 月 1 日起施行。

图书在版编目（CIP）数据

二手车鉴定与评估 / 明光星，杨洪庆主著. --2 版
. --北京：中国人民大学出版社，2021.5
21 世纪高职高专规划教材·汽车系列
ISBN 978-7-300-29271-7

Ⅰ.①二… Ⅱ.①明… ②杨… Ⅲ.①汽车－鉴定－高等职业教育－教材 ②汽车－价格评估－高等职业教育－教材 Ⅳ.①U472.9 ②F766

中国版本图书馆 CIP 数据核字（2021）第 066617 号

21 世纪高职高专规划教材·汽车系列
二手车鉴定与评估（第二版）
主编　明光星　杨洪庆
Ershouche Jianding yu Pinggu

出版发行	中国人民大学出版社		
社　　址	北京中关村大街 31 号	**邮政编码**	100080
电　　话	010－62511242（总编室）		010－62511770（质管部）
	010－82501766（邮购部）		010－62514148（门市部）
	010－62515195（发行公司）		010－62515275（盗版举报）
网　　址	http://www.crup.com.cn		
经　　销	新华书店		
印　　刷	北京溢漾印刷有限公司	**版　　次**	2010 年 11 月第 1 版
规　　格	185 mm×260 mm　16 开本		2021 年 5 月第 2 版
印　　张	13.5	**印　　次**	2021 年 5 月第 1 次印刷
字　　数	263 000	**定　　价**	38.00 元